대한민국
수험사전

대한민국
수험사전

대학생 출판 프로젝트 팀 한울 지음

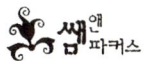
쌤앤파커스

대한민국 수험사전

2016년 7월 7일 초판 1쇄 발행

지은이 · 대학생 출판 프로젝트 팀 한울 : 강서연, 권영균, 김지섭, 김효민, 문현석, 박성배, 박용준, 서은아, 송아리,
　　　　이성환, 전현규, 정은영, 정지현

펴낸이 · 김상현, 최세현
편집인 · 정해종
책임편집 · 이기웅, 이한아, 김새미나

마케팅 · 권금숙, 양봉호, 김명래, 최의범, 임지윤, 조히라
경영지원 · 김현우, 강신우
펴낸곳 · ㈜쌤앤파커스 | 출판신고 · 2006년 9월 25일 제406-2012-000063호
주소 · 경기도 파주시 회동길 174 파주출판도시
전화 · 031-960-4800 | 팩스 · 031-960-4806 | 이메일 · info@smpk.kr

쌤앤파커스(Sam&Parkers)는 독자 여러분의 책에 관한 아이디어와 원고 투고를 설레는 마음으로 기다리고 있습니다.
책으로 엮기를 원하는 아이디어가 있으신 분은 이메일 book@smpk.kr로 간단한 개요와 취지, 연락처 등을 보내주세요.
머뭇거리지 말고 문을 두드리세요. 길이 열립니다.

《대한민국 수험사전》은 대한민국 수험생이라면 할 만한, 했을 만한 106가지 고민과 질문을 모은 책입니다. '이 공부법이 나한테 맞는 걸까?' '내가 지금 괜한 삽질을 하고 있는 건 아닐까?' 중·고등학교를 다니며 많이 고민했습니다. 더구나 입시 사이트에 돌아다니는 '카더라 정보', 넘쳐나는 '○○○식 공부법' 속에서 수험생은 막연한 걱정과 두려움을 가지기 쉽습니다. "~하더라", "~해야 한다"와 같은 말들은 수험생을 혼란에 빠뜨리는 속설이 돼 돌아다닙니다. "3월 모의고사 성적이 수능 성적이다?" "독서를 많이 하면 국어 지문을 잘 푼다?" "특별 전형에서 교외 스펙이 중요하다?"와 같은 속설은 중학교를 다니면서, 혹은 고등학교를 다니면서 모두들 한 번쯤은 들어봤을 만한 속설입니다.

"수험생활과 관련된 전반적인 '속설'을 타파하자!" 책을 쓰는 내내 이 한 문장만을 생각했습니다. 우리는 속설을 타파하고 정답을 제시하기 위해 고민했습니다. 그러나 책을 쓰며 얻은 깨달음 중 하나는 바로 '입시에서 정답은 없다'는 것입니다. 분명 똑같이 열심히 공부해서 서울대, 고려대, 연세대에 입학한 친구이더라도, 공부 방법과 생활 습관은 서로 달랐습니다. 우리는 멋지게 길을 닦아 "이 길이 정답이다!"라고 외치지 않기로 결심했습니다. 대신 입시라는 길에 중간중간 마주칠 수 있는 다양한 상황을 모으고, 정리해서 앞서 간 사람의 발자취를 남겨주기로 마음먹었습니다.

수험생이었던 우리가 했던 고민과 질문들을 포함해 현재 수험생활을 하고 있는 우리의 동생이나 후배들의 고민과 질문거리도 모았습니다. 그리고 여기에 각각의 조언을 추가했습니다. 13명으로 구성된 작다면 작은 팀이지만, 고민에 대한 의견과 조언은 다양했습니다. 우리는 이렇듯 다양한 답변을 그대로 전달하고 싶었습니다. 각각의 고민에 대한 조언을 소제목으로 구분해 모두 싣기 위해 노력했습니다.

수시 전형, 정시 전형, 그리고 수험생활 및 입시 방향 이 3가지의 큰 주제로 질문을 배치했습니다. 1장 수시 전형에서는 학교생활기록부, 자기소개서, 교외 스펙, 면접, 논술에 관한 질문을 정리했습니다. 2장 정시 전형에서는 국어, 수학, 영어, 과학탐구, 사회탐구 과목별 공부 방법에 대한 질문을 모았습니다. 또한 재수 및 반수에 대한 고민도 다뤘습니다. 마지막으로 3장 수험생활 및 입시 방향에서는 가볍다면 가볍게 생각되지만, 당사자 입장에서는 정말 크게 느껴지는, 사소해 보이지만 중요한 고민들을 모았습니다. 또 급변하는 교육 정책에 관심을 갖는 것은 중요하기 때문에 입시가 가고 있는 방향에 대해 교육 신문 〈베리타스알파〉의 기사를 인용해 정리했습니다.

최근에 진학서 중, 단순히 사례를 모은 상업적 책이 많습니다. 고민하고 그에 대한 답변을 찾아가는 과정에 초점을 맞추지 않고, 단순히 일부 수험생의 성공담을 미화하여 당장 공부를 해야 하는 독자들을 도리어 의기소침하게 만드는 책들이 있습니다. 추상적인 자기 자랑이 아닌, 수험생과 소통하고 공감할 수 있는 고민과 내용들을 담았습니다. 와 닿지 않고 개개인의 입시 성과를 무용담식으로 담은 기존의 입시, 수험 관련 책에 실망한 독자들에게 작은 도움이 되고 싶습니다. 또한 저자 13명은 매년 쏟아져 나오는 서울대, 연세대, 고려대 합격생 1만 3천 명을 대표하지 못합니다. 그러기에 우리의 타이틀을 내세우지 않고 고민과 질문에 집중했습니다.

독자 여러분, 자신의 질문과 고민거리에 따라 능동적으로 독서하기 바랍니다. 그리고 좀 더 조언을 듣고 싶은 고민이 있다면, 아래의 《대한민국 수험사전》 페이지를 활용하시기 바랍니다. 질문에 대한 답변이 불만족스럽게 느껴진다면 마찬가지로 페이지를 통해 피드백 주시면 감사하겠습니다. 우직한 사람보단 영리한 사람이 승리할 확률이 높은 입시 시장이 됐습니다. 노력과 더불어 경제력과 정보력의 영향이 커진 입시 시장이 됐습니다. "할 수 있다, 노력하면 된다"는 누구나 할 수 있는 막연한 말 대신 조금 더 실질적인 도움이 될 수 있는 말을 담았습니다. 아무쪼록, 이 책과 함께할 수험생 여러분의 앞날에 '합격'이 함께하길 바랍니다.

팀원 개개인에게는 입시를 치르며 얻은 일련의 깨달음, 지혜, 노하우를 정리할 수 있는 기회이자, 사회적으로는 입시로 힘들어하는 많은 수험생에게 가장 효과적이고 강력하게 도움을 줄 수 있는 수단이 출판이라고 생각했습니다. 함께 프로젝트를 진행한 강서연, 권영균, 김지섭, 김효민, 문현석, 박성배, 박용준, 서은아, 송아리, 이성환, 정은영, 정지현 12명의 팀원 모두 고맙습니다. 팀원과 더불어 책을 쓰기까지 많은 도움을 주신 분들께 감사의 말을 전합니다. 아직 더 배워야 하고 많이 부족한 저희 팀과 함께 작업한 출판사 관계자들과 기사 인용을 허락해준 〈베리타스알파〉 교육 신문 관계자들께도 감사의 말을 전합니다.

《대한민국 수험사전》을 쓰며, 앞으로도 더 다양한 주제와 분야에 대해 공부하고, 고민하고, 사색하여 또다시 출판에 도전하고 싶은 마음이 생겼습니다. 대학생 출판 프로젝트 팀, '한울'이 작은 날갯짓이 되어, 더 많은 대학생들이 경쟁력 있는 콘텐츠를 출판 시장에 선보이는 날이 오기를 바라며, 또다시 허무맹랑한 꿈을 그려봅니다.

대학생 출판 프로젝트 팀 한울 팀장 전현규

《대한민국 수험사전》 페이스북 http://www.facebook.com/dictionaryforkoreanstudents
대학생 출판 프로젝트팀 한울 페이스 http://www.facebook.com/hanulbookwritingproject

교내상·진로

봉사활동

동아리활동

비교과활동

임원활동

자기소개서

공통

2 정시

3 수험생활 및 입시 방향

1

수시

수시 전형의 이해

001

학생부 종합 전형—특징 및 학교별 명칭

★★★★★ 학생부 위주 전형, 내신 성적을 잡아라

학생부 위주 전형에는 학생부 종합 전형과 학생부 교과 전형이 있다. 대개 학생부 위주 전형은 1, 2단계를 거쳐 평가한다.

먼저 학생부 종합 전형은 1단계 서류 단계에서 학교생활기록부(이하 생활기록부)와 자기소개서, 그리고 추천서를 종합적으로 정성 평가한다. 서울대의 경우 이 전형을 수시 모집 일반 전형이라고 부른다. 또 고려대의 경우 학생부 위주 전형 중 융합형 인재 전형이 학생부 종합 전형에 해당하고, 연세대의 경우 수시 모집 중 학생부 종합 전형이 여기에 해당한다. 학생부 종합 전형은 내신 성적 외에도 생활기록부에 기재된 동아리활동, 진로활동, 봉사활동, 교내 수상 실적 등 여러 가지 항목을 정성 평가하기 때문에 내신 성적이 1점대임에도 이 전형에서 불합격하는 수험생들이 여럿 있다. 즉, 내신 성적이 좋다고 다 합격하는 것은 아니다. 이에 반해 학생부 교과 전형은 1단계 서류 단계에서 생활기록부 교과 성적만으로 모집 인원의 2~3배수를 선발한다. 따라서 학생부 위주 전형을 준비하는 학생의 경우 수치로 드러나는 내신 성적을 관리하는 것이 중요하다.

특별 전형

002

특별 전형의 이해—특징 및 학교별 명칭

★★★★★ 특별 전형, 전공 적합성을 보여라

2016학년도 입시 요강을 기준으로 서울대의 경우, 특기자 전형이 존재하지 않는다. 반면 연세대 특기자 전형에는 4종류가 있다. 인문학 인재 계열, 사회과학 인재 계열, 과학공학 인재 계열, 그리고 국제 계열이다. 문과 학생들이 지원할 수 있는 전형은 인문학 특기자와 사회과학 특기자 전형인데, 전자는 인문대를 지원하는 학생들에게, 후자는 사회과학대를 지원하는 학생들에게 적용되는 전형이다. 고려대의 경우 특별 전형이란 이름으로 분류되며, 국제 인재, 과학 인재, 체육 인재 3가지 전형이 있다.

특기자 전형은 자기소개서 문항이 다른 수시 전형과 다르다. 먼저 특기자로서 지원자 본인의 역량에 대해 묻는다. 이 밖에도 진로 선택을 위해 노력한 과정과 성장 환경이 자신에게 미친 영향에 대해 쓰는 문항이 있다.

모든 문항에 답변할 때는 지원자가 희망 학과에 얼마나 준비된 인재인지를 보여야 한다. 즉, 지원자의 '전공 적합성'을 드러내야 하는 것이다.

■■　　　　**논술 전형**

003

논술 전형의 이해—특징 및 학교별 명칭

★★★★★　누구나 할 수 있지만
　　　　　아무나 할 수 없는 논술 전형

논술은 수험생이 지원한 대학에서 출제한 문제를 풀이하면, 그 대학이 내부 채점 기준에 따라 성적을 추산해 당락을 결정짓는, 수능과는 다른 종류의 시험이다. 모든 시험에는 시험을 잘 볼 수 있는 요령이 있다. 논술도 하나의 '시험'이기 때문에 당연히 요령이 존재한다. 그러나 단순히 시험만을 위해서 논술을 공부하는 것이 아니라, 그 과정을 통해서 좋은 글을 쓰는 것을 훈련하는 것이 중요하다. 왜냐하면,

대학 교육의 핵심이 바로 '학술적 글쓰기'이기 때문이다.

문제가 요구하는 내용을 쓰고 해당 대학에서 정한 최소 수능 성적만 맞추면 되는 간단한 요건 때문에, 논술은 수험생들에게 인기가 가장 많은 전형이다. 다시 말해 누구나 지원하고, 준비할 수 있기 때문에 이 전형의 경쟁률은 기본 40~50대 1을 넘는다.

인문계 논술에는 인문 논술과 수리 논술이 있다. 인문 논술의 경우 대부분 대학에서 의무로 응시해야 한다. 하지만 수리 논술의 경우 모든 학교가 시행하는 것은 아니므로, 정확하게 확인한 후 응시 여부를 결정해야 한다.

인문 논술은 지문의 내용을 완벽하게 이해했는지 확인하는 분석 문제, 지문과 지문 간의 다자비교 문제, 그리고 지문에 대한 수험생의 생각을 묻는 문제가 출제된다. 인문 논술은 기본적으로 논리력과 분석력을 측정하는 것이 핵심이지만, 구체적인 문제 형식은 대학마다 다르므로 기출 문제 분석을 통해 각 대학별 출제 경향을 파악해야 한다.

수리 논술은 대학마다 선호하는 출제 영역이 천차만별이므로 기출 문제 분석이 인문 논술보다 훨씬 중요하다. 고려대의 경우 전통적으로 기댓값 등 통계 문제 출제를 선호하고, 한양대의 경우 함수, 확률, 점화식 등 다양한 영역에서 문제를 출제하기 때문에 대학별 출제 경향을 반드시 체크한 후, 논술 공부를 해야 한다.

자연계 논술에는 수리 논술과 과학 논술이 있다. 수리 논술은 의무로 응시해야 하고, 과학 논술은 과학탐구 중에서 본인이 원하는 과목을 정해 응시하면 된다. 수리 논술 시험에서는 대게 3, 4개의 세트 문제가 등장한다. 1개의 세트에는 4, 5개 정도의 소문항이 출제된다. 출제 유형은 간단하게 답을 구할 수 있는 문항부터 여러 가지 논증기법을 활용해야 해결할 수 있는 문항에 이르기까지 다양하다. 과학 논술 또한 수리 논술과 별반 다르지 않다. 과학탐구의 개념 이해와 함께 논리적 추론 능력이 필요하다.

많은 학생들이 알고 있듯이, 대학교와 고등학교 공부는 차이가 크다. 공부 방식의 차이는 결국, 시험 형식의 차이까지 이어진다. 고등학교 공부가 조금 더 세밀하게 암기하는 형식으로 진행된다면, 대학 공부는 전체적인 흐름을 파악해야 한다. 또 그 강의에 대한 자신만의 기준과 입장이 있어야, 강의에서 배운 부분들을 활용해 시험에서 막힘없이 서술할 수 있다. 따라서 단순히 논술을 수능 공부의 연장선상에만 있다고 생각하지 말기를 바란다.

학교생활기록부

004

수시 전형에서 내신의 의미는?

★★★★★ 내신이 말하는 모든 것들

입시를 준비하는 수험생이 가장 많이 듣는 말 중 하나가 바로 내신이다. 아무리 대입에 문외한인 사람이더라도 내신이란 단어는 들어봤을 것이다. 그런데 내신이 정확히 무슨 뜻일까? '안 내_內'와 '알릴 신_申'. 한자를 풀어보면, 내신은 '내적으로 아림'이다. 학교 내부에서 평가해 외부로 알리는 것, 바로 내신의 의미이다. 상급 학교에 진학하거나 취직을 할 때 심사 자료가 될 수 있도록 지원자의 출신 학교에서 학업 성적, 품행 등을 기록한 것이 내신, 즉 흔히들 이야기하는 생활기록부이다. 그중 특별히 수치로 나타나는 것이 내신 성적, 다시 말하면 교과 성적이다. 엄밀히 말하면 이처럼 내신과 내신 성적은 다르다. 그러나 통상적으로 내신은 본뜻보다는 성적의 의미로 사용된다.

각 학교별 내부 방식으로 학생을 평가해 알리는 성적인 만큼, 수시 전형에서 내신은 중요하다. 여러분이 대학 입학이란 목적으로 지원자를 선별한다고 생각해보자. 지원자에 대해 아는 것이 없다. 그렇다면 지원자에게 물어볼 것이다. "너는 어떤 학생이니?" 이 질문에 대한 답변이 바로 생활기록부이고, 그중에서 특히 객관적인 숫자로 표현한 것이 내신이다. 따라서 수시 전형의 세부 분류에 따라 정도는 다르겠지만, 내신은 상당한 영향력을 가진다.

학생부 위주 전형부터 살펴보자. 학생부 종합 전형과 학생부 교과 전형이 있다. 둘 모두 학생부 위주 전형이라는 카테고리에 포함돼 있지만, 내신의 중요도는 다르다. 학생부 종합 전형에서 내신은 중요한 요소이긴 하지만 전부는 아니다. 생활기록부를 통해 평가하는 내용에는 학업 능력, 자기주도적 학업 태도, 전공 분야에 대한 관심, 지적 호기심이 있다. 이를 모두 고려해 창의적 인재로 성장 가능성이 있는지를 판단한다. 따라서 내신 성적뿐만 아니라 기록된 모든 자료가 평가 요소가 될 수 있다. 생활기록부와 함께 자기소개서 및 추천서 역시 중요한 평가 요소이다. 내신은 학생의 학업 능력을 객관적 수치로 보여준다는 점에서 큰 영향력을 발휘한다. 그러나 이 전형에서는 내신 성적이 입시의 당락을 결정짓는다고 단정할 수 없다. 내신이 다소 부족하다면, 다른 평가 요소에서 반전을 노리면 된다.

학생부 교과 전형은 학생부 종합 전형과 다소 다르다. 학생부 종합 전형보다 내신 성적의 영향력이 더 크다. 지난 입시지만, 연세대 2016학년도 신입생 수시 모집 자료를 살펴보자. 학생부 교과 전형 1단계에서는 100% 교과 성적만으로 학생을 선발하고, 2단계에서는 교과 성적 70%, 비교과활동을 30% 반영해 평가했다. 이것만 보더라도, 교과 성적의 반영 비율이 훨씬 더 크다고 할 수 있다. 물론 비교과활동이 아예 배제되지는 않지만, 학생부 교과 전형은 내신 성적이 입시의 당락을 좌우하는 전형이다.

수시 전형 중 특별 전형의 경우, 내신의 의미는 또 달라진다. 학교별, 학과별, 특별 전형의 종류별로 반영하는 평가 요소는 매우 상이하다. 따라서 특별 전형에서 내신은 안 중요하다고 단정할 수는 없다. 그러나 일부 특별 전형은 학생부 위주 전형보다 평가하는 요소가 다양하고, 내신의 비중은 그만큼 적은 경우도 있다.

마지막으로 수시 전형 중 논술 전형에서 내신의 의미에 대해 알아보자. 논술 전형에서는 내신을 평가하지 않는다고 많은 학생들이 착각한다. 그러나 여러 대학교의 수시 전형 모집 요강을 살펴보면, 논술 전형일지라도 교과 및 비교과 활동이 30~40%의 비중을 차지한다. 여타 수시 전형에 비하면 매우 적은 수치지만, 명심하자. 논술 전형이라고 내신이 중요하지 않은 것은 아니다.

이와 같이 수시 전형 안에서도 세부 분류에 따라, 내신은 다른 의미를 가진다. 학생부 교과 전형에서 내신은 객관적인 숫자가 중요하다. 하지만 학생부 종합 전형 그리고 특기자 전형에서 내신은 학생의 성적순위를 보여주는 것에 그치지 않고, '이 학생은 어떤 학생인가?'를 보여주는 자료이다. 내신 성적을 보고 '3년 동안 성적이 꾸준히 상승했으니 앞으로도 충분히 발전할 가능성이 있겠군.', '어떤 과목에 특별한 재능이 있으니 우리 학과 공부를 잘 따라올 수 있겠군.' 혹은 '모든 과목을 골고루 잘하는 것을 보니 다재다능한 학생이군.' 등의 생각을 할 수 있다. 이렇게 내신은 종합적으로 학생의 능력을 평가하는 요소 중 하나다. 마지막으로 논술 전형이라고 내신과 전혀 무관하지 않다는 것을 꼭 기억하라.

005

3학년 내신을 챙겨야 하나요?

★★★★★   내신은 선택이 아닌 필수다

이 질문에 대한 답변이 궁금한 수험생들에게 묻고 싶다. "아니요. 내신 챙기지 마세요"라는 답변을 기대하고 있는가? 그럼 내신을 챙기지 않으면 그 시간에 무엇을 할 것인지 묻고 싶다. "내신 챙겨야지. 암 그렇고 말고"와 같이 원론적인 선생님의 답변, 혹은 "내신 챙기지 말고, '수능 올인'해서 대박 나세요"와 같이 치기 어린 대학생 과외 선생님의 답변 둘 다 지양하겠다. 이 책을 읽고 있을 수험생 여러분의 눈높이에 맞춰 현실적인 조언을 하겠다.

이 질문에 대한 답변은 수험생의 입시 전략에 따라 달라진다. 본인이 학생부 위주 전형 혹은 특별 전형을 목표에 두고 있다면, 3학년 내신은 반드시 챙겨야 한다. 먼저 많은 대학에서 3학년 내신을 높은 비율로 반영하고 있다. 또한 3학년 내신의 반영 비율을 명시하지 않은 대학에 지원하더라도 3학년 내신을 챙겨서 전체 성적이 상승 곡선을 이룬다면, 이를 자기소개서에 기재해 보여줄 수 있다. 3학년 때 주요 과목 위주로 전체적인 성적까지 올리려고 노력하자. 또한 희망하는 대학교의 성적 산출 방식을 제대로 확인하자. 대학별로 내신 성적 반영 과목에 차이가 존재할 수 있다. 수시 전형에는 3학년 1학기 내신까지 반영되기 때문에 3학년 1학기까지는 언제나 내신을 최우선순위에 두고 공부하는 것을 추천한다.

본인의 입시 전략이 정시 위주일지라도 내신은 챙겨야 한다. 대부분 3학년 내신 시험은 수능과 연관된다. EBS 수능 연계 교재가 내신 시험의 범위에 포함되는 경우가 많다. 이 경우에 내신을 챙기지 않겠다는 것은 그냥 공부를 하지 않겠다는 말과 다르지 않다. 국어, 수학, 영어와 같은 주요 과목은 물론 본인의 탐구 선택 과목의 내신 문제가 수능과 무관하다고 장담할 수 없다. 따라서 긴장된 분위기 속에서 내신 시험 문제들을 집중해서 푸는 것은 수능 공부의 일환이 된다. 학교 선생님들이 만든 질 좋은 모의고사 1세트를 푼다고 생각하자.

또한, 자신이 선택한 수능 과목과 전혀 관련이 없는 내신 시험일지라도 챙겨라. 많은 학생들이 수능 때 응시하지도 않을 사회탐구 혹은 과학탐구 과목을 내신 시험 때문에 굳이 공부해야 하느냐고 묻는다. 이렇게 답하고 싶다. 자습 시간까지 투자해 챙기지는 마라. 그러나 수업 시간은 챙겨라. 무슨 말이냐고 되물을 수 있지만, 수업 시간에만 집중해도 다른 공부 시간에 크게 방해되지 않는다. '이 과목 내신 공부는 따로 시간 들이지 말고, 수업 시간에 끝내자.' 이렇게 생각하자. 뭐든지 주어진 시간 안에 다 끝내려는 습관을 들여라. 단, 그 이상의 시간 투자는 자제하자.

마지막으로 전형에 관계없이 짚고 넘어가고 싶은 것이 있다. 바로 3학년 2학기 내신이다. 3학년 2학기 내신 성적은 현역 수시 전형에는 전혀 들어가지 않고, 정시 전형에는 적은 비율로 반영되는 경우가 있다. 따라서 일단 수시에 중점을 두는 학생은 이미 수시 접수가 끝난 상황에서, 2학기 내신 성적은 올해 수시 입시에 반영되지 않기 때문에 따로 신경 쓰지 않는 경우가 많다. 게다가 정시를 염두에 두고 있는 학생들은 수능이 한 달 남은 시점에 반영 비율이 미미한 내신보다는 수능 공부에 '막판 스퍼트'를 올리려고 한다. 이처럼 전형에 무관하게 많은 학생들이 3학년 2학기 중간고사는 포기하는 경우가 많다. 그러나 명심해야 할 점은 3학년 2학기 성적이 반수 혹은 재수 시 포함된다는 것이다. 당시에는 재수나 반수를 하겠다는 생각이 들지 않겠지만 사람 일은 모르는 것이다. 수능을 망칠 수도 있고, 입학하고 보니 학교가 마음에 안 들거나 학과가 마음에 안 들 수도 있다. 이처럼 예상치 못한 변수로 3학년 2학기 내신이 필요해질 수도 있다.

3학년 내신은 선택이 아닌 필수다. 정시 위주의 입시 전략을 세웠다면 내신을 하나의 모의고사 세트라고 생각하고 준비하자. 물론 본인이 수능에서 응시하지 않을 과목이라면 수업 시간만 투자해 공부하는 것을 추천한다. 그리고 마지막으로 재수나 반수를 대비해 3학년 2학기 내신도 챙기기를 바란다. 당부하고 싶은 말은, 독자 스스로 3학년 내신을 챙기기 싫은 이유를 생각해봐라. 단지 공부하기 싫어서 이와 같은 속설을 운운하고 있는 것은 아닌지.

006

내신이 요동쳤는데 괜찮나요?

★★★★★　　자신의 내신을 설명하라

'1학년 때부터 3학년 때까지 내신이 상승 추이를 보이는 것이 좋은가?' '만약 점점 평균 내신 등급이 떨어진다면 수시에서 많이 불리해지는가?' '상승 추이의 내신을 보이는 학생이 평균 내신이 압도적으로 높은 학생을 수시에서 꺾을 수 있는가?' 대한민국 소재 고등학교에 재학 중인 학생이라면 이런 내신 경향성에 대해 한 번쯤 고민해본 적이 있을 것이다. 결론부터 말하자면 자기소개서나 생활기록부에 본인의 내신 성적을 어떻게 설명하느냐에 따라 달라진다.

기억해라. 학생부 종합 전형은 정량 평가가 아니라 정성 평가다. 입학사정관들이 보는 것은 단순한 내신 수치가 아니라는 이야기다. 학생들이 치열하게 공부하는 과정 속에서 경험하고 생각한 것들을 종합적으로 보고 평가하는 것이다. 입학사정관의 입장에서는 내신 성적이 오르는 학생을 본다면, 아마 그 학생은 대학교에 와서도 열심히 할 가능성이 높은 학생이라고 긍정적으로 평가할 것이다. 그렇다고 해서 내신 성적이 하락세를 보이는 학생을 봤을 때, '이 친구는 글러먹었다'고 속단할까? 절대로 그렇지 않다. 입학사정관들은 그 학생이 자기소개서나 생활기록부에 써놓은 자료들을 바탕으로 그 학생의 상황을 이해하고, 종합적으로 판단한다. 그동안 경험해온 것들을 자신만의 방법대로 진솔하게 잘 풀어내기만 한다면, 하향 추세를 보이는 내신 성적도 도리어 입시에서 무기로 작용할 수 있다.

마찬가지 이유로, 평균 내신 성적 수치가 우위를 보이는 학생과 상승 추세를 보이는 학생 중 누가 더 좋은 평가를 받을지는 아무도 모른다. 고등학교에서 학업 능력, 과목별 강점, 학생의 성실성 등 내신이 그 학생에 대해 설명하고 있는 바는 무궁무진하다. 우선, 본인의 내신 성적 특성을 파악하라. 그리고 성적의 급격한 변화라든지, 하향 및 상승 추세 등에 대해 자신이 자기소개서 혹은 생활기록부를 통해 입학사정관들에게 어떻게 설명할 수 있는지 생각해보라.

나는 1학년 2학기 때 성적이 그 외의 성적에 비해 눈에 띄게 낮다. 그때 아파서 공부를 많이 하지 못했기 때문이다. 입학사정관들이 성적만 봤다면 그 시기 성적만 낮은 것에 대해 의아하게 생각할 수도 있었다. 그래서 자기소개서에 1학년 2학기 때 몸이 좋지 않아 2학년 때부터 2년간 농구부 활동을 하며 체력을 키우고 협동심도 키우기 위해 노력했다고 쓰면서, 성적 극복에 대한 면을 간접적으로 말하고 불리한 점을 유리한 점으로 승화시켰다.

기억해라. 단순 내신 수치에 집착하지 마라. 내신이 변동한 이유를 설명하고 낮았던 내신 등급을 끌어올리기 위해, 높은 내신 성적을 유지하기 위해 어떤 노력을 했는지 등을 보여줄 수 있다면, 어떤 특성의 내신 성적을 갖고 있는지에 상관없이, 입학사정관들에게 긍정적인 평가를 받을 수 있을 것이다.

물론 내신 수치는 객관적인 지표이다. 더 나아가, 내신 성적을 통해 고등학교 교과과정의 이해도와 성실성을 알아볼 수 있기 때문에, 만약 지원 학생이 언제나 1등을 놓치지 않는 '절대 우위'의 성적을 갖출 수 있다면 분명 그것은 최선일 것이다. 그러나 실제로 그런 성적을 유지하는 학생들은 그다지 많지 않다. 당연한 이야기다. 누구나 실수를 하기도 하고, 뒤늦게 공부에 대한 열정이 생겨 2, 3학년이 돼서야 성적을 올리기도 하기 때문이다. 만약 이와 같이 안정적이지 않고 요동치는 내신 성적을 갖고 있다면, 자기소개서에서 자신의 성적 변화에 대한 이유를 설명하는 것이 중요하다. 만일 인생에서 중요한 사건으로 한 학기 동안 공부에 집중하기 힘들었다면, 그 사건을 통해 자신이 무엇을 배웠고 어떻게 성장했는지를 보여줄 수 있을 것이다. 또한 초기에는 성적이 좋지 않았지만 중간부터라도 열심히 공부해서 비약적인 향상을 보여줬다면, 그 역시 발전 가능성이 상당하다고 긍정적인 평가를 받을 것이다. 또한 내신 성적이 좋지 않아도 이를 보완할 만한 다른 활동이나 특별한 분야에 뛰어난 능력이 있다면 내신의 중요성은 미미해질 수도 있다. 그러니 내신이 월등하지 않다고 해서 수시 전형을 아예 포기하는 것은 어리석은 선택이다. 우선 지금부터라도 내신을 올리기 위해 노력한 후, 자신에게 적합한 전형을 선택해 자기소개서에 그 과정을 자세하게 서술해보자.

수시 합격 선배들의 내신 성적 대공개

- **서울대 | 학생부 종합 전형 | 외고**

1학년	2.58점
2학년	2.5점
3학년 1학기	1.97점

- **연세대 | 특별 전형 & 논술 전형 | 자사고**

1학년	2.73점
2학년	2.97점
3학년 1학기	4.08점

- **고려대 | 특별 전형 | 일반고**

1학년	3.19점
2학년	2.08점
3학년 1학기	2.33점

- **고려대 | 특별 전형 | 일반고**

1학년	2.4점
2학년	1.9점
3학년 1학기	1.8점

- **서울대 | 학생부 종합 전형 | 일반고**

1학년	1.71점
2학년	1.375점
3학년 1학기	1.18점

- **연세대 | 특별 전형 | 자사고**

1학년	2.8점
2학년	3.2점
3학년 1학기	2.5점

- **고려대 | 논술 전형 | 일반고**

1학년	1.7점
2학년	2.43점
3학년 1학기	2.17점

- **고려대 | 학생부 종합 전형 | 일반고**

1학년	1.96점
2학년	1.11점
3학년 1학기	1.26점

- **고려대 | 특별 전형 & 논술 전형 | 일반고**

1학년	2.92점
2학년	2.79점
3학년 1학기	2.36점

정시 합격 선배들의 수능 성적 대공개

- **서울대 | 컴퓨터공학과**

	국어	수학	영어	물리1	화학2
표준점수	132점	125점	132점	72점	68점
백분위	99%	98%	98%	100%	99%
등급	1등급	1등급	1등급	1등급	1등급

- **서울대 | 화학교육과**

	국어	수학	영어	화학1	생물2
표준점수	127점	125점	132점	68점	61점
백분위	94%	98%	99%	98%	82%
등급	2등급	1등급	1등급	1등급	3등급

- **고려대 | 사이버국방학과**

	국어	수학	영어	물리1	화학1
표준점수	131점	127점	128점	72점	64점
백분위	97%	99%	94%	100%	95%
등급	1등급	1등급	2등급	1등급	1등급

- **고려대 | 수학과**

	국어	수학	영어	물리1	생물1
표준점수	128점	125점	128점	67점	70점
백분위	95%	98%	94%	95%	99%
등급	2등급	1등급	2등급	2등급	1등급

007

수상 실적이 적은데 괜찮나요?

★★★★★ 의미 부여가 핵심이다

수상 실적이 많다고 무조건 합격하는 것도 아니고, 수상 실적이 적다고 무조건 불합격하는 것도 아니다. 이유는 간단하다. 수상 실적이 당락을 결정짓는 핵심이 아니기 때문이다. 극단적인 예로, 다채로운 교내 수상 경력을 가진 학생이 대학에 불합격하기도 하는 반면, 그다지 많지 않은 수상 실적을 가지고도 합격하는 경우가 있다. 본인의 수상 실적이 다소 적다고 지레 겁먹지 않아도 될 이유가 여기 있다.

먼저, 수상 실적의 많고 적음보다 중요한 것은 의미 부여이다. 기재하고자 하는 수상 경력이 본인의 학교생활과 진로 선택에 어떤 의미를 가지는지 생각해보는 것이 중요하다. 수학 관련 교내상인 수학경시대회 기록을 가지고 있다고 가정하자. 이때, 단지 교내 경시대회 수상을 '결과'로만 여기지 않고, 수상하기까지 '과정'에서 배운 것을 자기소개서에 녹여내는 것이 중요하다. 첫 번째로, 본인이 왜 수학경시대회에 참가하게 됐는지, 어떤 이유로 열정적으로 참여했는지. 두 번째로 어떤 준비 과정을 거치고, 어떤 노력을 쏟아부었는지. 또 준비 과정 중 얻어간 것, 혹은 배운 것이 있는지. 마지막으로 수상 경험이 학교생활에 주었던 긍정적인 영향이 있는지. 이 3가지 측면에서 하나의 수상 경험을 바라보는 것이 적절한 의미 부여이다. 대입의 당락은 수상 경력의 많고 적음보다는 적절한 의미 부여의 여부에 달려 있다고 해도 틀린 말이 아니다.

두 번째로, 화려한 수상 실적은 허수를 가지고 있는 경우가 있다. 부족한 내신 성적을 메우기 위해 다수의 교내 혹은 외부 수상활동에 시선을 돌리는 경우가 있다. 단순히 수상 실적 한 줄을 늘려 수상 실적란을 빼곡히 하기 위해, 너무나 많은 시간을 투자하는 것은 바람직하지 않다. 누구에게나 주어지는 24시간, 즉 물리적인 시간은 한정돼 있기 때문이다.

여기까지 읽은 독자라면, '어? 수상 실적을 많이 쌓지 말라는 건가?' 오해할 수 있다. 그러나 수상 실적이 많은 것이 좋지 않다는 것이 아니라, 그로 인해 놓치는 것이 생길 수 있다는 것을 짚어주고 싶다. 2마리 토끼를 잡으려다 모두 놓치는 수가 있다. 물론 어떤 상도 일단 받으면 손해가 아니다.

여기까지 읽은 독자라면, '아니 그러면, 뭐 어떻게 하라는 거야?' 의아할 것이다. 먼저 본인에 대한 분석에 들어가자. 내신과 내신 외의 다양한 교내 및 외부 수상 실적, 2마리 토끼를 모두 잡을 실력이 되는 가? 둘 다 잡을 자신이 없다면, 2마리 토끼의 의미를 조금 비틀어보자. 시각을 조금 달리하자는 것이다. 수상 경력을 얻기 힘들다면, 대회 참가에 의의를 두자. 다시 말하면, 실질적인 수상을 목표로 하지 않더라도 다양한 대회에 참가해보고, 여기에 다양한 의미를 부여하자.

수상하지 못한, 그저 대회 참가 기록만 남은 실패담일지라도 이에 의미를 부여하는 것을 겁내지 말자. 의미 부여의 대상을 수상 기록에서 참가 기록으로 넓혀 생각하자. 대회가 본인의 희망 진로 및 전공과 관련 있는 것이라면, 본인의 도전 정신과 꾸준히 시도하는 모습을 부각시킬 수 있다. 이런 의미 부여를 통해 수상에 대한 압박감을 줄이고 내신에도 신경 쓸 수 있다.

수상 실적이 많다고 자만할 것도, 적다고 기죽을 것도 없다. 수상 실적을 늘려야 한다는 압박감에 내신과 또 다른 평가 요소를 소홀히 해서는 안 된다. 본인의 상황에 따라, 대회 수상이라는 성공담뿐만 아니라, 대회 참가 기록에도 적절한 의미를 부여해 자신을 드러낼 수 있도록 하자.

008

관련 없는 분야의 수상 실적이 도움이 되나요?

★★★★★ 효율적인 시간 안배,
그리고 다시 한 번 의미 부여

다다익선多多益善 그리고 과유불급過猶不及. 2가지 사자성어로 답변하고 싶다.

먼저 다다익선, 즉 많으면 많을수록 좋다. 그 첫 번째 이유는 '관련 없는' 분야의 수상 실적을 관련 있도록 만들 수 있기 때문이다. 흔히 어떤 수상이 '전공 적합성'을 직접적으로 보여주지 않을 때 그것이 관련 없는 수상 실적이라고 이야기한다. 그러나 대부분 대학은 전공 적합성뿐 아니라 창의성, 리더십, 지적 호기심, 인성, 도전 정신, 학업 능력 등을 종합적으로 고려해 학생을 선발한다. 따라서 적절한 의미 부여를 통해, 해당 수상 실적이 전공 적합성 이외의 다른 항목에 부합함을 보여줄 수 있다면 관련 있는 수상 실적으로 만들 수 있다. 없던 이야기를 지어내라는 것이 아니다. 교내상을 준비하는 과정에서, 정말 사소한 것일지라도 학업 능력, 인성, 창의성, 도전 정신을 부각시킬 수 있는 자신만의 이야기가 분명히 있다. 없다고 생각된다면, 교내 수상에 이르기까지 과정을 다시 한 번 차분히 생각해보자.

또한 수상이 다다익선인 두 번째 이유는, 수상 실적이 객관적인 지표라는 것이다. 한정된 시간 안에 다수의 지원자를 선별하는 대입에서 단순히 말로 풀어 쓴 자기소개서가 아닌, 자료로 보여줄 수 있는 수상 실적은 큰 힘을 발휘한다.

그러나 여기까지 읽은 학생들이, 너도 나도 과도하게 수상 실적에 목을 매지는 않을까 걱정된다. 여러 가지 분야의 수상 실적을 위해 과도하게 노력하는 것은 추천하지 않는다. 어쩌면 성공적인 입시에 방해가 될 수도 있다. 고등학생의 물리적 시간은 한정돼 있다. 수상 실적에 많은 시간을 투자한다면 그만큼 다른 곳에는 시간을 덜 쏟을 수밖에 없다. 특히 내신 성적을 희생시키기 쉽다.

수상 실적은 대체할 수 있는 요소들이 존재하지만, 시간은 대체물이 없다. 현명하게 판단해 결정하자.

009

진로 희망이 중간에 바뀌었는데
어떻게 해야 하나요?

★★★★★　　　진로 희망에 이야기를 담아라

요리사가 주인공인 드라마가 유행하면 희망 직업으로 요리사가, 조종사가 주인공인 영화가 유행하면 조종사가 인기를 얻는다. 본인의 진로 희망이 왜 변하게 됐는지 생각해보라고 조언해주고 싶다. 대학에 진학하고 난 뒤에도 진로 희망은 변한다. 고등학생이라고 한 가지 진로 희망을 유지하라는 법은 없다. 오히려 진로 희망이 변화하는 것이 자연스럽고 당연하다. 그러나 생활기록부나 자기소개서에서는 그 변화 계기가 중요하다. 왜 진로 희망이 변화했는지 풀어내는 것이 중요하다. 단순히 취업 혹은 드라마 주인공 때문에 진로가 바뀌는 것은 입시에 긍정적인 영향을 주는 이유라고 할 수 없다.

이 질문에 대한 답변이 필요한 학생은 누구일까? 진로 희망이 중간에 바뀌었으며, 그동안 어느 정도 희망 대학과 학과를 염두에 두고 입시를 준비를 하던 학생일 것이다. 이 학생은 앞서 이야기한 대로 본인의 진로 희망 변화 계기에 대해 진지하게 생각해야 한다. 그리고 그 계기를 향후 교내 및 외부 활동에서 찾고 이를 자기소개서에 설명할 수 있어야 한다.

만약 지금까지 착실히 준비하던 학생이라면 고민이 클 것이다. 2가지 방법이 있다. 먼저 앞서 언급한 의미 부여에 대해 이야기하고 싶다. 같은 활동이라도 다르게 의미 부여를 하자. 특히 봉사활동, 공모전, 일부 교내 대회의 경우 다양한 의미 부여가 가능하다. 노숙인들에게 무료 배식을 하는 봉사활동을 예로 들어보자. 봉사활동을 하고 나면, 여러 가지 생각을 하게 된다. 만약 위의 봉사활동을 한 학생이 의예과 진학을 희망한다고 생각해보자. '배식 봉사를 하고 나서, 사회·경제적으로 어려운 위치에 있는 사람들에게 보살핌과 관심이 필요하다는 것을 느꼈다.' 혹은 '노숙인 대상 배식 봉사를 하다 보니, 돈이 없어서 치아 상태가 나빠도 진료를 받지 못하고, 걸음걸이가 불편해도 치료하지 못하는 노숙인들을 보고 의학을 통해 그분들을 돕고 싶다는 마음을 더 굳혔다'와 같이 풀어낼 수 있다. 만약 경영학과를 지망하는 학생이 같은 봉사활동을 했다고 생각해보자. '배식 봉사 도중 해외 기업에 매각된 국내 회사의 로고가 박힌 작업복을 입고 있는 노숙인이 잊히지 않는다. 단순히 '경영진 배불리기'에만 몰두하는 것이 아닌, 회사 임직원을 위한 기업 경영을 해야겠다고 다짐했다'와 같이 풀어낼 수 있다. 같은 활동을 두고도, 어떤 시각으로 바라보느냐, 어떤 부분에 집중하느냐에 따라 완전히 다른 의미를 부여할 수 있다.

그러나 간혹 다수의 의미를 부여하기 힘든 활동이 있다. 교내 수학 경시대회나 영어말하기대회 같은 활동이 그 예이다. 이런 경우에는 각종 대회의 본래 취지에 대해 생각해보자. 그리고 자신이 무엇에 끌려 참가했는지 생각해보자. 그 후 진로 변화의 계기에 대해 설명하자. 일례로 이과에서 문과로 진로를 완전히 바꾼 친구가 있다. 그 친구는 교내 수학경시대회에도 참가했었다. 입시가 끝난 후 왜 문과로 진로를 바꿨는지 물어봤다. 친구의 답변이 인상적이었다. 자신이 수학경시대회에 참가한 이유는 생각에 잠겨 문제에 파고드는 수학만의 매력 때문이었다고 했다. 그런데 1학년 때 들은 사회 과목 수업을 생각해보니, 수학만큼이나 파고들어 고민해야 하는 문제가 많다는 것을 느꼈고 그런 문제에 대해 고민하는 것도 의미가 있는 것 같아 문과로 방향을 바꿨다고 했다. 본인이 왜 여러 활동에 참여하게 됐는지 그 이유에 대해 깊게 생각해보자. 그 후 진로 희망의 변화 계기에 대해 풀어내자. 단순히 "스펙 쌓으려고요"라고 답변한다면 아직 학생부 종합 전형에 응시할 준비가 되지 않은 것이다.

본인의 희망 진로, 희망 대학, 희망 학과에 100% 맞춰진 대외활동 및 교내활동은 없다. 같은 활동을 했더라도 모두 자신이 거기에 어떻게 의미 부여를 하느냐가 가장 중요하다. 만약 여러 가지 의미를 부여하기 힘든 활동이라면, 본인의 기존 진로 희망에 대한 애정과 열정을 보여주는 도구로 활용하자.

.한울 선배들의 교내상과 진로 희망 대공개

* **서울대 | 학생부 종합 전형 | 외고**

    전공국가연구보고서 금상 2위

    교내학력경시대회 대상 1위

    2012학년도 1학기 표창장

    교내 수학경시대회 동상 4위

    전공국가문화원방문 보고서쓰기대회 우수상 1위

    교내 디베이트대회 우수상 1위

    교내 전공어경시대회(중국어 부문) 은상 3위

    교내 정보경시대회 금상 2위

    2012학년도 2학기 표창장(모범학생상)

    창의적체험활동 우수자 우수상 1위

    교내 학력경시대회 은상 3위

    문화체험활동 보고서쓰기대회 우수상 1위

    2013학년도 1학기 표창장(모범학생상)

    학력경시대회 금상 2위

    교내 백일장대회(운문 부문) 동상 4위

    교내 전공어경시대회(중국어 부문) 동상 4위

    문화체험활동 보고서쓰기대회 우수상 1위

2013학년도 2학기 표창장

교내 한국사경시대회 동상 4위

교내 논술경시대회 은상 3위

진로 희망

	1학년	2학년	3학년
본인	회계사	외교 관련 공무원	외교 관련 공무원
학부모	회계사	외교 관련 공무원	외교 관련 공무원

- **연세대 | 특별 전형 & 논술 전형 | 자사고**

  성적우수상(수학)

  교내 일본어경시대회 은상 3위

  성적우수상(수학 심화, AP미시경제)

  성적우수상(체육)

  교과진보상(일본어문법)

  교내 토론대회 은상 3위

  교내 수리논술경시대회 동상 3위

  교내 일본어경시대회 대상 1위

  교과진보상(미적분과 통계기본)

  봉사상

  성적우수상(미적분과 통계기본)

  교과우수상(인문 수학)

진로 희망

	1학년	2학년	3학년
본인	경영 분야 종사자	가치 투자자	사회운동가
학부모	신경외과 의사	의사	의사

- **고려대 | 특별 전형 | 일반고**

  사생대회 최우수상 1위

  선행상

  독서력탐구대회 장려상 3위

  성적우수상(문학) 1위

  진로디자인발표대회 장려상 3위

  독서력탐구대회 장려상 3위

  영어에세이쓰기대회 우수상 2위

  독후감쓰기대회(2학기) 금상 2위

  선행상

  성적우수상(동아시아사) 1등급

  성적우수상(사회문화) 1등급

  성적우수상(심화영어 독해와 작문) 1등급

진로 희망

	1학년	2학년	3학년
본인	국제기구 주요정책결정가	국제기구 정책결정가	국제기구 정책가
학부모	국제기구 주요정책결정가	중앙부처 공무원	국제기구 정책가

- **고려대** | **특별 전형** | **일반고**

  효행상

  교내 축제 장기자랑대회 장려상 3등

  중국어말하기대회 우수상(해외 부문 2위)

  교내 영어에세이쓰기대회 장려상(해외 부문 3위)

  성적우수상(생명과학 1) 3위

  독후감쓰기대회 은상 3위

  성적우수상(사회문화)

  성적우수상(중국어 2)

  논술경시대회(인문사회) 우수상 2위

  선행상

  교내 백일장(운문 부문) 동상 3위

  성적우수상(화법과 작문 2)

  진로 희망

	1학년	2학년	3학년
본인	PD	방송인	방송인
학부모	공무원	방송인	방송인

- **서울대** | **학생부 종합 전형** | **일반고**

  전국연합 학력평가 최우수상

  교내 모범상

독서노트작성대회 장려상 4위

학력평가 최우수상 1위

교과우수상(체육)

교내 논술경시대회 동상 3위

대학탐방소감문대회 장려상 4위

교과우수상(영어1, 생활과 윤리)

학습플래너대회 장려상 4위

교내 모범상(봉사 부문)

교내 커리어포트폴리오대회 동상 3위

학습비법UCC대회 은상 2위

학습비법보고서대회 금상 1위

논술경시대회상 은상 2위

모범상(봉사 부문)

교과우수상(한문)

진로 희망

	1학년	2학년	3학년
본인	교사	교사	교사
학부모	교사	교사	교사

• **연세대 | 특별 전형 | 일반고**

교내 백일장대회 동상 4위

봉사상

성적우수상(국어)

성적최우수상

성적우수상(매체와 문학)

교내 토론대회 은상 3위

교내 중국어경시대회(말하기) 동상 4위

성적우수상(독서와 의사소통)

교내 문학상(소설) 우수상 2위

성적최우수상

진로 희망

	1학년	2학년	3학년
본인	PD	PD	시사교양PD
학부모	PD	언론방송인	PD

- **고려대 | 논술 전형 | 일반고**

  독후감쓰기대회 장려상 3위

  성적우수상(미술) 1위

  독서력탐구대회 장려상 3위

  성적우수상(한국사) 1위

  효행상

  성적우수상(영어) 1위

독서서품제 2품 2위

성적우수상(영어 독해와 작문) 1등급

성적우수상(심화영어 독해와 작문) 1등급

독서골든벨대회 장려상 4위

선행상

독서력탐구대회 장려상 3위

교내 R&E팀프로젝트(인문사회 분야) 장려상 3위

진로 희망

	1학년	2학년	3학년
본인	자동차회시 CEO	자동차회사 CEO	자동차회사 CEO
학부모	자동차회사 CEO	자동차회사 CEO	자동차회사 CEO

- **고려대 ┃ 학생부 종합 전형 ┃ 일반고**

  교내 학교스포츠클럽대회(농구) 1위

  교내 학교스포츠클럽대회(줄넘기) 1위

  학력우수상

  과학경시대회(지구과학) 3위

  교내 수학도서독후감쓰기대회 우수상 2위

  교내 수학연구발표대회 우수상 2위

  교내 영어에세이쓰기대회 우수상 2위

  학력우수상(국어, 수학, 영어, 과학, 사회, 음악)

맞춤형 체력인증 우수상

학력우수상(국어, 수학)

학력우수상(문학, 수학, 영어, 물리, 지구과학, 생명과학, 운동과 건강생활, 중국어)

학력우수상(화법과 작문, 수학II, 영어II, 물리, 지구과학, 화학, 운동과 건강생활, 중국어)

모범상(자립부문)

우정상

교과우수상(경제, 공학기술, 기하와 벡터, 독서와 문법, 음악과 사회, 화학II)

진로 희망

	1학년	2학년	3학년
본인	멘토링 사업가	운동 역학 연구가	엔지니어
학부모	멘토링 사업가	운동 역학 연구가	엔지니어

- **고려대 | 특별 전형 & 논술 전형 | 일반고**

교내 합창대회(지휘상)

학력평가 만점상

교내 영어경시대회(국내 부문) 최우수상 1위

교내 영어말하기대회(국내 부문) 우수상 2위

전국연합 학력평가 만점상(영어, 도덕)

교내 영어경시대회(국내 부문) 은상 3위

교내 영어말하기대회(해외 부문) 은상 3위

교내 수학경시대회 장려상 5위

교내 영어경시대회(국내 부문) 은상 3위

교과우수상(독서와 문법) 우수 2위

교내 우수학생 표창장(독서, 경시, 동아리, 리더십 영역) 버금상 2위

진로 희망

	1학년	2학년	3학년
본인	외교관, 국제 변호사	외교관, 영어 교사	영어 교사, 국제 공무원
학부모	외교관	외교관, 영어 교사	외교관, 영어 교사

010

시간이 중요한가요?
내용이 중요한가요?

★★★★★ 수치에 대한 집착을 버려라

봉사활동은 비교과활동의 한 부분으로, 학생부 전형을 쓰는 수험생이라면 관심을 가지고 관리하는 영역이다. 옆에서 100시간씩 봉사활동을 채우는 친구들을 보면 불안하기도 하고, 봉사활동 시간을 채우자니 공부 시간이 뺏기는 것 같아 신경이 쓰이기도 한다.

일단 봉사는 활동 내용이 중요하다. 21세기에 필요한 인재는 공부만 할 줄 아는 바보가 아니다. 대학은 학업 능력과 함께, 전공 적합성, 창의성, 리더십, 인성을 종합적으로 평가한다. 교과 성적만으로는 이러한 특성을 입학사정관에게 보여줄 수 없다. 그래서 비교과 항목이 있는 것이다. 그중에서도 공동체에 대한 기여를 보여줄 수 있는 부분이 바로 '봉사' 영역이다. 아무리 100시간 넘게 봉사했다 한들, 헌혈, 보육 센터 봉사, 환경 보전 활동 등 그 내용이 중구난방이라면 입학사정관에게는 시간 채우기용으로만 보일 수 있다. 왜 학생부 종합 전형에서 교과활동 외의 활동을 보는 것인지 고민해볼 필요가 있다.

그러면 봉사 시간이 많을수록 좋은 것인가? 적은 것보다는 많은 게 좋을 것이다. 분명한 건 왜 그 봉사활동을 계속했는지 설득력을 가져야 한다는 것이다. 입학사정관도 목적 없이 시간 채우기에 불과한 봉사는 경계할 것이다. 하지만 그 봉사 영역에서 자신의 가치관과 철학이 보인다면, 학업과 병행하기 힘들어 보일 만큼의 봉사 시간도 충분한 설득력을 가질 것이다. 나는 사범대를 진학하고 싶었기 때문에, 교육 봉사를 꾸준히 했다. 중학생 멘토링, 교육 봉사 동아리활동, 교내 특수반 친구들 IT교육 봉사, 지역 어린이 도서관에서 책 읽어주기 등 3년간 해온 봉사의 키워드가 '교육'이라는 한 단어로 모아진다. 봉사활동을 하면서 깨달은 교육적 가치의 힘 등을 자기소개에서 풀어 쓰면, 그 활동들은 입학사정관에게 충분히 '의미 있는' 활동으로 보일 것이다.

내가 3년 동안 개인적으로 한 봉사활동 시간은 총 79시간이다. 많으면 많다고도 할 수 있지만 비슷한 내신 등급을 가진 친구들 에 비해 봉사 시간이 많은 편은 아니었다. 시간이 중요한 게 아니다. 가시적으로 보이는 수치에 집착하는 친구들이 많은데, 절대 그럴 필요가 없다. 비교과활동에서 어떤 항목이 압도적으로 뛰어난다 한들 대학에서 주로 요구하는 능력은 수학(修學) 능력이다. 기본적으로 대학에서 요구하는 수학 능력이 뒷받침돼야 봉사활동의 영역이 비로소 빛을 발할 수 있는 것이다. 주변에서 봉사 시간이 3자리 수가 넘어가는데도 입학사정관제에서 고배를 맛본 친구도 있었다. 봉사 시간이 압도적으로 많다 해도, 나아가서 비교과 영역이 아무리 뛰어나다 하더라도 교과 영역이 부실하다면, 빛 좋은 개살구일 것이다. 그러므로 시간 채우기에 급급하지 말자.

011

하나의 봉사활동을 꼭 꾸준히
해야 하나요?

★★★★★   큰 그림을 그리는 과정

생활기록부나 자기소개서에 한 줄을 더하기 위한 봉사활동은 지양해야 한다. 봉사활동을 자기소개서에 녹여 쓰는 방법에는 크게 2가지가 있다. 하나는 고등학교 3년 동안 꾸준히 한 봉사활동을 소개하면서 어렸을 때부터 확고한 꿈이 있었다는 것을 보여주는 것이다. 다른 하나는 고등학교 3년 동안 해온 여러 가지 봉사활동을 통해 다양한 경험을 소개하는 것이다.

먼저 하나의 봉사활동을 꾸준히 하는 것은 크나큰 장점이다. 본인의 봉사활동 내용이 생활기록부에 적힌 진로 방향과 일맥상통한다면 더더욱 장점으로 작용한다. 게다가 이렇게 해온 활동은 본인의 성실성을 보여줄 수 있는 기회이기도 하다. 일례로 고등학교 1학년 때부터 3학년 때까지 꾸준히 영어로 음악을 가르치는 오케스트라 봉사를 했던 친구가 있었다. 영어교육과를 희망했고, 고등학교 오케스트라 동아리를 했던 친구이다. 동아리활동과 봉사활동을 오케스트라와 영어라는 키워드로 자기소개서에 풀어냈고 당당히 합격했다.

그러나 어린 시절부터 하나의 확고한 꿈을 가진다는 것은 쉽지 않다. 많은 수험생들은 물론이고 심지어 대학생이 돼도 진로 희망은 바뀐다. 하나의 꿈이 없다면, 봉사활동으로 무엇을 해야 할지 모르는 경우가 많다. 자기소개서에 이런 본인의 고민을 자연스럽게 풀어내자.

어린 시절부터 품어온 오랜 꿈이 없는가? 그렇다면 진로 희망을 찾아내기 위해 여러 가지 봉사활동에 골고루 도전해보자. 먼저 봉사활동을 고를 때, 본인이 할 수 있는 것, 그리고 사회적으로 가치가 있어 뿌듯함을 느낄 수 있는 활동을 찾자. 본인의 능력과 보람이라는 기준에 따라 여러 봉사활동에 참여하자. 그러나 항상 놓치지 말아야 하는 것이 있다. 바로 진로 희망에 대한 본인의 고민이다. 봉사활동을 통해 스스로 진로에 대한 더 많은 고민을 해보자. 결론이 나지 않는다면, 그 과정을 자기소개서에 풀어내자. 솔직함과 함께 자신의 다양한 관심사와 호기심, 그리고 진로에 대한 고민을 모두 드러낼 수 있다.

한울 선배들의 봉사활동 기록을 샅샅이 파헤치자

- **서울대 | 학생부 종합 전형**

주관 기관	활동명	활동 시간
북부 종합사회복지관	영어 멘토링 '리딩버디' 활동	53시간
미래희망기구	희망나눔 운동화 그리기	2시간
꽃동네	식사 준비 및 청소 활동, 꽃동네 가족 돌보기	12시간
교내	입학설명회 진행 보조 활동	10시간
교내	축제 진행 보조 업무	2시간
교내	자기 주도 학습 후 교실 뒷정리	8시간

- **연세대 | 특별 전형 & 논술 전형**

주관 기관	활동명	활동 시간
인덕복지원	장기요양노인 생활 보조	9시간
인성 시각장애인도서관	시간장애인용 도서 워드 입력	24시간
한국수학교육학회	'2013 수학 클리닉' 프로젝트 진행 보조 봉사 동영상 촬영 및 편집	54시간
자원순환사회연대	청소년 자원 순환 리더십 프로젝트 재활용 분리배출 활동	6시간
구룡마을 주민자지회	구룡마을 독거 노인 청소	6시간
대한적십자사	헌혈	5시간

- **고려대 | 특별 전형**

주관 기관	활동명	활동 시간
한국사회복지협의회	생활 지원(식사, 목욕, 세탁, 간병, 미용 등)	4시간
굿네이버스 서울본부	제4회 지구촌 나눔 가족, 희망 편지 쓰기 대회, 사랑의 동전 모으기 참여	2시간
비전학교 지역아동센터	저소득층 초등학생 영어 학습 지도, 문화 체험활동 보조	11시간
한국중앙자원봉사센터	광화문 광장 재활용 나눔 장터 행사 운영	6시간
한국일보	남산순환도로 7km 쓰레기 줍기	2시간
한국사회복지협회	헌혈	14시간 인정
좋은사람들	독거노인 및 결식아동 도시락 봉사 및 배달	4시간
한국국제기아대책기구	UN아동권리협약에 근거한 도시 빈민 아동의 권리 교육	1시간
한국국제기아대책기구	아프리카 빈곤국을 위한 희망키트 제작 봉사	3시간
따스한 채움터	따스한 채움터 봉사활동	2시간

- **고려대 | 특별 전형**

주관 기관	활동명	활동 시간
서울 가톨릭사회복지회	시각장애인 안내 및 식당 봉사 시각장애인 본당 봉사활동	12시간
한국국제협력단 연수센터	외국연수생을 위한 문화 행사 지원 보조	28시간

- **서울대** | **학생부 종합 전형**

주관 기관	활동명	활동 시간
송파 어린이도서관	외국어 동화책 읽어주기 및 도서 정리	2시간
대한생명보건협회 한마음 혈액원	헌혈	4시간 인정
송파구민회관	환경 체험 및 덧신 만들기	3시간
나라살리기 국민운동	독도 표기 오류 찾아 등재	16시간
잠신중학교	멘토 활동(학습 지도 및 상담)	54시간

- **연세대** | **특별전형**

주관 기관	활동명	활동 시간
독도살리기 국민운동본부	독도 표기 오류 찾기 및 시정서 한문 작성 발송	36시간
독도살리기 국민운동본부	독도 사이버 기자단 활동	46시간
꿈이 있는 푸른학교	초등학생 대상 멘토, 멘티 활동	40시간
영낙 노인복지센터	장애인 생활 보조, 기관 정화활동 및 식사 보조활동	9시간
서초열린세상	정신 보건 관련 자료 번역	9시간
한국중앙자원봉사센터	학습 멘토링	31시간
새마을문고 영등포구지부	매거진 발행 및 비치 도서 보수 및 서가 정리	12시간

- **고려대** | **논술 전형**

주관 기관	활동명	활동 시간
굿네이버스 서울본부	제4회 지구촌 나눔 가족, 희망 편지 쓰기 대회, 사랑의 동전 모으기 참여	2시간
거리의천사들	노숙인 배식 봉사	20시간
국립서울현충원	나라사랑 체험 및 묘역 정화활동	4시간

- **고려대 | 학생부 종합 전형**

주관 기관	활동명	활동 시간
군포시 청소년상담복지센터	또래 서포터즈 학습 및 정서 멘토링	37시간
지적장애인생활시설	남새밭 모종 심기 활동	3시간
청계사 부설 녹향원		

- **고려대 | 특별 전형 & 논술 전형**

주관 기관	활동명	활동 시간
교내	'Clean 양재천' 캠페인 및 환경정화활동	2시간
강남구립 역삼청소년수련관	청소년 방과후 아카데미 몽夢이터	9시간
	초등국어 학습 멘토링	
강남구 선거관리위원회	국회의원 선거 투표 관리 도우미	6시간
서울 남부혈액원	헌혈 교육 및 캠페인 활동	2시간
국립서울현충원	나라 사랑 체험 및 묘역 정화활동	2시간

012

꼭 학술 관련 동아리만 해야 하나요?

★★★★★　　　동아리, 자신의 선택을 믿어라

　희망 대학이나 학과에 진학하기 위해서 그와 관련된 학술 동아리활동을 고민하는 학생들이 많다. 전공 적합성 때문이다. 최근 입시에서는 수험생이 대학교에 자신의 장점을 드러낼 수 있는 내용이 줄어들었다. 교육 정책적으로 외부활동을 생활기록부에 기록하지 않는 방향으로 나아가고 있기 때문이다. 자기소개서 또한 학과 및 전형에 따라 정도의 차이는 있지만, 외부활동 기재를 지양하는 방향으로 나아가고 있다. 이런 상황 속에서 교내활동의 중요성은 더욱더 부각된다. 그중 전공 적합성을 보여줄 수 있는 카드가 바로 동아리활동이다.

　그러나 지금 책을 읽고 있는 수험생들에게 동아리의 진정한 의미를 물어보고 싶다. 동아리의 사전적 정의는 '같은 뜻을 가지고 모여서 한패를 이룬 무리'이다. 정의 자체를 따르자면, 학술 동아리가 아닌, 본인이 하고 싶은 동아리를 해야 한다. 결국, 어떤 동아리에서 활동했느냐가 중요하지 않다. 동아리활동을 통해 무엇을 배웠는지가 중요하다. 생활기록부에 교과 성적, 진로활동, 봉사활동, 수상 기록, 독서활동과 함께 떡하니 자리잡고 있는 동아리활동이라고 겁먹을 필요 없다. 여러 번 언급하지만, 수시 전형은 간단하다. 생활기록부, 자기소개서, 추천서를 통해 희망 대학의 평가 요소를 보여주면 된다.

　생활기록부에 포함된 동아리활동을 통해 학업 능력이나 전공 적합성을 만족시키기 어려울 수 있다. 그렇다면, 다른 평가 요소들을 보여주면 된다. 본인이 활동한 동아리의 이름을 모두 적어보자. 그리고 동아리의 회원으로, 본인이 한 일을 모두 적어보자. 정말 사소한 것도 좋다. 학교 축제를 위해 팀원들과 함께 준비했던 것, 대회 발표를 위해 준비했던 것 등등. 사소한 일화일지라도 자신만의 의미를 뽑아내어 인성, 리더십, 도전 정신, 창의성 등의 평가 요소와 연결시키자. 예를 들어, 스포츠 동아리를 했다면, 자기 관리, 협동, 용기 등 여러 가지 요소로 자신을 보여줄 수 있다. 봉사활동 동아리라면, 도움이 필요한 사람들을 배려하는 훌륭한 인성을 보여줄 수 있다. 동아리는 자신이 그것을 통해 무엇을 느끼고 배울 수 있는지가 중요하다. 따라서 본인이 흥미를 느끼고, 꼭 하고 싶은 동아리를 하는 것이 중요하다.

　남이 볼 때 별 것 아닌 것 같아 보일 수도 있다. 학술과는 전혀 상관없어 보일 수도 있다. 동아리활동이 체계적이지 않을 수도 있다. 그러나 동아리활동 중 자신에게 어떤 변화가 있었는지 그 소감을 표현하는 것을 잊지 말자. 다른 여타의 쟁쟁한 동아리보다 자신이 선택한 동아리가 가장 의미 있고 좋은 동아리이다.

　대한민국 고등학교 동아리 현실에 대해 조금 더 이야기하고 싶다. 정말 안타깝지만, 많은 고등학교가 동아리의 사전적 의미에 부합하는 진정한 동아리활동을 경험하기에는 여러 가지 어려움이 있다. 취미를 공유하고 즐기기 위함이 아닌, 단지 생활기록부에 한 줄 올리기 위해 동아리에 가입하는 학생들도 많다. 일부 학생들은 전공 적합성이라는 항목을 위해 동아리활동에 임한다. 이들에게는 동아리활동이 생활기록부에 기재되는 것 이외에 아무런 의미가 되지 않는다. 이러한 수동적이고, 이해타산적인 행동은 열정적인 친구들의 마음까지 꺼뜨린다.

흥미 있는 동아리가 없어 보이는가? 그저 스펙만을 위한 동아리활동을 하고 있는가?

단지 생활기록부에 도움이 되는 동아리에 들어가서 소속감 없이 활동하는 것은 전혀 도움이 되지 않는다. 본인이 어떤 동아리활동을 하고 싶은지 모르겠다면, 지금이라도 찾아보자. 하고 싶은 것을 모른다고 넘어가면 안 된다. 본인이 무엇을 하고 싶은지 생각해보고, 동아리의 본래 의미를 잊지 말자.

한울 선배들의 동아리활동을 한눈에

- **서울대** | **학생부 종합 전형**

  영어교육 봉사 동아리 '리딩버디', 영화평론부 '까르페디엠',

  논문작성 자율 동아리 '투게더', 독서토론 동아리 '두드림'

- **연세대** | **특별 전형 & 논술 전형**

  경영실무 동아리 'openknowl', 연극부, 방송부, 봉사 동아리 '쁘띠아띠',

  한솔합창단 'IFAC'

- **고려대** | **특별 전형**

  영자신문반, 독서토론반, 문예창작반

- **고려대** | **특별 전형**

  방송부–PD총괄

- **서울대** | **학생부 종합 전형**

  배드민턴반, 재능기부 봉사 동아리 '작은학교', 영어시사잡지 읽기반

- **연세대 │ 특별 전형**

  방송부(1학년 부장), 나래(독도)살리기 국민운동본부 독도기자단,

  봉사 동아리 '공부의 신'

- **고려대 │ 논술 전형**

  독서토론부

- **고려대 │ 학생부 종합 전형**

  수학탐구반, 스포츠클럽 농구 동아리, 학습멘토링 동아리 'SPOK'(수학 분야)

- **고려대 │ 특별 전형 & 논술 전형**

  모의유엔반, 스포츠클럽 걷기 동아리, 스포츠클럽 발야구 동아리,

  Interesting English Reading Club, 스포츠클럽 배드민턴 동아리

013

소논문, 꼭 써야 서울대 가나요?

★★★★★　　　결과보다 과정을 말하라

생활기록부에 각종 교외 경시대회나 공모전 기재가 금지됨에 따라서, 많은 수험생이 선호하는 활동 중 하나로 R&E^{Research&Education}가 급부상하고 있다. 과거 영재고나 특목고에서만 진행하던 논문활동이 점점 자사고나 일반고에도 확대되고 있다. 따라서 소논문을 쓰지 않으면 대학 입학에 큰 불이익이 있다고 생각하거나 논문을 쓸 환경이 되지 않아 걱정하는 학생들이 많다.

논문이 대학 입시에 중요한 영향을 미치는가? 그렇다. 논문이 대학 입시에 중요한 영향을 미치는 것은 사실이다. 일반적인 교과 내용을 따라간 것이 아니라 자신이 관심을 가지고 있던 분야나 주제에 대해 연구했다는 것은 지적 호기심을 보여주는 것은 물론 그 학생만의 색깔을 입혀주는 역할을 한다. 또한, 논문의 주제가 관련 진로와 부합한다면 전공 탐색 과정이나 전공 적합성을 보여주는 자료로 사용될 수도 있다.

그러나 논문을 썼다는 것만으로 학생부 종합 전형의 당락에 절대적인 영향을 미치지는 않는다. 학생부 종합 전형은 논문을 쓰더라도, 그 논문을 쓰게 된 계기, 논물을 쓰면서 가졌던 고민, 그리고 그를 해결하는 방법 등 논문 자체뿐만 아니라 그 뒤에 숨겨진 부가적인 과정을 보기도 한다. 단지 이런 활동이 대학 입시에 도움이 될 것이라고 생각해서 억지로 논문을 쓴다면, 오히려 논문 외 자신이 하고 싶었던 활동을 하는 것보다 못한 효과를 낼 수도 있다. 가령, 1차에서 합격했다 하더라도 구술이나 논술 면접에서 전문성을 보이지 못해 불합격할 수도 있다. 더 나아가, 많은 학생들이 논문을 쓰고 있는 상황이고 그 논문의 질은 고등학생이기 때문에 한계가 있다. 입학사정관들이 평가했을 때 좋은 점수를 받으려면 SCI(과학기술논문인용색인)급 이거나 학술지에 게재된 기록 등과 같이 '객관적 우수성 입증'이 필요하다. 따라서 논문을 쓸 때는 결과보다는 자신이 좋아하는 주제에 대해 탐색한 과정에 방점을 두는 것이 중요하다.

그렇다면 과연 일반고 학생이 특목고나 자사고 학생에 비해서 논문을 쓰는 데 불리한 점이 있을까? 결론부터 말하자면, 그렇다. 결과를 중점적으로 보는 특기자 전형의 경우에는 특목고가 유리한 것이 사실이다. 보통 이런 학교에는 정식 커리큘럼에 논문 작성이 포함돼 있고, 실험이나 연구를 위한 기반이 탄탄하고 정부나 공공기관의 지원을 받는 경우가 많다. 반면, 일반고에서는 실험 자재를 비롯한 환경 자체가 열악한 경우가 많다. 물론 학생부 종합 전형에서는 그 학생이 처한 환경까지도 평가한다. 객관적 우수성이 부족한 상황에 있더라도, 열악한 상황에서 해결 방법을 모색하고 나름의 결론을 냈다면 우수한 평가를 받을 수 있다. 질적인 문제와는 달리 이런 상황 속에서도 학문적 호기심을 충족시키기 위한 도전 의식이 있기 때문이다. 서울대에서 단순 내신으로 학생의 학문적 우수성을 평가하지 않는 것과 맥락이 같다. 등급이 아니라, 표준편차나 그 강의를 수강한 인원수를 파악하고, 무엇보다도 그 강의가 어떤 수준의 강의인지를 판단한다. 단적인 예로 자사고의 경우, 화학1과 고급화학이 있었을 때, 인원수가 적은 고급화학을 수강한 사람은 내신이 다소 낮더라도 화학1을 수강해 우수한 내신을 받은 사람보다 더 좋은 평가를 받을 수 있다. 또한 외고의 경우, 수강 인원이 적은 독일어를 수강해 좋은 등급을 얻는 것이 어려울 수 있다. 하지만, 절대적인 수치가 중요한 것은 아니다. 결론적으로, 일반고에서 하나의 주제에 대해 논문을 쓰는 것은 장려할 만하며, 결과보다는 과정에 주목해 활동을 기록해나가는 것이 좋다. 그런 의미에서 논문은 대학 입시에서 자신을 보여줄 수 있는 중요한 도구가 될 수 있다.

014

독서활동이 중요한가요?

★★★★★   독서활동은
평생의 스펙이다

대부분 생활기록부 맨 마지막에 있는 독서활동 기록 사항을 중요하게 생각하지 않는 경우가 있다. 어떤 고등학교에서는 아예 기록을 해주는 것조차 잊기도 한다. 그러나 독서활동 사항도 엄연히 생활기록부에 포함돼 있는 내용이기에 그냥 무시하고 지나가서는 안된다.

그렇다면 독서활동은 어떤 방식으로 기록하고 이용하면 좋을까?

우선 지원하는 대학마다 독서활동을 중요시하는 정도가 다르다. 입학설명회에서 대놓고 학생부 전형에서 "독서활동 중요하지 않다"고 말한 대학도 있었고, 어느 학교에서는 자기소개서 문항 4번에서 독서활동을 물어볼 정도로 중요시하는 곳도 있었다. 지원하고자 하는 학교에 따라 전략이 달라질 수 있다. 하지만 3학년, 아니, 3학년 6월이 되기 전까지는 대부분 자신이 어떤 학교에 어떤 전형으로 지원할지 잘 모른다. 나 역시 수시 원서 접수 당일까지 고민했다. 그렇다고 불확실한 미래를 '뭐 독서활동쯤이야 필요 없겠지.' 하며 방관하고만 있을 것인가? 100%의 결과를 위해서 엔진을 100%만 가동해서는 안 된다. 120%의 인풋input이 있어야 비로소 100%의 아웃풋output이 나올 수 있는 것이다. 적어도 좋은 대학을 가겠다고 마음먹었다면, 준비할 수 있는 한 최선을 다하는 것이 좋지 않겠는가?

잠깐 짚고 넘어갈 것이 있다. 앞서 독서를 지나치게 수단적으로만 바라봤는데, 대학 입시를 떠나서 고교생활을 하면서 독서는 반드시 해야 하는 것이다. 독서를 특정 시기와 결부시켜 말하는 것이 민망하기는 하나, 다양한 간접 경험과 훗날 독서 습관을 위해서라도 청소년 시기에 독서는 필수다. 일주일에 한 권까지는 아니어도, 한 달에 두세 권 정도는 읽으며, 지속적으로 이를 기록하는 습관을 가져라. 대학 입시에도 유리할 뿐만 아니라 자기계발에 많은 도움이 된다.

생활기록부에 관해서 팁을 주자면, 가만히 혼자 독후감을 정리한다고 생활기록부에 올라가는 것은 아니다. 담임선생님을 찾아가 어떻게 하면 독서활동을 기록할 수 있는지 여쭤보고, 주어진 양식이 있다면 그에 맞게 글을 쓰면 된다. 독서활동을 기록하는 방식은 학교마다 다를 테니, 선생님께 여쭤보는 것이 좋다. 학교 선생님들은 수업 준비하랴, 행정 업무 보랴, 생각보다 바빠서 학생 한 명 한 명에게 관심을 쏟기 어렵다. 특히 생활기록부 작업은 더더욱 그렇다. 때문에 자기 생활기록부는 자기가 챙기는 것이 맞다. 독서활동뿐만 아니라, 생활기록부 안에 있는 내용에 관련된 것이라면, 한 줄이라도 더 구체적으로 쓰기 위해 교무실에 조용히 찾아가 선생님께 먼저 부탁해보자.

다시 본론으로 돌아와서, 독서활동이 중요하냐는 질문에 관점에 따라 다른 질문이 나올 수 있다. 결과적으로만 본다면 학교에 따라 중요할 수도 있고 중요하지 않을 수도 있다. 하지만 공식적으로 독서활동이 중요하지 않다고 발표한 대학이라 할지라도, 독서활동을 안 한 학생을 더 긍정적으로 평가하지 않을 것이며, 독서활동을 꾸준히 해온 학생을 더 부정적으로 평가하지도 않을 것이다.

015

학생회장, 부회장, 반장 등을
하는 것이 도움이 되나요?

★★★★★ 당신은 어떤 회장이었나요?

대한민국 소재 고등학교가 총 몇 곳인 줄 아는가? 세는 것이 무의미할 정도로 많다. 그리고 매년 입시에 뛰어드는 학생회장들도 딱 그만큼 있다. 그런데도 당신이 학생회장 이력 하나로 '그래도 뭔가 되겠지?'라는 안일한 생각을 하고 있다면, 이것을 기억해라. 당신은 특별하지 않다. 당신은 그저 'One of Them'일 뿐이다.

학급반장도 마찬가지다. 심지어 그 수가 학생회장보다 훨씬 더 많다. 한 학교에서 매년 쏟아지는 반장 유경험자들만 해도 몇 명인가? 그리고 자기소개서 작성 시 교내활동 기술 영역에 가장 많이 쓰는 활동이 무엇인가? 반장 경력이다. 특색 없이 어중간한 반장 이력만으로는 아무것도 못 한다. 그 정도 리더십을 갖고 있는 수험생은 전국에 널리고 널렸다.

결국 당신이 학생회장 유경험자인지 반장 유경험자인지와는 상관없이 중요한 것은 이것이다. 당신은 어떤 학생회장이었는가? 당신은 다른 반장들과 무엇이 다른가? 만약 이에 대해 자신 있게 말할 수 없다면 그 경력은 입시에 아무런 영향도 주지 못한다. 더 세게 말하자면 시간 낭비를 한 것이다. 학생회장직 말고도 다른 분야에서 멋진 활동을 거쳐 성장한 친구들이 있는데, 굳이 그저 그런 회장이었던 당신을 입학사정관이 좋게 평가할 이유가 대체 어디에 있는가?

그러니 어중간한 각오와 생활기록부나 자기소개서에 한 줄 추가하고자 하는 생각으로 임원직에 덤비고자 한다면 당장 관두는 편이 좋다. 만약 할 것이라면 제대로 된 임원이 돼야 한다. 그러나 제대로 된 반장혹은 학생회장이 돼 구성원들을 효율적으로 이끌고, 성공적인 아웃풋을 만들어내는 것은 결코 쉬운 일이 아니다. 이와 같은 현실을 알기 때문에 입학사정관들은 임원직을 성공적으로 했다고 판단하는 학생을 높이 평가하는 것이다. 실제로 나 역시 학생회장 활동을 중심으로 서술한 자기소개서가 높은 평가를 받아 대학교에 입학할 수 있었다.

임원으로서 정말 공을 들이고 열심히 노력한 활동은 당연히 입시의 성패를 가르는 든든한 무기가 될 수 있다. 하지만 이를 위해 포기한 것 역시 어마어마했다. 매일같이 쏟아지는 일에 치이다 보니 공부 시간이 급감했고, 성적은 떨어졌다. 하루에 4시간도 못 자거나, 아침을 거르고 점심을 3분 안에 마시는 날이 다반사였다. 그럼에도 학교와 학생들을 위해 기획했던 일이나, 반드시 해야 하는 일을 제대로 해내는 것은 정말 힘겨운 일이었다. 온 힘을 다해 노력해서야 겨우 괜찮은 학생회장이 될 수 있었다.

이와 같이 선배들이 신뢰하고, 동기들이 자랑스러워하며 후배들이 존경하는 임원은 어느 날 갑자기, 공짜로 만들어지는 것이 아니다. 생활기록부나 자기소개서에 그리고 싶은 멋진 당신의 모습은 공짜로 얻어지는 것이 아니다. 임원활동을 통해 입시에서 성패를 가를 수 있는 무언가를 얻고 싶다면, 많은 것을 포기하고, 또 그에 필적하는 노력을 해야 한다. 찾으면 찾을수록, 제대로 하려고 하면 할수록 일거리는 많아질 것이고, 당연히 상당한 공부 시간이 뺏길 것이다. 여러 이해관계가 얽힌 갈등을 중재하고 뚝심 있게 일을 처리하는 과정에서 정작 본인의 교우관계에 문제가 발생할 수도 있을 것이다. 감투를 위해 이 모든 것을 감안하고, 자기 자신을 포기할 수 있는 자. 이것이 멋있는 임원의 모습이다.

결국 반장, 학생회장과 같은 감투를 얻고, 이를 입시에 진정으로 이용하고 싶다면, 본질적으로 한 가지 질문에 자신 있게 답할 수 있어야 한다. 그 일을 왜 하고 싶은가? 단순히 감투가 탐나서, 아니면 입시에 도움이 될 것 같다는 이유만으로 선택한 임원직이라면, 생활기록부나 자기소개서에 기록될 반장 혹은 학생회장으로서의 당신의 모습은 상상 이상으로 초라할 것이다. 기억해라. 결국 관건은 어떤 임원이 되느냐에 있다.

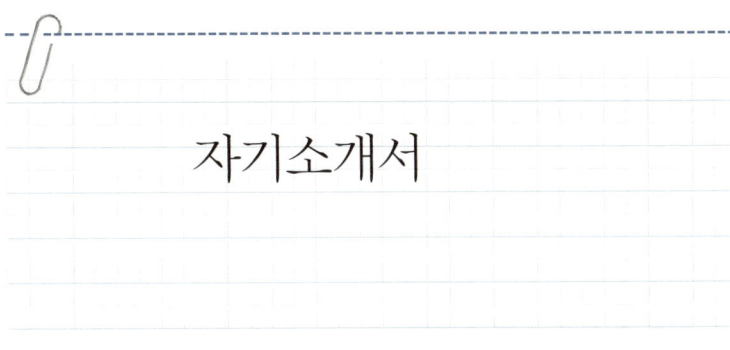

자기소개서

■■　　　　공통

016

자소서? 지소설?

★★★★★　　소설, 절대 쓰지 마라!

자기소개서를 부풀려 쓰는 것을 흔히 자소설이라고 한다. 자기소개서와 소설의 합성어이다. 이런 속설이 수험생들 사이에 퍼지게 된 이유는 무엇일까? 대입 전형의 변화가 가장 큰 이유가 아닐까? 단지 시험 점수만 보고 선발하는 것이 아닌, 자기소개서와 생활기록부를 통해 학생을 판단하고 선발하게 되면서 '자기소개서＝자소설'이라는 속설이 퍼졌다고 생각한다. 오죽 대학에 합격하고 싶었으면 소설이라도 써서 입학할까? 그런 학생들의 마음은 이해가 간다. 그러나 자기소개서는 절대로 소설이 아니다. 소설을 쓰면 안 된다.

소설의 사전적 정의는 '사실 또는 작가의 상상력에 바탕을 두고 허구적으로 이야기를 꾸며 나간 산문체의 문학 양식'이다. 그러나 자기소개서를 쓸 때는 절대 상상력을 바탕으로 허구의 이야기를 꾸며 가면 안 된다. 자기소개서를 평가하는 입학사정관들이 학생이 거짓으로 꾸며 쓴 이야기, 실현 가능성 없는 허황된 이야기를 찾아내지 못할 것이라고 생각하는 것은 어리석은 짓이다. 만약 거짓이 없다 하더라도 의심이 가는 부분은 면접 등을 통해 그 사실 여부를 확인한다. 자기소개서의 핵심은 학생다운 본인의 이야기를 쓰는 것이다. 문장 역시도 괜히 유식해 보이기 위해 어려운 표현을 사용하지 말고 간결하고 전달력 있는 표현을 사용하는 것을 추천한다.

자기소개서에서 중요한 것은 적절한 의미 부여이다. 부풀려 쓰는 것이 아니라, 적당한 의미 부여를 해야 한다. 의미 부여는 한마디로, 특정 대상을 바라보는 시각을 의미한다. 같은 봉사활동, 같은 교내상 일지라도 어떻게 바라볼 것인가, 이를 결정짓는 것이 의미 부여이다. 의미 부여에 대해서는 이전 질문에서 언급했으니, 자소설이 아닌 자기소개서를 쓰는 데에 중요한 조언에 대해 알아보자.

자기소개서를 어떻게 쓸까에 대한 구체적인 팁은 크게 3가지이다. 첫째는 빼기의 미학이다. 자기소개서는 한 문항당 1,000자에서 1,500자 정도로 글자 수가 제한돼 있다. 직접 써보면 알겠지만, 이 글자 수는 생각보다 적은 분량이다. 그래서 글자 수를 보고 처음부터 그 제한에 맞춰 쓰려는 학생들이 있다. 하지만 처음부터 분량 제한에 신경 쓰다 보면, 막상 어떻게 써야 할지 막막하거나, 중요한 포인트를 놓치는 경우가 발생한다. 따라서 자신이 쓰고 싶은 말을 모두 적고 불필요한 부분을 하나씩 줄여가는 것이 좋다. 한마디로 120%를 쓰고 20%를 빼는, 빼기의 미학이 중요하다.

둘째는 첨삭의 힘이다. 먼저 자신이 쓰고 수정한 자기소개서를 다른 사람이 읽어보게 하는 것은 매우 중요하다. 타인의 시선에서 자기소개서가 잘 읽히지 않는다면, 입학사정관 또한 쉽게 읽을 수 없을 것이다. 선생님뿐만 아니라, 친구 혹은 가족에게 첨삭을 받는 방법도 추천한다. 물론 첨삭을 받는다고 해서 남이 대신 글을 써주면 안 된다. 어떤 부분을 추가, 삭제, 수정했으면 좋겠다는 조언을 바탕으로 본인이 직접 손을 봐야 한다.

셋째는 인재상에 부합하는 자기소개서를 쓰는 것이다. 학교마다 원하는 인재상이 있고, 자기소개서 문항마다 질문의 의도가 다르다. 어떤 문항에서는 배려와 협력을, 또 어떤 문항에서는 자기주도 학습 능력과 리더십을 물어본다. 문항을 꼼꼼히 읽고 각각이 요구하는 부분을 파악해야 한다. 반드시 희망 학과와 관련된 활동이 아니어도 자기소개서 문항이 요구한다고 생각되면 서술하는 것이 도움이 된다. 교내 및 외부 활동과 용기, 배려, 나눔 등의 주제는 문항마다 겹치지 않도록 하는 것이 좋고, 중간중간 그 대학의 인재상에 부합하는 내용을 녹여 쓴다면 더욱 좋다.

자기소개서는 절대 소설이 아니다. 자기소개서를 쓸 때 기억해야 할 것은 3가지이다. 빼기의 미학, 첨삭의 힘, 그리고 문제의 의도 파악. 한 문장으로 요약하자면, 자기 자신을 있는 그대로, 학생답게 그리고 간결하게 나타내는 것이 자기소개서 쓰기의 핵심이다.

017

얼마나 오래 준비해야 하나요?

자기소개서를 쓰는 것은 학생별로 편차가 크다. 다양한 학생들의 경험담을 들어보자.

★★★★★　공든 탑이 무너지랴! 9개월 노고의 결과

모든 글쓰기가 그렇듯이, 글을 쓰기 시작하는 순간부터가 글의 시작이 아니다. 글의 개요를 잡고 전체 그림을 구상하는 것부터 글의 시작이다. 자기소개서 역시 마찬가지다. 따라서 자기소개서 작성 기간이라는 것은 본인이 어떤 이야기들을 넣을지, 어떻게 엮어내서 하나의 큰 그림을 그려낼지를 구상하는 과정까지 모두 포함하는 것이다. 이 때문에 자기소개서 작성 기간으로 총 9개월의 시간을 잡았다.

"너무 길지 않나요?"

맞는 말이다. 실제로 작성한 기간이 9개월일 리는 만무하다. 내가 자기소개서를 본격적으로 쓰기 시작했던 것은 7월이었다. 3학년 1학기까지는 아직 내신도 챙겨야 하고, 또 생활기록부도 최종적으로 마무리되지 않은 시기이기 때문에 자기소개서를 실제로 작성하지는 않았다. 하지만 자기소개서의 대략적인 내용을 구상하기 시작했던 것은 2

학년을 마친 겨울방학, 2월부터였다.

무슨 말을 하고 싶은 것이냐고? 짧은 글을 쓰는 것이라고 안일하게 생각하지 말라는 것이다. 자기소개서를 완성하는 데까지 정말 많은 시간이 소요된다. 나는 먼저 큰 그림을 그렸다. 현재까지 작성 완료된 생활기록부를 펼치고, 칭찬이라 판단할 수 있는 모든 문구들, 그리고 나를 묘사하는 데에 있어 반복되는 키워드를 정리했다. 이를 토대로 강점이 될 수 있는 요소를 찾아나갔다. 그리고 각 능력을 증명할 수 있는 교내 및 교외 활동을 이것저것 넣어보기 시작했다. 이 단계에서 이미 자기소개서 작성에 활용할 자료를 정리한 상태였다. 그 이후 진행했던 것은 여러 선생님과의 상담이었다. 내가 생각하는 나의 모습과는 다른, 타인이 생각하는 객관적인 나의 모습은 어떤지 확인했고, 이를 토대로 큰 그림의 스케치를 마쳤다. 그리고 여름방학이 오기 전까지는 이 대강의 큰 그림에 활용할 활동이 무엇이 있을까를 고민하고 기록해놓는 정도로 자기소개서 준비를 하고 있었다. 이 과정이 2월부터 6월까지 5개월이었다.

본격적으로 자기소개서를 쓰기 시작했던 7월부터는 정말 다양한 버전의 자기소개서들을 양산했다. 일례로 교내활동에 관해 묻는 2번 문항만 해도 '창업 동아리/방송부/학생회', '방송부/토론대회/학생회', '연극부/합창단/독서 스터디' 조합을 포함해 5가지가 넘는 버전의 자기소개서를 작성했다. 큰 그림을 다 그린 후에는 어떤 디자인이 큰 그림을 압축적으로 보여주는 데에 가장 효과적일까 고민했다. 친구들이나 선생님들과 고민하고, 또 그 내용을 수정 및 발전시키는 데에 꼬박 3개월이 걸렸다.

"자기소개서는 고3 여름방학부터 쓰면 되니까 그동안 다른 것에 집중해야지!"

이 글을 읽은 수험생이라면 다시는 이 같은 말을 꺼내지 말도록 하자. 좋은 글은 단기간에 갑자기 쓴다고 나오지 않는다. 모든 양서는 장기간의 오랜 고민으로부터 만들어짐을 기억하자. 당신의 자기소개서 역시 마찬가지다.

★★★★★　3월부터!

특목고를 지원했던 학생이 아니라면 자기소개서를 써보는 경험은 아마 처음일 것이다. 만약 고등학교 입시 지원 과정에서 자기소개서를 써봤다고 하더라도 이는 대입 자기소개서와는 전혀 다른 경험이다. 특목고 입시에서는 떨어지면 그냥 일반고를 가면 된다. 하지만 대학 입시에 실패했을 때에는 돌아갈 곳이 없다. 따라서 수험생들은 대입에 관련된 것이라면 기를 쓰고 공을 들인다. 자기소개서에는 과연 어느 정도 시간을 투자해야 할까?

나는 자기소개서를 3학년 3월 정도부터 쓰기 시작했다. 주변에서는 학생부 전형은 자기소개서를 1, 2학년 때부터 써놓고 3학년 때는 내내 퇴고 과정을 거쳐야 한다고 말했다. 하지만 3학년 때도 변화를 줄 만한 일들이 일어날 가능성은 무수히 많고, 그런 에피소드를 모으는 작업이 자기소개서를 쓰는 과정의 반이다. 따라서 너무 빨리 기본 틀을 만들어놓으려고 서두르지 않는 것이 좋다. 본격적으로 쓰기 시작하는 시기는 3학년 여름방학이니, 최대한 3, 4월까지는 최대한 다양한 자기소개서 예시들을 보고, 학국대학교육협의회(이하 대교협) 자기소개서 공통양식에 맞춰 '나'를 어떻게 풀어 가면 좋을지 그 구성을 고민하는 것이 좋다. 이 과정에서 중요한 것은 그동안 나에 관한 기록을 다시 찾아보는 것이다. 고등학교 3년 동안 나에게 무슨 일이 있었는지 가만히 책상 앞에 앉아 있다고 해서 다 떠오르는 것이 아니다. 일기장을 다시 펴보고, 생활기록부를 뽑아서 수상 실적도 찾아보면서 글감을 찾는 게 중요하다. 대부분 학생들은 이때 줄글로 문장을 써야만 완성된 결과물을 만들어낸 거 같다는 오해를 한다. 하지만 계속해서 말하지만 글감을 찾고, 브레인스토밍 brainstorming하는 과정이 자기소개서 과정의 절반임을 잊어서는 안 된다. 3학년 1학기 중간고사가 끝나면 시간을 정해두고 일주일에 2~3시간씩만 자기소개서에 투자할 것을 권한다. 수시 준비도 중요하지만 여름방학 이전까지는 공부 페이스를 꾸준히 유지하는 것이 좋다. 어느 정도 글감이 모아졌다면 여름방학 전에 한 편의 완성된 글을 써보자. 그리고 학교 국어 선생님께 글을 들고 찾아가서 첨삭을 받아보자. 그렇게 1차적으로 완성된 글은 여름방학 때부터 제대로 퇴고 과정을 거치면 된다. 물론 이 과정에서 완전히 구성이 달라지기도 하고, 새로운 내용이 들어가기도 하며, 빠지기도 한다. 갈아엎는 과정이 몇 번 반복될 것이다.

요약하자면, 자기소개서를 작성하는 것은 3학년 3월부터 시작하되, 여름방학 이전까지는 최대한 글감을 모으는 데 주력하고, 어떤 순서로 풀어가면 좋을지 개요를 작성해보는 정도로만 한다. 공부에 방해가 되지 않도록 일주일에 2~3시간씩만 투자하는 것도 잊지 말자. 그리고 여름방학 때부터 본격적으로 글을 쓰기 시작해야 한다. 이때는 투자하는 시간을 늘려도 좋다. 나중에 수시 원서 접수 기간인 9월이 되면 공부하고 싶어도 자기소개서 때문에 불안해서 계속 노트북 앞을 떠나지 못하는 자신을 발견할 수 있다. 그러니 여름방학 이전까지는 최대한 공부 시간을 확보해두는 것이 현명하다.

★★★★★ 　집중적으로 투자한 일주일!

자기소개서는 2학년부터 3학년 때까지 많은 걱정을 했던 부분이었다. 2학년 때 선생님들께서 겨울방학부터는 자기소개서를 써보는 것이 좋다고 하셨기 때문이다. 하지만 2학년 겨울방학 때는 수학과 영어를 보충하느라 바빠 자기소개서를 써보지 않았다. 이 때문에 3학년이 돼서 큰 고민에 휩싸이게 됐다.

'자기소개서 안 써봤는데 나중에 못쓰면 어떡하지?'

하지만 다른 방법이 없었다. 당장 급한 탐구 및 수학을 보충하기에도 시간이 모자랐다. 해야 할 공부량과, 수능까지 일정을 고려했을 때, 자기소개서 작성에 투자할 수 있는 시간은 수시 원서 마감 전, 정확하게 일주일밖에 없다는 계산이 나왔다. 하지만 일주일 동안 기초 공사부터, 퇴고, 완성까지 모두 끝내는 것은 분명 무리였다. 그래서 자투리 시간, 자습 중에 집중이 안 되는 시간을 활용해 구상노트를 작성했다.

3학년 때는 그 어떤 시기보다도 높은 집중력으로 공부하지만, 자습 시간마다 최상의 집중력을 발휘할 수는 없는 법이다. 그래서 집중이 안 되는 시간에 구상노트를 꺼내 지금까지 한 활동을 마인드맵 형식으로 적고, 그를 통해 얻은 점이나 에피소드를 짧게 메모했다. 노트 작성에 쓰이는 시간은 10분, 횟수는 한 달에 2번 정도. 자기소개서를 준비했다고 말할 수도 없지만 공부 계획에 차질이 생기지 않는 수준의 자기소개서 준비 방법이었다. 하지만 일주일 동안의 빠듯한 자기소개서 작성 기간에는 이 구상노트로 큰 덕을 봤다. 공부 계획에 차질이 생기지 않는 선에서 집중이 안 되는 시간도 활용하고, 자기소개서에 대한 고민도 줄이고, 일타이피였다. 그리고 대망의 자기소개서 작성 기간이 다가왔다.

'일주일 동안만, 다른 모든 것을 뒤로 한 채 자기소개서에만 몰두하자. 몰입해서 쓴다면 좋은 결과가 있겠지!'

미친듯이 몰두한 일주일이었다. 결과는 걱정과 달리 대성공이었다. 나는 자기소개서를 제출한 모든 전형에서 1차 합격 통지서를 받아들 수 있었다.

이 경험에서 깨달은 것은 하나였다. 자기소개서를 일찍 쓰는 것보다 본질적으로 중요한 것은, 몰입해서 쓰는 것이다. 그러니 불안해 마라. 자기소개서를 쓰기 시작한 시간이 다른 친구들에 비해 늦어졌다고 해서 불안감에 너무 떨 필요가 없다. 몰입을 하기 위해 필요한 최소한의 노력만 학기 중에 들여놓아라. 그렇다면 좋은 자기소개서를 작성하기 위해 해야 할 것은 일주일 동안의 온전한 몰입뿐이다.

018

자기소개서에 봉사활동을
무조건 쓰는 것이 좋나요?

★★★★★ 봉사활동, 개성을 보여줄 수 있는 도구로 활용하라

봉사활동을 했다고 무조건 자기소개서에 쓰는 것은 좋지 않다. 봉사활동은 자기소개서 질문에 적합하거나 자신만의 특징을 보여줄 수 있을 때 언급하는 것이 좋다. 만약 봉사활동을 그냥 시간 채우기용으로만 했거나 학교에서 시키는 봉사활동만 했을 경우에는 봉사활동 대신 교외활동이나 창의적 체험활동(동아리 등)을 적는 것이 좋다. 어떻게든 자기소개서 분량을 채우거나 조금이라도 더 창의적으로 보이기 위해 한 봉사활동 사항을 각 항목에 끼워 맞추는 것은 오히려 역효과를 가져올 수도 있다. 특히나 일부 학교에서 타성적으로 행해지는 인근 개천 환경 정화 활동, 학교 주변 환경 캠페인, 봉사활동 사전교육 및 봉사활동 계획 세우기 등이 있는데, 이런 영양가 없는 활동을 어떻게든 자기소개서와 엮는 것은 지양해야 한다. 다시 말해, 봉사활동 내용은 개인이나 학교마다 다르므로 자기소개서에 쓰기 적합하고, 자신을 잘 표현할 수 있는 것들만 추려서 쓰는 것이 좋다.

또한 봉사활동은 그 학생의 인성을 나타내는 것이라고 볼 수 있다. 봉사활동을 자기소개서에 쓰려고 한다면, 이는 주로 '배려'와 '나눔'이라는 키워드를 가지고 자신을 드러내기 위함일 것이다. 하지만 꼭 봉사활동이 아니더라도 자신의 인성을 보여줄 수 있는 활동이 있다면 그것을 써도 무방하다. 봉사활동을 꼭 써야 한다는 강박관념에 사로

잡혀, 활동을 통해 자신이 느낀 점과 배운 점이 없음에도 불구하고 지어내어 쓴다면 오히려 역효과를 불러올 수 있다. 즉, 쓰지 않는 것만 못하다. 타인의 상황을 공감할 줄 아는 감수성 등을 보여줄 수 있는 활동이라면 꼭 봉사활동이 아니어도 무방하다.

덧붙여 말하면, '배려'와 '나눔'뿐만 아니라, 여러 가지 다른 평가 요소를 함께 나타내도 좋다. 예를 들어 봉사활동으로 급식 도우미를 했다고 해보자. '급식 도우미를 하면서 친구들에게 음식을 나눠주며 나눔의 기쁨을 느꼈다'라고 한다면 이런 내용은 누구나 쓸 수 있을 뿐만 아니라 꼭 자기소개서가 아니라 생활기록부만 보고도 알 수 있다. 하지만 '급식 도우미를 하면서 급식 순서 때문에 갈등이 있었는데 돌아가면서 순서를 정해 해결할 수 있었다'라고 한다면 갈등 해결에 대한 부분도 자신의 장점으로 보여줄 수 있다. 누구나 쓸 수 있는 느낌만을 적지 말고 실제 느끼고 경험한 자신만의 개성 있는 스토리를 적는 것이 좋다. 따라서 인성과 자신의 여러 장점들을 연결해 서술한다면, 좀 더 풍부한 자기소개서가 될 것이다.

'고등학교 재학 기간 중 학업에 기울인 노력과 학습 경험에 대해,
배우고 느낀 점을 중심으로 기술해주시기 바랍니다.'

019

교외 수상 실적 녹여 써도 되나요?

교외 수상 실적을 쓰는 것에 대한 여러 학생들의 조언을 살펴보자.

★★★★★　　　권고에 충실히

나는 위험을 최소화하고 안정적인 방향으로 자기소개서를 쓰려고 노력했기 때문에, 대학에서 하지 말라고 한 것은 최대한 피했다. 그런 점에서 1번 문항에서는 교외 수상 실적을 언급하지 말라는 내용이 있었기 때문에, 그 권고를 충실히 따른 편이다. 그러나 명확한 언급을 하지 않고 모호하게 교외 수상 실적을 자기소개서 문항에 녹여서 쓰고 합격한 친구들도 분명히 있다. 단순히 어떤 대회에서 수상을 했는지 못했는지가 중요한 것이 아니라, 자신이 어떤 학업적 우수성을 가지고 있는지를 드러내는 것이 핵심인 것이다. 실제로 대학에서 1번 문항을 통해 알고 싶어 하는 것은 그 부분이기 때문에 그 점에 집중할 필요가 있다.

학생부 종합 전형의 취지를

다시 한 번 생각해보자

학생들은 자기소개서에 조금이라도 '있어 보이는' 활동을 쓰고 싶어 한다. 교외 수상 실적을 쓰고 싶은 마음도 이런 맥락에서 이해할 수 있다. 하지만 교외 수상 실적이 대학 측에서도 '있어 보이는' 활동일까?

서울대 수시 모집 공통 자기소개서 양식을 보면 다음과 같이 밝히고 있다.

'교외 수상 실적'이란 학교 외 기관이 개최한 대회 수상 실적을 의미하며, 학교장의 참가 허락을 받은 교외 수상 실적이라도 작성 시 불합격 처리.

학생부 종합 전형의 자기소개서는 공교육 내에서 이뤄진 활동을 작성하는 취지이므로, 위에서 제시되지 않은 항목이라도 사교육 유발 요인이 큰 교외활동(해외 어학연수 등)을 작성했을 경우, 해당 내용을 평가에 반영하지 않습니다.

즉, 수시 모집에서는 자기소개서를 통해 공교육 현장에서 얼마나 학생 개개인이 주어진 환경을 능동적으로 활용했는지를 보고자 하는 것이다. 규모가 큰 교외 대회에서 수상 실적이 있다 하더라도, 이는 자신의 학업적 능력을 보여주는 하나의 지표로밖에 작용하지 못한다. 다시 말해, 결과 그 이상의 의미를 가지지 못한다. 자신의 생생한 학업적인 성취 과정을 보여주는 것은 교외 수상 실적이 아닌 영역에서도 충분히 보여 줄 수 있다. 또한, 입학사정관과 교수님들은 이미 학업적 능력이 공인된 학생들을 뽑고자 하기보다는, 앞으로 대학에 와서 학문적 성취가 기대되는 잠재력 있는 학생을 뽑고 싶어 할 것이다. 이러한 잠재 가능성은 자신이 학습을 위해 기울인 노력에서 느낀 점과 배운 점을 통해서만 드러난다. 즉, 사소한 에피소드라 할지라도 자신이 주어진 환경에서 얼마나 능동적으로 다양한 활동에 참여했는지를 보여줄 수 있다면, 어떤 이야기든 상관없다. 어떤 의미에서 보면, 오히려 자신만의 개성 있는 이야기가 더욱 '있어 보이는' 활동일 것이다.

★★★★★   결과가 아닌 과정 중심

현재 대교협이 발표한 대입 자기소개서 1번 문항은 다음과 같다. '고등학교 재학 기간 중 학업에 기울인 노력과 학습 경험에 대해, 배우고 느낀 점을 중심으로 기술하여 주시기 바랍니다.' 그리고 대교협이 발표한 유의사항에서 교외 수상 실적들을 기록하는 것을 엄금한다는 것을 확인할 수 있다. 그렇다면 '왜 굳이 넣지 말라는 교외 수상 실적을 넣어서 자신의 자기소개서를 위험하게 만들어야 하는가?' 하고 의문이 생긴다.

사실 대교협이 1번 문항을 통해서 학생에게 묻고자 하는 바는 학생이 학교생활 중에서 학업을 위해 얼마나 노력했으며, 어떤 활동들과 성과가 있었는가 하는 것이다. 학생 스스로가 그 활동을 얼마나 '그저 그런' 활동이 아닌 '자신만의' 활동으로 만들었는지를 보려고 하는 것이기 때문에, 교외활동을 쓰기보다는 교내에서 자신이 노력한 바를 쓰는 것이 더 바람직해 보인다. 고등학교 측에서도 교내 프로그램 소개 자료를 대학에 제출한다. 그러므로 교내활동을 가지고 쓴다면, 그 학교 학생으로서 교내활동에 얼마나 참여하고, 본인의 상황에 맞게 활용했는지를 쉽게 확인할 수 있다. 뿐만 아니라 교내활동들은 학생의 생활기록부에 정확히 남기 때문에, 신빙성이 높은 자료이다.

그러나 희망 대학, 희망 학과에 따라 일부 전형은 대외활동에 대해 서술할 수 있다. 그런 전형들 같은 경우에도 '결과'로써의 수상 실적 활용은 바람직하지 않지만, '노력한 과정'으로써의 수상 실적 활용은 가능하다.

따라서 교외활동은 그저 그 노력의 일환으로 자신의 실력을 검증해보고자 한 활동으로 자기소개서에 활용할 수 있을 뿐, 노력의 결과로 쓰기에는 적합하지 않다. 그리고 교외활동보다는 학생으로서 교내활동을 어떻게 활용했는지를 쓰는 것이 더욱 바람직하다.

020

1번 문항에 쓸 게 없어요

앞선 문항과 마찬가지로 여러 학생들의 조언을 들어보자.

★★★★★ 학업과 관련된 모든 것을 쓸 수 있다

1번의 문항은 어떻게 보면 엄청 어렵고 추상적이다. 하지만 포인트는 '배우고 느낀 점'이다. 본인의 노력과 학습 경험이 멋지고 거창할 필요가 없다. 나는 첫 번째 문항인 만큼 내용 구성에 있어 여러 가지 버전을 생각해봤다. 먼저 실수 극복 과정 중심으로 썼다. 문제를 풀 때 실수를 많이 해서 실수 방지용 노트를 만들었다는 식으로 말이다. 하지만 그 내용만으로 나를 적절히 표현하지 못하는 것 같아서, 다른 버전도 생각해봤다.

두 번째로는 쉬는 시간이나 점심시간에 수학이나 과학의 복습 범위를 친구들에게 짧게 정리해서 설명해주며 복습했던 경험을 썼다. 하지만 이 또한 평범하게 느껴져, 수학 문제를 여러 방법으로 풀고 친구들과 의견을 나눴다는 것으로 고쳤다.

하지만 필자의 자기소개서 최종 버전에는 일상생활에서 느끼는 지적 호기심과 교내활동 중 연구발표대회를 흥미롭게 준비하며 경험한 것들에 대해 담았다. 학업에 기울인 노력과 학습 경험이라고 해서 공부를 했다는 내용만 적을 수 있는 것이 아니다. 자신만의 공부 방법을 적어도 되고, 동아리나 학교 활동, 대회 등을 적어도 되고 그저 지적 호기심을 위주로 적어도 된다. 자신이 분야 상관없이, 어떤 아이디어를 생각했다면 그것을 학업과 관련지어 나타낼 수도 있다. 학업이라고 해서 꼭 고등학교 교과과정에 대한 내용만을 쓰는 것이 아니다. 전체적인 틀에서 '공부'를 나타내는 것이다. 공부를 하게 된 계기나 잘하기 위해 노력한 점 등을 생각해보는 것도 좋은 방법이다. 진짜 아무것도 아니라고 생각했던 활동들도, 그 과정 내에서 자신이 무엇을 느꼈는지 생각해본다면, 좋은 자기소개서를 쓸 수 있을 것이다.

★★★★★　　과정을 중심으로 써라

필자는 1번 문항에서 어려웠던 과목의 성적을 향상시키기 위해 자신만의 어떤 노력을 했는지에 대해 썼다. 1번에서 가장 무난한 주제는 '성적 향상'이다. 왜냐하면 성적은 아무런 노력 없이 향상되는 것이 아니기 때문이다. 어떤 형태의 성적 향상이든, 그 결과가 있기 전까지 학생 개개인만의 노력이 수반됐을 것이다. 예를 들어, 꼼꼼하고 자세한 풀이 방식을 연습하거나, 부족한 어휘력을 향상시키기 위해 많은 단어를 외우는 것과 같은 노력이 있었을 것이다. 이런 과정을 서술하는 것이 1번 문항의 답이 될 수 있다. 그리고 그에 따른 결과로 필자는 교내 수상 실적을 활용했다.

만일 교외 수상 실적을 넣고 싶다면, 수상 실적 자체보다, 수상을 위한 '노력과 학습 경험'을 중심으로 서술하는 편이 좋다. 그저 교외 수상 실적이라는 '결과'를 중심으로 서술하면, 문제 의도였던 '과정'에 초점이 맞춰지지 않아 '자소서'라기 보다는 '자백서'로 보이기 쉽다. 따라서 그 수상에 이르기까지 본인이 한 노력들을 써주면 좋다.

★★★★★　　생생한 자신의 이야기를 써라

'고등학교 재학 기간 중 학업에 기울인 노력과 학습 경험에 대해, 배우고 느낀 점을 중심으로 기술해주시기 바랍니다.'

이 질문에 대해 답할 내용은 사실 뻔하다. 크게 2가지가 있다. 먼저 학교에서 배운 내용과 학교 내에서 했던 노력에 대해 쓸 수 있다. 하지만 이는 누구나 손쉽게 쓸 수 있는 내용이기 때문에 남들과는 차별화된 전략이 필요하다. 필자는 국어 내신 향상에 대해서 썼다. 해외에서 오랜 시간 거주했기 때문에 대부분 사람들이 국어를 잘 못 할 것이라고 지레 짐작한다. 실제로 한국에 왔을 당시 문법이나 맞춤법은 엉망이었으며 글을 많이 읽어보지도 못했다. 하지만 그만큼 노력을 많이 했다. 처음에 4등급이었던 국어성적이 3등급, 2등급으로 오르고 마지막에는 2학년 2학기에 국어 시험에서 전교 1등을 했다. 자기소개서에서 드라마틱한 결과를 보여주는 동시에 그 과정 속에서 배운 점을 빼먹지 않고 생생히 썼다. 남들의 우려를 실력에 대한 신뢰로 바꾸는 마음가짐과 밑바닥에서부터 올라오는 끈기를 경험을 통해 강조했다.

다른 하나는 평소에 관심이 있던 분야에 대해서 자신이 학교 외적으로 어떤 노력을 했는지 쓰는 것이다. 한 예로 필자의 지인은 교육과정 내에서는 깊이 다루지 않는 심도 있는 경제 과목에 대해 서술했다. 자신이 어릴 때부터 어떤 계기로 경제에 관심을 가지게 됐으며, 어떤 활동을 했고 어떤 책을 읽었는지도 썼다. 경제를 혼자 공부했다는 내용은 누구나 쓸 수 있다. 이와 같이 일반적인 이야기와 함께 무엇을 배웠는지, 배운 것을 어떻게 활용했는지, 그리고 앞으로 무엇을 배우고 싶은지 등 자신이 느끼고 배운 점이 명확하게 들어가는 것이 중요하다. 자신의 스펙이나 노력을 나열하기보다는 자신만이 생생하게 느끼고 배운 점에 초점을 맞춰야 한다.

고등학교 재학 기간 중 본인이 의미를 두고 노력했던 교내활동을
배우고 느낀 점을 중심으로 3개 이내로 기술해주시기 바랍니다. 단,
교외활동 중 학교장의 허락을 받고 참여한 활동은 포함됩니다.

021

몇 개의 활동을 쓰는 것이 가장 좋은가요?

★★★★★　　　양보다 질이다

'고등학교 재학 기간 중 본인이 의미를 두고 노력했던 교내활동을
배우고 느낀 점을 중심으로 3개 이내로 기술해주시기 바랍니다. 단, 교
외활동 중 학교장의 허락을 받고 참여한 활동은 포함됩니다.' 2015학
년도 입시부터 쓰이는 2번 문항의 발문이다. 그 어디에도 반드시 3개
를 적으라는 말을 찾을 수가 없다. 이와 같이 발문에서는 분명 3개 이
내를 적으라고 했음에도, 많은 학생들이 거의 정확하게 500자씩 3개
를 딱 맞춰서 기술한다. 그 바탕에는 2014학년도 입시까지 쓰였던 자
기소개서와 수험생들의 불안감이 있다.

2014학년도 입시까지 쓰였던 자기소개서는 본인이 열정을 가지
고 참여한 교내활동에 대해 서술하라고 한 점에서는 지금과 동일했지
만, 반드시 3개 활동을 500자씩 쓰도록 양식을 정해놓았다는 점에서
지금과 차이가 있다. 시간이 흘러 양식이 바뀌었지만, 학생들의 자기
소개서 작성 요령은 전과 달라지지 않았다. 양식이 변화했음에도, 표

본은 그대로라는 것이 문제였다. 자기소개서 양식이 바뀌었지만, 막상 자기소개서를 작성해야 하는 학생들이 참고하는 것은 변화 이전의 양식에 맞춰 쓴 자기소개서였다. 가뜩이나 불안한데, 굳이 모험을 시도할 학생이 몇 명이나 되겠는가? 이 때문에 자기소개서 양식이 바뀌었음에도, 안정성을 추구하는 수험생들은 과거의 작성 요령을 답습하는 것이다. 여기서 학생들의 고민이 발생한다.

"남들 모두 2번 항목에 3개를 쓰는데, 제가 고교생활 동안 진심을 담아 활동했던, 혹은 많은 것을 배울 수 있던 활동은 3개가 되지 않아요. 어떻게 해야 하나요?" 이 질문은 자기소개서 작성 기간에 수많은 학생들이 털어놓는 대표적인 애로사항 중 하나다. 실제로 많은 학생들이 자기소개서를 작성할 때 말도 안 되는, 혹은 왜 쓰는지 이해할 수 없는 의미 없는 활동을 끝끝내 '활동의 수를 채우기 위해' 추가하는 것을 볼 수 있다.

기억해라. 활동의 개수보다 중요한 것은 활동의 깊이다. 자기소개서는 활동의 양이 아니라 질에 의해 차별화되는 것임을 기억해라. 2번 항목을 통해 입학사정관들이 보고 싶은 것은, 자기소개서를 작성한 학생이 어떤 번지르르한 활동을 얼마나 많이 했는지가 아니다. 학생이 교내활동을 통해 배우고 느낀 점이 무엇인지를 확인하고 싶은 것이다. 이 때문에 활동이 2개인지, 3개인지, 심지어 1개인지는 2번 항목에서 당락을 가르는 요소가 되지 못하는 것이다. 활동의 개수 때문에 2번 항목에 대해 끙끙 앓고 있다면, 그건 애초에 2번 항목의 발문을 잘못 이해한 것인 동시에, 자기소개서 양식을 바꾼 대교협의 의도를 제대로 파악하지 못한 것이다.

각 활동의 분량 비율 역시도 마찬가지다. 반드시 각 활동의 서술 분량을 500자로 딱딱 맞춰 서술하라는 이야기는 발문 어디에서도 찾아볼 수 없다. '혹시 문제가 생기지 않을까?'라는 생각은 과거 방식을 답습한 선배들의 불안감이 만든 허상에 불과하다.

지시사항에 어긋나지 않는다면 아무런 문제도 생기지 않는다. 필자는 2번 양식을 정말 마음대로 썼다. 각 활동마다 분량이 뒤죽박죽이었고, 심지어 2번 문항을 하나의 글로 작성했다. 3개의 활동을 적긴 했지만, 그 활동들을 통해 이야기하고자 하는 것은 결국 하나의 주제였다. 지금의 2번 양식은 여러분에게 자유를 준 것이다. '양'이라는 사슬에 묶여 '질'이 낮아지지 않도록 수험생을 배려한 것이다. 과거라는 보이지 않는 사슬에 스스로를 옭아매지 말고, 진정한 본인의 모습을 보여주자.

022

일회성 활동 VS 꾸준히 한 활동

★★★★★　　무엇을 느꼈고, 어떻게 변화하는가

그 어떤 자기소개서를 작성하더라도 가장 중요한 것은 문항의 본질에 맞는 답변을 하는 것이다. 즉 중요한 것은 자신이 의미를 두고 노력한 교내활동이라는 것이지, 일회적이었는지 꾸준히 했는지는 중요하지 않다. 3년간 꾸준히 한 활동이라도 그다지 배운 것이 없을 수도 있고, 고작 하루에 그친 활동일지라도 그 과정에서 인생을 바꿀 만한 깨달음을 얻었을 수도 있기 때문이다. 실제로 이 문항에서는 무엇을 했는지도 중요하지만 그 과정에서 자신이 무엇을 느꼈고 어떻게 변화했는지를 보여주는 게 더 중요하다. 나는 2번 문항에 3년간 꾸준히 한 방송부 활동과 독도 기자단 활동, 몇 달간 준비해서 작성한 소논문에 관한 내용을 담았다. 이 3가지는 일회성이라기보다는 꾸준히 한 활동에 가깝지만, 단순히 그 이유만으로 좋은 평가를 받았다고 단언하기는 어려울 것 같다.

나는 방송부 활동을 하면서 사건의 한 측면만 가지고 보도했을 때 생길 수 있는 문제들에 대해 배운 점과 독도 기자단 활동을 하면서 수업 시간에 배운 국제법에 대해 다시 한 번 생각해봤다는 점을 자기소개서에 녹여내기 위해 노력했다. 이처럼 단순히 활동의 기간보다는 그 활동이 자신에게 어떤 면에서 의미가 있었는지를 보여주는 것이 중요하다.

★★★★★　　짧지만, 강렬했던 것을 말하라

필자는 1년에 8시간 정도 활동한 발명반을 자기소개서에 적었다. 많은 활동 중에서 이 활동을 자기소개서에 적은 이유는 발명반 활동이 필자에게 특별하고 신선한 느낌을 줬기 때문이다. 자기소개서에 이 활동을 적기 전에 약간 고민을 했다. 자기소개서에 적을 만한 활동은 많았기 때문이다. 하지만 문제에서 요구하는 '배우고 느낀 점'을 가장 잘 표현할 수 있는 것은 발명반 활동이었기 때문에 이를 자기소개서에 넣기로 했다. 비록 적은 시간이라도 활동하면서 깨달은 점을 잘 표현할 수 있도록 노력했다. 발명반 활동 중 '태양열 자동차 만들기' 시간이 가장 인상 깊었기 때문에 그 부분을 적었다. 내용은 조원들과 여러 시행착오를 거쳐 태양열 자동차를 만들면서 기존의 지식을 활용해 실생활에 쓰이는 것들의 문제점을 보완하고 싶은 열망을 느꼈다는 점이었다. 이 활동을 통해 창의력과 협동, 미래에 대한 바람과 열정을 담을 수 있었다. 자기소개서에서 요구하는 내용은 활동 시간이 아닌 느끼고 배운 점으로 자신을 표현하는 것이라고 생각해 일회성 활동이든 꾸준히 한 활동이든 상관없이 가장 기억에 남는 활동을 적을 수 있었다.

■■
대교협 공통 3번 문항

학교생활 중 배려, 나눔, 협력, 갈등 관리 등을 실천한 사례를 들고 그 과정을 통해 배우고 느낀 점을 구체적으로 기술하세요.

023

3번 문항에 무엇을 쓰라는 것인지 감이 안 와요

★★★★★ '배우고 느낌 점'을 쓰는 것

자기소개서를 쓰기 전에 각 학교별 전형 안내 자료를 꼭 정독하길 바란다. 참고로 필자가 응시한 서울대에서 명시한 인재상(아로리http://snuarori.snu.ac.kr/〉입학안내〉전형안내〉2016학년도 학생부 종합 전형 안내)은 다음과 같다.

- 학교 교육과정을 성실히 이수하고 학업 능력이 우수한 학생
- 학교생활에서 적극적이고 진취적인 태도를 보인 학생
- 글로벌 리더로 성장할 수 있는 자질을 지닌 학생
- 다양한 교육적, 사회적, 문화적 배경과 경험을 지닌 학생
- 사회적 약자에 대한 배려심과 공동체 의식을 가진 학생

이를 보면 알겠지만, 대학은 이제 공부를 잘하는 학생을 원하기보다는 '미래를 개척하고 인류사회에 공헌할 수 있는 인재'를 선발하고자 한다. 이 때문에 점수 위주의 간단한 선발 방식 대신 학생을 인격체로서 종합적으로 판단할 수 있는 학생부 종합 전형과 같은 선발 방식의 비중을 높이고 있는 것이다. 이런 대학의 의도를 잘 파악한다면, '학교생활 중 배려, 나눔, 협력, 갈등 관리 등을 실천한 사례를 들고 그 과정을 통해 배우고 느낀 점을 구체적으로 기술하세요'라는 3번 문항에 어떤 내용을 써야 할지 감이 올 것이다. 4가지 문항 중 특히 3번 문항은 학업 능력보다도 '공동체 의식', '리더로서의 자질' 등 인격적 측면을 보여주어야 하는 문항이다.

얼마나 공부를 잘하는지도 아니고, 얼마나 인격적으로 괜찮은 사람인지를 보여줘야 한다는 것이 다소 막막하게 느껴질 수도 있다. 어쩌면 해외 봉사활동과 같이 거창한 활동을 해서 세계 빈곤 퇴치를 위해 노력한 모습을 보여줘야 하는 건지 걱정이 될 수도 있다. 그렇지만 3번 문항에서 '학교생활 중'이라고 명시하고 있듯, 학교생활에서 겪은 사소한 일이라고 해서 자기소개서 소재로 가치가 떨어지는 것은 전혀 아니다. 어차피 핵심은 그 활동으로부터 '배우고 느낀 점'이기 때문

이다. 단순히 '학교에서 친구와 갈등이 있었는데 이런 갈등을 해결하면서 자신이 어떻게 성숙했는지', '임원활동을 하면서 어려움이 있었는데 이런 것으로부터 무엇을 배웠는지', '팀 프로젝트에서 협력을 이끌어내기 위해 자신이 어떤 역할을 했고 이로부터 어떤 생각을 했는지' 등을 스토리로 풀어내어 자신만의 색깔을 보여주는 것이 핵심이다.

3번 문항을 쓸 때, 자신의 인성을 어필하고 싶은 욕심에 많은 활동을 적고 싶을 수도 있다. 그러나 일례로 서울대 학생부 종합 전형 안내에는 '학생의 개인적 특성을 경험의 유무나 활동의 양으로 판단하지 않습니다. 예컨대 임원활동 경력이 많은 학생이 리더십이 있다고 판단하지 않습니다. 임원활동의 횟수보다 맡은 역할과 활동 내용을 질적으로 판단하며, 봉사활동 역시 봉사활동의 양이 아닌 활동 내용과 학생에게 미친 영향을 중심으로 평가합니다'라고 분명히 명시하고 있다. 따라서 자기소개서 3번 문항에서도 양으로 승부하려고 하기보다는, 한두 가지의 활동을 하면서 느낀 점 위주로 서술하는 것을 추천한다.

024

자기소개서 4번 문항은
무엇을 물어보는 건가요?

여러 학생들의 조언을 살펴보자.

★★★★★　　문제의 포인트를 잡아라

4번 문항은 지원 학교나 전형에 따라 있을 수도 있고, 없을 수도 있다. 보통 4번 문항은 독서활동, 진로 선택을 위해 노력한 과정, 성장 환경이 자신에게 미친 영향, 입학 후 향후 진로 등에 대해 물어본다.

첫째, 독서활동의 경우 언제 책을 읽었는가와 작가 등은 중요하지 않고 책을 통해 느낀 점이 중요하다. 필자의 경우는 독서활동에 활용한 책 3권 중 1권은 지원 학과와 관련해 꿈을 가지게 된 책, 다른 1권은 필자가 좋아하는 영역에 관한 책, 마지막 1권은 존경하는 인물에 관한 책에 관해 언급했다. 3권 모두 꼭 전공과 관련되지 않아도 된다. 필자는 책을 읽게 된 계기와 한 줄로 요약한 책의 내용과 느낀 점 그리고 작가와 생각이 다른 점 등으로 자기소개서를 채웠다.

둘째, 진로 선택을 위해 노력한 과정은 어떻게 진로 탐색을 했는지를 적으면 된다. 진로가 바뀌었더라도, 자신이 그 진로를 위해 어떤 노력을 했는지 써라. 더불어 진로가 바뀌게 된 계기와 과정을 서술해 주는 것이 좋다. 생활기록부만 봤을 때 진로의 변화가 일관성이 없어

보일지라도, 4번 문항의 답을 통해 그 과정을 상세히 입학사정관에게 설명할 수 있다.

셋째, 성장 환경이 자신에게 미친 영향으로는 가족의 영향, 학교의 영향, 지역 특성, 자신의 성격 등 여러 가지를 적을 수 있다 이 부분에는 개인적인 이야기를 솔직하게 풀어내는 것이 좋다. 당연히 사람마다 성장 환경이 다르고, 같은 사건이라도 개인마다 느끼는 것이 다르다. 입학사정관들은 남들과 다른, 지원자 '본인'에 대해 알고 싶은 것이다. 솔직하게 적자.

넷째, 입학 후 향후 진로에 대한 내용은 대학생활 중의 내용이 될 수도 있고 대학 졸업 후의 내용이 될 수도 있다. 혹은, 먼 미래의 꿈을 말하고 그 과정에서 대학 진학의 역할을 서술하는 것도 좋다. 대학교에서 어떤 활동을 하고 싶은지 적는 것도 하나의 방법이다. 가고자 하는 학과에 여러 갈래의 길이 있다면 그 부분을 공부해보고 싶다고 적는 것도 좋다.

결국 어떤 문항이든 문제가 요구하는 포인트가 무엇인지 잘 짚어내는 것이 중요하다.

★★★★★　　　같은 것은 같게, 다른 것은 다르게

다음은 수험생 본인이 자기소개서 작성 시, 쓰게 될 4번 문항들 중 일부이다.

- 해당 모집단위에 지원한 동기와 준비 과정을 자신의 특기와 제출된 활동 증빙서류를 중심으로 기술해주시기 바랍니다
- 해당 모집단위에 지원한 동기와 준비 과정을 기술해주시기 바랍니다.

- 아래의 주제를 선택하여 자유롭게 기술하시오

  a. 지원자의 환경(가정, 학교, 지역, 국가 등)적 특성이 지원자의 삶에 미친 영향

  b. 최근 3년간 지원자의 개인적 관심 또는 역량계발에 대한 경험적 사례

  c. 기타(자유롭게 주제를 정하여 기술)

이 질문들의 공통점은 지원 동기라고 할 수 있다. 4번 문항에 답할 때 요령은 각 학과에 맞게 지원 동기를 쓰는 것이다. 여러 학과에 지원서를 쓴다면, 지원 동기는 같게 쓰되 각 학과에 맞게 부분적으로 내용을 첨가하면 된다. 그리고 각 학과에 대해 조사해서 그에 맞는 자신의 장점을 찾아야 한다. 예를 들어 '지금까지 어떤 노력을 했으며 이런 배경이 있기 때문에 이 학교에 지원하게 됐다. 그렇기 때문에 이 학과만의 장점인 이런 환경에서 공부하고 싶다'와 같이 작성하면 된다.

필자가 지원했던 특별 전형은 자기소개서와 함께 자신이 가지고 있는 스펙, 즉 교외활동이나 공인어학 시험 성적, 외부활동을 증명할 수 있는 활동증빙서류를 제출해야 했다. 따라서 국제 인재 전형의 4번 문항은 질문 그대로 스펙 위주로 자신만의 이야기를 서술해나가야 했다. 다시 말해, 제출했던 활동증빙서류에 적힌 활동들을 자신의 꿈과 연계해 자기소개서에 쓰면 된다.

★★★★★ 　　독서는 나를 보여주는

　　　　　　방법 중 하나이다

서울대의 경우 4번 개별 문항은 '고등학교 재학 기간 또는 최근 3년간 읽었던 책 중 자신에게 가장 큰 영향을 준 책을 3권 이내로 선정하

고 그 이유를 기술해주십시오'이다. 말 그대로 자신이 인상 깊게 읽은 책을 선정한 후 왜 의미가 있는지 설명하면 된다. 다만 이때 수험생들이 빠지는 고민은 '과연 책 3권을 모두 전공에 관련된 책을 써야 하는지 아니면 전혀 관련 없는 분야에 대해 써도 되는지'일 것이다. 필자가 해주고 싶은 이야기는 이전 문항에서 보여줬던 본인의 특성을 책을 통해 다시 한 번 일관성 있게 보여주라는 것이다. 앞 문항에서 리더십에 관한 내용이 있다면 어떤 책이 나에게 리더십에 관해 일깨워줬는지 다시 한 번 언급해주는 식으로 말이다.

필자가 선정한 책 3권의 기준은 전공과 관련된 서적, 인격 형성에 도움을 준 책, 다양성을 받아들일 수 있는 나의 열린 사고를 보여줄 수 책 이렇게 3가지였다. 이때 3권 중 1권은 고전을 고르는 것을 추천한다. 대학에 들어가면 대부분 수업 시간에 고전을 읽는다. 뻔하디 뻔한 자기계발서를 읽고 자기소개서에 쓰는 것보다는 몇 천 년, 몇 백 년 동안 사람들에게 읽혀온 고전이 좋다. 그 긴 시간 동안 인정받아온 데에는 다 이유가 있을 것이다.

또 어떤 글이든지 '진정성'이 중요하다. 진짜 본인이 읽은 책이어야 하고, 읽으면서 느낀 바가 있어야 한다. 필자는 중학교 때부터 책을 읽을 때마다 감명 받은 문장을 메모했다. 지금 돌이켜보니 메모 습관이 자기소개서를 쓰는 데 가장 중요한 기초 자산이 됐던 것 같다. 이렇게 3년 동안 쌓아온 경험을 자신의 언어로 풀어 쓸 수만 있다면, 자기소개서를 작성하는 데 크게 걱정할 것이 없다.

025

자기소개서 대필?

★★★★★　자신을 가장 잘 아는 사람은
자기 자신뿐이다

　　19년 동안 써본 글이라곤 수학 풀이밖에 없는데 3,000자 정도의 글을 써내라니. 그것도 대입이 걸린 글이라니. 공부도 해야 하는데 글까지 써야 하니 부담스러운 구석이 이만저만이 아니다. 서투른 글쓰기 실력이 만천하에 드러날까 무섭기도 하다. '그렇다면 글을 잘 쓰는 제삼자에게 맡겨볼까?' 하는 악마의 속삭임이 들리기도 한다.

　　경험부터 말하자면, 나를 포함해서 내 주변 친구들 중에 대필을 하는 경우는 한 번도 보지 못했다. 유명한 컨설팅 학원에서 큰돈을 주면 대필을 해준다는 이야기를 들어본 적은 있다. 하지만 대필은 효과적으로 자신의 이야기를 전달하는 데 한계가 있다. 자신의 이야기를 가장 잘 이해하고 전달할 수 있는 사람은 바로 자기 자신이다. 나도 처음에는 부모님께 글감만 알려드리고, 전후 배경을 설명 드린 뒤 글은 부모님이 쓰시는 방향으로 자기소개서를 진행하려고 했다. 공부 시간이 많이 뺏긴다는 것이 이유였다. 하지만 부모님이 쓰신 글을 보니 전혀 마음에 들지 않았다. 나보다 글을 자주 써보셨겠지만(간혹 아닌 경우도 있다), 어른들 특유의 딱딱한 어조가 통통 튀는 에피소드들을 생동감 있게 전해주지 못하는 것 같았다. 또한 전하고자 하는 메시지가 명확하게 글 속에서 보이지 않았다. 결국에는 내가 펜을 들었다. 본인의 이야기를 가장 자신 있게 할 수 있는 사람은 자신밖에 없다. 자신의 글쓰기 능력을 불신하지 말자. 혹여 못 쓴다고 해도 걱정할 필요 없다. 자기소개서는 문학 글쓰기가 아니다. 굉장히 짧은 분량 안에 자신이 보여주고자 하는 것들을 압축적으로 써야 하는 글이므로 간결하게만 쓰면 된다. 자기소개서를 쓰는 과정에서 문장을 다듬을 때 주변 선생님의 도움을 받을 수는 있다. 나는 문항별 글자 수 제한을 맞추기 위해 학교 국어 선생님께 조언을 구했다.

정리하자면 자기소개서는 '자기'를 소개하는 글이다. 어떻게 나를 자주 보지도 못한 사람이 나에 대해서 소개할 수 있겠는가? 설사 그 사람의 글쓰기 능력이 뛰어나다 할지라도 자기소개서를 통해 평가하는 항목이 필력은 아니다(혹시나 해서 하는 말인데 그래도 문법은 맞게 써야 한다). 자기소개서는 철저히 '정보 전달' 기능의 글이다. 해당 학교, 학과에 진학하고자 하는 학생들에게서 고교생활 동안 얼마나 성실하게 활동했는지, 어떤 경험들을 쌓아왔는지, 또 무엇을 배우고 느꼈는지를 간결하게 확인하고 싶은 것이다. 글 잘 쓰는 사람을 뽑으려는 것이 아님을 잊지 말자.

026

첨삭은 받는 것이 좋은가요?

★★★★★ **90은 쓰고, 10은 듣자**

앞서 언급했듯이 대필은 윤리적으로도, 결과적으로도 올바르지 못하다. 하지만 자기소개서를 퇴고 과정까지 혼자 끌고 가는 것 또한 현명하지 못한 방법이다. 일기처럼 휘휘 휘갈겨 쓰는 글이 아니기에 몇 번을 거듭해서 읽고 고치다 보면, 자신의 글에 심취하는 위험에 빠질 수 있다. 어법적으로 오류가 있어도 쉽게 발견하지 못하고, 중복되는 내용도 매끄럽게 느껴진다. 이때 객관적인 시선에서 따끔한 피드백이 필요하다.

적어도 여름방학 때부터는 초안을 써보고, 학교 선생님께 글을 가지고 찾아가는 것이 좋다. 나는 처음에 국어 선생님께 첨삭을 받다가 80% 정도 완성됐을 때부터는 다른 과목 선생님들께도 피드백을 받아보곤 했다. 또 비슷한 대학을 준비하는 친구 3명에게도 계속 피드백을 받으며 어떤 부분을 고쳐나갈지 고민했다. 친구들도 자기소개서를 준비하는 입장에서 어떤 글쓰기를 지양해야 하는지를 잘 알고 있기 때문에 객관적으로 첨삭을 받을 수 있었다. 방학 때도 학교 선생님을 찾아가 글의 콘셉트 방향도 논의하고, 어색하게 연결돼 있는 문장에 대해서도 여쭤봤다. 또한 선생님께서 한 문장으로 표현할 수 있는 부분은 최대한 간결하고 압축적으로 쓰게 도와주셨다. 대부분 학생들이 써보면 알겠지만 처음 자기소개서를 시작할 때에는 어떻게 저 분량을 다 채우지 하는 생각이 들 것이다. 하지만 막상 써보면 정해진 분량이 매우 적은 것임을 깨닫게 된다. 퇴고 과정의 대부분을 글자 수 줄이는 것에 주력하게 된다. 따라서 초고를 쓸 때 120% 정도 분량에 맞춰 쓰기를 권장한다. 처음부터 너무 많이 써놓으면 나중에 줄이는 과정에서 고생하고, 반면 너무 분량에 맞춰 쓰려 노력하면 글자 수 맞추기에만 급급하게 돼 쓰고 싶은 내용을 쓰지 못하게 된다.

처음 자신이 쓴 글을 선생님께 가져가면 혀를 끌끌 차실 수도 있다. 구성도 탄탄하지 못하고, 문장 연결도 매끄럽지 못하고, 전달하고자 하는 바도 명확하지 않다. 처음부터 완벽한 글이 나오기를 기대하면 안 된다. 서투른 것이 당연하다. 여기저기서 첨삭도 받으며, 쓴소리도 들어가며, 글을 뒤엎는 과정이 반드시 수반돼야 한다.

또한 첨삭에 앞서, 처음 완성된 문장으로 쓰기 전에 충분히 고민해야 한다. 내가 가진 자질 중 강조해서 보여주고 싶은 특성이 무엇인지, 그리고 그것이 잘 드러나는 에피소드가 있는지, 그것을 어떤 방식으로 스토리텔링하는 것이 가장 효과적인지. 본인이 글에 대한 고민을 충분히 해야지만 첨삭 과정이 의미 있다. 남에게 무턱대고 자신의 글을 고쳐달라고 하는 무책임한 자세는 지양해야 한다.

자기소개서 완성까지를 100이라고 친다면 처음부터 90%까지는 다 자신이 써야 한다. 마지막 10%는 학교 선생님과 친구, 가족의 피드백을 통해 채우는 것이다. 또한, 자신의 글에 심취하지 말아야 한다는 점에서도 첨삭은 꼭 필요한 과정이다.

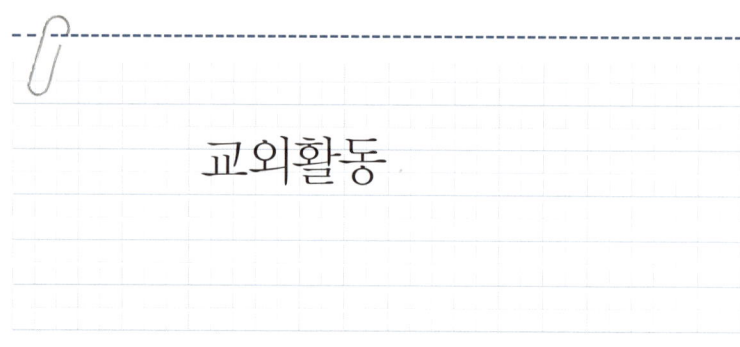

학생부 종합 전형

027

올림피아드나 교외 경시대회가
도움이 되나요?

★★★★★ 아는 만큼 보이는 입시 공부

올림피아드나 교외활동은 특기자 전형에 응시할 때 도움이 된다. 과학고나 영재고는 물론이고, 일반고 학생이 한 분야에서 출중함을 보이면 플러스 요인이 될 수 있다. 그렇다면 교외활동이 학생부 종합 전형에서는 도움이 될까? 이는 둘로 나눌 수 있다.

첫째로는 생활기록부의 기입이 가능한 경우다. 정부의 13개 부처에서 인정하는 61종의 자격증은 외부활동이더라도 생활기록부에 기재가 가능하다. 대표적인 예시로 기획재정부에서 인정하는 경제이해력인증시험(이하 TESAT)과 경제경영이해력인증시험(이하 매경TEST)이 있다. 또한, 교육관련기관(교육부 및 직속기관, 시도교육청 및 직속기관, 교육지원청)에서 주최 또는 주관한 행사, 청소년 단체활동, 학교 스포츠클럽 활동, 봉사활동 등도 기재가 가능하다. 기입이 가능한 경우에는 입학사정관이 활동 자체를 평가에 반영할 수 있으므로, 학생부 종합 전형에서 도움이 될 수 있다.

그러나 생활기록부에 기입이 되지 않는 활동이라도, 자신이 수강하고 있는 교과목과 연계 혹은 심화해 공부하는 내용이라면 자기소개서나 생활기록부 중 행동 특성 및 종합 의견에 기재할 수 있다. 화학 올림피아드에서 성과를 거둔 친구의 예를 들면, 화학 올림피아드를 시작하게 된 계기가 화학1, 화학2 내용에서 불충분하게 설명된 개념을 완벽하게 이해하고 싶었기 때문이었다고 한다. 그래서 교내 교과과정인 고급화학과 AP chemistry를 수강하게 됐고, 친구들끼리 소규모 스터니를 만들어서 활동하게 됐다. 결국 하나의 개념에 대해서 생겼던 의문점이 화학 올림피아드를 하게 된 계기가 됐고, 화학 올림피아드에서 작성한 리포트에서 아이디어를 얻어 소논문을 작성함으로써 다시 자신이 듣는 교과목으로 연결을 시킨 것이다.

학생부 종합 전형의 평가 요소는 '얼마나 학교생활에 충실하고, 지적 호기심을 자신의 방법으로 충족시켰느냐'이다. 그렇기 때문에 중요한 것은 올림피아드나 교외활동을 해서 받은 상장이나 표창장이 아닌, 이 활동을 시작하게 된 계기나 과정이다. 다만 주의할 점은, 너무 활동의 결과에만 치우쳐서 이를 수강하는 과목과 연결할 수 없다면 학생부 종합에 맞는 활동이 아니라 특기자에 맞는 활동이 된다. 그렇기에 자신이 한 활동과 자신이 지원하고자 하는 전형에도 관심을 기울이는 것이 필요하다. 객관적인 성과가 매우 뛰어나거나 자신이 한 활동 중 외부활동 비중이 교내활동보다 월등히 높은 경우에는 특기자 전형을 추천하고, 특별한 계기와 노력했던 과정이 두드러지고, 이를 교내의 활동과 연계해 설명할 수 있다면 학생부 종합 전형을 추천한다. 다만, 서울대의 경우에는 특기자 전형이 존재하지 않으므로 이를 대비하기 위해서는 학생부 종합 전형으로 고교 생활을 준비하는 것이 유리하다.

그렇다면 과연 올림피아드나 교외활동을 추천하는가? 하나의 학문에 대해서 고등학생 수준 이상으로 탐구할 수 있다는 점에서 추천한다. 이는 교외활동이 결과를 내지 못하더라도 교내 내신이나 경시대회 수상으로 이어질 수 있다. 무엇보다 많이 아는 만큼, 그 주제나 학문에 대한 안목이 넓어진다. 이는 논문의 주제를 정하거나, 연구하는 방법론을 정하는 데에도 도움이 된다. 결론적으로, 비록 생활기록부에 등재는 금지돼 있지만, 외부활동은 대학 입시에 도움이 된다.

028

기록 가능한 교외활동, 학생부 종합 전형에 도움이 되나요?

★★★★★　　차별화된 교내 스펙을 만드는 것이 더 유익하다

결론부터 말하면 생활기록부에 기록할 수 있는 교외 스펙을 만드는 것은 긍정적인 영향을 주지만, 대입의 당락을 좌우한다고 장담할 수는 없다. 외부 자격증 하나 없이 교내활동만 해서 학생부 종합 전형으로 대학에 입학한 경우도 많이 있다. 앞선 답변에서 언급한 바와 같이 기재할 수 있는 외부활동은 정해져 있다. TESAT, 매경TEST, 국어능력인증시험, KBS한국어능력시험 등. 그 외의 공인어학 성적, 각종 올림피아드 등은 자기소개서에 언급할 경우 불합격 처리가 된다. 수상 실적을 기록하는 것은 불가하지만, 활동 계기 및 활동을 통해 배운 점은 쓸 수 있다. 예를 들어 '화학 올림피아드에서 상을 탔다' 라고 기재할 수는 없지만 '대한화학회에서 주관하는 실험 캠프에서 대학 수준의 실험과 이론을 배웠다' 라고 기재할 수 있다. 만약 상경 계열 쪽에 진학할 생각이 있다면 TESAT이나 매경TEST에 도전해보는 것도 나쁘지 않다고 생각하지만, 이것의 유무가 직접적으로 합격에 영향을 준다고는 말할 수 없다. 오히려 경제 관련 서적을 많이 읽거나 경제 동아리와 같은 교내활동을 통해 차별화된 스펙을 만드는 것이 유익하다고 생각한다. 다음 특별 전형 파트에서 기록 가능한 교외 스펙에 대해 더 다루기로 하겠다.

지피지기 백전백승,
대학이 원하는 '그것'에 맞춰라

생활기록부 기재 요령

1. **학교생활기록부에는 학생의 다양한 창의적 체험활동 실적만을 나열하기보다는 꿈과 끼 탐색활동을 통해 학생이 변화되어가는 모습이 전체적으로 잘 드러나도록 충실하게 기록하여 주시기 바랍니다.**

• 객관적 사실에 근거하여 핵심내용 간략히 기재

• 과도한 내용(글자수) 입력, 지나친 미사여구, 칭찬 일색의 내용 구성 등 자제

• 학생의 개별적 특성이 드러나지 않는 학급·학년 단위로 실시된 활동의 나열식 입력 지양

2. **학교생활기록부에는 학교교육계획/과정에 의거하여 학교에서 실시한 각종 교육활동의 이수상황(활동 내용에 따른 개별적 특성이 드러나는 사항)을 기재하는 것이 원칙입니다.**

• 각종 공인어학시험(관련 교내 수상실적 포함), 교외 경시대회, 교내·외 인증시험 등의 참여 사실이나 성적(모의고사·전국연합학력평가 성적 또는 관련 교내 수상실적 포함), 교외상, 논문(학회지) 등재나 도서출간, 발명특허 내용, 해외 봉사활동 실적 등은 '행동특성 및 종합의견'란을 포함하여 학교생활기록부의 어떠한 항목에도 기

재 불가

- 외부기관이 주최·주관한 체험활동은 교육관련기관(교육부 및 직속기관, 시도교육청 및 직속기관, 교육지원청 및 소속기관)에서 주최·주관한 행사, 청소년 단체활동, 학교 스포츠클럽활동, 봉사활동 등만 학교장이 승인한 경우에 한해 기재 가능

3. '교내상'의 운영의 공정성 제고

- 각종 교내 대회에서 학생이 배운 학교 교육과정의 범위와 수준을 벗어난 내용을 출제하여 평가하는 행위에 저촉되는 대회는 실시할 수 없음

- 학기초 학교 교육계획에 연간 대회 및 수상 내용, 수상 인원 등의 실시계획을 등록하여 시행

- 교내상 수상 인원은 대회별 참가 인원의 20% 이내로 권장하되, 학교 규모 및 대회 특성에 따라 학교장이 자율적으로 수상비율을 정할 수 있음

4. **고등학교는 제1항의 규정에 의하여 시행한 평가에 따라 '교과', '과목', '단위수', '원점수/과목평균(표준편차)', '성취도(수강자수)', '석차등급'을 산출하여 각 학기말에 입력한다.** 출처: 교육부 홈페이지

학생부 종합 관련 지침

1. **학생부 종합 전형이란?**

학생들의 가능성과 자질은 사람들의 얼굴만큼이나 다양합니다. 따라서 하나의 정형화된 공식과 기계적인 수치는 학생의 다양한 능력을 모두 보여주지 못합니

다. 학생이 속한 환경과 학업 동기, 학업에 대한 의지, 열정, 노력과 같은 요소들도 반영할 수 없습니다. 이러한 문제를 보완하기 위하여 도입한 종합적인 평가 제도가 바로 학생부 종합 전형(구 입학사정관제)입니다. 학생부 종합 전형은 수치로 계산된 성적만을 반영하지 않고, 지원자가 제출한 서류를 바탕으로 학업 능력뿐만 아니라 학업에 대한 노력, 의지, 열정, 적극성, 도전 정신, 발전 가능성 등을 종합적으로 평가하는 방식입니다.

2. 학생부 종합 전형이 왜 필요한가요?

점수 위주의 선발 방식에서는 매우 미미한 점수 차에 의해 합격과 불합격이 결정됩니다. 이같은 방식은 간단하고 편리한 선발 방법이지만 창의적 인재를 필요로 하는 대학과 사회의 요구에 부응하는 적절한 방식인지는 의문입니다. 서울대학교는 학생들의 학업 능력과 발전 가능성을 면밀히 평가하기 위해 수치의 단순한 합산을 넘어서는 평가 방법을 고민하게 되었습니다. 그 결과 '학교생활기록부 내용에 기반한 종합적이고 다면적인 평가'를 도입하게 되었습니다. 이는 교과 성적, 교내외 활동의 결과만을 평가하는 것이 아니라 그 동기와 과정까지 다면적이고 심층적으로 평가하는 방법입니다. 종합적인 평가 방식의 가장 큰 의의는 각각의 점수를 단순히 합산하는 방식으로는 평가할 수 없는 학생들의 학업 능력과 잠재력을 더욱 면밀하게 평가할 수 있다는 점입니다. 그리고 학생들이 대부분의 시간을 보내는 고등학교에서 이루어지는 활동과 노력을 중심으로 평가하기 때문에 학생들이 학교 교육 안에서 성장하는 데 기여할 수 있습니다.

3. 평가 방법

교과 성취도

교과 성적 지표는 학생의 학업 능력을 판단할 수 있는 많은 자료 중 하나입니다. 교과 성취도를 파악할 때에는 교과 성적을 동일한 공식으로 수치화하여 기계적으로 반영하지 않습니다. 상이한 교육 환경과 교육과정에서 얻은 성적을 단순히 수치상으로 비교할 경우, 지원자의 학업 능력 수준을 판단하기 위한 정확한 정보가 될 수 없기 때문입니다. 정량 평가를 하지 않으므로 학년별/과목별 반영 비율은 존재하지 않으며, 전 교과목의 3년간의 성취도를 정성적으로 평가합니다. 따라서 고등학교의 교과 성적 분포, 수강자 수, 원점수, 평균, 표준편차, 학년별 성적 변화 등의 다양한 정보를 통해 수치가 가지고 있는 의미와 정보를 정성적으로 해석하여 더욱 정확하게 학업 능력을 평가하고자 합니다. 특히 교과 성적은 학생이 이수한 과목의 선택 상황을 고려하여 평가합니다. 소수 학생이 선택한 과목이나 난이도가 높은 과목을 이수하여 수치상 결과가 다소 나쁠 수 있지만 학생의 도전 정신과 호기심을 높이 평가하므로 도전하지 않은 학생에 비하여 더 좋은 평가를 할 수 있습니다. 따라서 학생 선택을 많이 제시한 교육과정, 소수 학생이 이수한 과목 수강이 결코 불리하지 않습니다.

교내 수상

교내 경시대회에서 지속적으로 우수한 성취를 거둔 경우 해당 분야에 대한 우수성을 인정할 수 있습니다. 다만 교내 경시대회는 아래 표와 같이 학교마다 상이하게 시상이 이루어지므로 단순히 수상의 유무나 양이 아니라 참가대상, 수상 인원 등을 파악하고 교육 환경 안에서 수상의 의미를 판단합니다. 또한 수상을

하지 못하였더라도 교내 경시대회에 참여한 노력과 학습한 내용이 서류에 드러날 경우 의미가 있다고 판단합니다.

세부 능력 및 특기사항

학교생활기록부의 '세부 능력 및 특기사항'은 학생의 교과별 학습활동 내용을 판단할 수 있는 부분입니다. 기재된 교재와 수업 방식(토론, 발표 등), 과제 수행 내용 등을 통해 학생이 교과수업에서 학습한 내용과 수준을 파악하며, 이 부분에서 단순히 교과 성적 수치로 볼 수 없는 학생의 우수성을 판단할 수 있습니다. 예컨대 과학 교과 이론수업에서는 비슷한 수준이라고 여겨지던 학생이 실험 수업에서 실험 설계 능력, 문제해결 능력 등의 우수성이 드러나는 경우, 수학 교과 중에서 유독 통계 부분에 강점을 보이는 경우 등 수치화된 성적으로는 드러나지 않는 학생의 우수성을 평가합니다.

창의적 체험활동

창의적 체험활동 중 자율활동, 동아리활동, 진로활동 등에서 학생의 학업관련 우수성이 드러난다면 평가대상이 될 수 있습니다. 독서활동, 탐구·연구 활동 등 학내 활동을 통해 드러나는 우수성을 볼 수 있는 부분입니다. 동아리에서 '농구반'보다 '심화수학반'이 의미 있다는 것은 아닙니다. 창의적 체험활동 중 학업 외적인 부분에서 충실히 활동했다면 학생의 개인적 특성과 학업 외 소양 부분에서 그 우수성을 판단할 수 있습니다. 탐구·연구 활동이 가능한 학교가 있지만, 그렇지 않은 학교도 많습니다. 탐구·연구 활동 경험의 유무로 학생을 판단하지 않습니다. 연구활동이 어려운 환경이라면, 주어진 여건 내에서 자신의 학업 능력을

향상시키기 위해 노력한 부분을 평가합니다.

자기소개서와 추천서

학교생활기록부에 교과 성적 지표와 교내 경시대회 수상내역, 동아리활동 등이 결과 위주로 기술되어 있다면, 자기소개서와 추천서는 '결과'에서 보여주지 못하는 '과정'에서의 우수성을 보여줄 수 있는 서류입니다. 예를 들어 천문 관련 동아리에서 활동한 학생이 학교생활기록부에는 동아리활동 시간과 활동 내용 등 결과적인 부분이 기술되어 있다면, 자기소개서에서는 천문동아리에 참여하게 된 동기나 동아리 참여 전과 후의 자신의 학업 능력 관련 변화된 부분을 기술할 수 있고, 입학사정관은 이 부분에서 학생의 호기심과 학업적 역량을 판단할 수 있습니다

● **학업태도**

서울대학교는 학생들의 자기주도적 학습 경험에서 나타나는 지적 호기심, 학업에 대한 열정, 적극성 및 진취성 등을 고려하여 평가합니다. 이 같은 특성은 교과학습뿐 아니라 관심분야에 대한 적극적인 독서활동, 글쓰기, 탐구/연구 활동, 실험 수업, 교내 대회 참여 등 다양한 학습 경험에서 드러납니다.

입학사정관은 학교생활기록부의 교과학습발달상황, 학업관련 수상경력, 창의적 체험활동 상황, 독서활동 상황, 행동특성 및 종합의견, 그리고 자기소개서와 추천서 등을 통해서 학생이 어떤 학업태도를 보여왔는지 판단합니다. 예를 들어 교내 경시대회에서 지원자가 학업 기회를 찾아 적극적이고 지속적으로 도전했던 내용이 보인다면 지원자의 학업태도를 긍정적으로 평가할 수 있습니다.

- 학업 외 소양

서울대학교는 학교생활에 나타난 지원자의 성품뿐 아니라 리더십, 공동체 의식, 책임

감, 사회 구성원으로서의 기여가능성 등을 평가합니다. 입학사정관은 학교생활기록부

의 학업 이외의 교내 수상, 창의적 체험활동 상황, 봉사활동 내용, 행동특성 및 종합의

견, 그리고 제출된 자기소개서와 추천서를 통해 학생의 대인관계 및 인성 등 개인적

특성을 판단합니다. 다만 학생의 개인적 특성을 경험의 유무나 활동의 양으로 판단하

지 않습니다. 예컨대 임원활동 경력이 많은 학생이 리더십이 있다고 판단하지 않습니

다. 임원활동의 횟수보다 맡은 역할과 활동 내용을 질적으로 판단하며, 봉사활동 역시

봉사활동의 양이 아닌 활동 내용과 학생에게 미친 영향을 중심으로 평가합니다.

4. 학생부 종합 전형의 오해와 진실

오해 서류 평가에서는 교과 성적순으로 선발하나요?

진실 아닙니다.

학생부 종합 전형은 학교생활기록부의 교과활동과 교과외활동 및 자기소개서,

추천서 등을 바탕으로 학생을 종합적으로 평가합니다. 따라서 단순히 교과 성적

순으로 선발하지 않습니다. 따라서 성적을 산출하는 공식이나 보정 점수를 주는

방식도 사용하지 않습니다.

오해 성적이 꼭 향상되어야만 좋은 평가를 받나요?

진실 반드시 그런 것은 아닙니다.

성적이 향상되면 떨어지는 것보다는 긍정적인 평가를 받을 수 있지만 고학년이

될수록 동일 과목 수강자가 적어진다는 점을 염두에 두고 평가합니다. 즉, 선택

한 과목의 수준과 수강자 구성 및 인원으로 인하여 단순히 등급이 나빠지는 경우도 많이 있으므로 그런 경우들을 충분히 고려하여 평가합니다. 오히려 성적을 받기 수월한 과목만 이수하여 결과적인 수치만 좋게 받으려 한 경우에는 긍정적인 평가를 받지 못하는 경우도 있습니다.

오해 교외 수상 실적 등 소위 스펙이 많은 학생을 선발하는 것 아닌가요?

진실 아닙니다.

학교 밖에서 이루어지는 활동의 수상 실적은 평가에 반영하지 않습니다. 서류평가는 학생이 학교 안에서 노력한 교과/교과 외 활동을 평가에 반영합니다. 학생이 노력한 내용의 동기, 과정, 결과 모두를 분석하여 학생이 지닌 학업 능력, 학업태도, 발전 가능성 등을 종합하여 학생의 우수성을 평가합니다. 특히 2015학년도부터 대학입학전형에서 외부 수상 실적을 기재하는 것은 제한된다는 점을 유의하기 바랍니다.

오해 학생회장 경험이 있으면 유리한가요?

진실 아닙니다.

리더 역할을 한 경험 자체만을 긍정적으로 판단하지 않습니다. 또한 리더 역할을 할 기회를 갖지 못한 지원자라고 해서 부정적으로 평가하지 않습니다. 리더십은 반드시 학생회장 등 대표자로 활동하는 것에서만 찾을 수 있는 것은 아니기 때문입니다. 어떤 직책을 맡았는지보다는 어떤 경험 속에서 리더십을 발휘했는가에 관심을 기울입니다.

오해 동아리활동은 지원 모집단위 관련 학문 분야와 일치해야 유리한가요?

진실 아닙니다.

창의적 체험활동 내에서의 동아리활동은 학생의 소양을 넓히는 기회입니다. 학습동아리, 체육동아리, 예술동아리, 봉사동아리, 여가동아리 등 지원자가 선택한 동아리의 종류를 평가하는 것이 아니라 동아리활동을 통해 학생이 무엇을 배우고 어떻게 성장하였는지에 관심을 기울입니다. 따라서 동아리활동이 지원 모집단위와 일치해야 유리한 것은 아닙니다.

오해 학교생활기록부의 진로 희망 사항과 지원하는 모집단위가 관련이 없으면 불이익이 있나요?

진실 아닙니다.

고등학교 학생들의 진로 희망은 항시 변할 수 있고 이는 자연스러운 일입니다. 그렇기에 학생의 진로 희망 사항에 기록된 직업보다 학생의 목표를 바탕으로 길러온 역량을 평가합니다. 학생 스스로가 설정한 목표를 위해 공부한 배경, 과정, 결과를 종합할 때 비로소 학생의 우수성을 확인할 수 있으며 이러한 노력과 성취가 지원한 모집단위 학업에 필요한 소양을 갖춘 과정이라면 진로 희망 기록이 지원 모집단위와 연관성이 적더라도 긍정적으로 평가합니다. 지원하는 모집단위에 합격하기 위해 반드시 필요한 특정 교과외 활동이나 결과물이 존재하지 않습니다. 학생들은 지원 모집단위에서 공부할 수 있는 역량을 폭넓게 갖추기 바랍니다.

오해 R&E를 해야만 좋은 평가를 받나요?

진실 아닙니다.

학생이 특정한 활동이나 경험을 한 사실만으로는 긍정적인 평가를 하지 않습니다. 학업 능력을 향상시키기 위한 노력은 교과수업과 수업 중 과제 수행 등에서 먼저 이루어져야 합니다. 학업과 관련하여 교실과 학교 안에서 노력한 내용은 그 배경, 과정, 결과가 제출하는 서류에 잘 드러날 때 의미 있게 평가받을 수 있습니다. 주어진 여건 속에서 다양한 학습 경험을 통해 성장하고자 하는 주도적인 노력에 의미가 있습니다. 따라서 외부의 도움을 받기보다는 학생이 주도적으로 선생님과 함께 하는 연구/탐구 활동을 한 경험이 의미 있을 수 있으며, 경험 자체가 아니라 그 안에서 학생 개인이 경험하고 노력한 자신만의 이야기를 결과 위주가 아니라 과정과 함께 보여주기 바랍니다.

오해 각 제출서류마다 배점이 정해져 있고, 가장 높은 배점은 자기소개서 아닌가요?

진실 아닙니다.

소위 스펙과 기타 증빙서류가 중요하게 다루어진다는 오해로 인해 많은 사람들이 자기소개서가 배점이 가장 높은 서류라고 생각합니다. 그러나 학생부 종합 전형이라는 명칭에서 확인할 수 있듯이 서류 평가에서 가장 중요하게 다루어지는 서류는 '학교생활기록부'이며 '종합 평가'란 제출서류의 내용을 모두 종합하여 평가하는 방식입니다. 각 서류의 정해진 반영 비율이 없으며 각 서류마다 일정한 배점을 부여하여 합산하는 방식을 사용하지 않습니다. 학교생활기록부를 중심으로 자기소개서, 추천서, 학교소개자료 등의 내용을 유기적으로 종합하여 학생의 우수성을 판단하는 평가 방식을 사용합니다.

오해 서류 평가에서 수능 점수가 좋을수록 유리한가요?

진실 **아닙니다.**

수시모집에서 수능 점수는 최저 학력기준으로만 사용합니다. 기준 등급의 충족 여부만을 따지는 것이므로 기준 등급보다 월등히 높은 점수의 획득 여부는 고려하지 않습니다. 수능 최저 학력기준이 적용되지 않는 모집단위에 지원하는 학생들은 서울대학교가 정한 '수능 응시 기준'을 준수하지 않아도 되며 수능에 응시하지 않아도 상관없습니다. 수능 응시 기준을 반드시 지켜야 하므로 모집 안내를 참고하시기 바랍니다.

029

특별 전형에서 교외 스펙에 대한 오해와 진실

★★★★★ 거시적인 관점에서 명확한 증거를 제시하라

연세대 특기자 전형, 고려대 국제·과학 인재 전형 등을 포함하는 대입 특기자 전형은 일반적인 학부 전형과 다른 점이 있다. 바로 교외 스펙 기재에 제한이 없다는 것이다. 이 전형을 대하는 학생들의 반응은 3가지로 나뉜다.

첫 번째, "에이 진짜? 모든 스펙 기재 가능하다고?"

두 번째, "오! 이건 완전 나를 위한 전형이야! 내 스펙 다 나열해야지!"

세 번째, "아…… 변변찮은 스펙하나 없는데, 괜히 돈만 날리는 것 아니야?"

첫 번째 반응에 대해 먼저 답하겠다. 진짜, 모든 스펙을 기재할 수 있다. 학생부 종합·교과 전형과는 별개로 각 대학에서 특기자 전형으로 분류되는 이 전형은 스펙 기재 및 증빙서류 제출에 있어 제한이 없다. 올림피아드를 포함해 잡다한 수상 내역, 각종 자격증 및 모의 UN 등 가능한 활동을 모두 기재할 수 있다. 그만큼 다양한 측면에서 본인의 역량을 보여줄 수 있다는 것이다.

그리고 심히 우려되는 아래의 두 반응에 대해서 이야기하겠다. 반응만큼은 상반되는 둘이지만, 둘 다 본질적인 문제를 공유하고 있다. 이 둘은 대입 특기자 전형을 '스펙 자랑 전형'으로 오해하고 있다. 이 때문에 교내외 스펙이 많다고 개연성 없이 나열만 하는 것은 발문의 의도와 맞지 않다. 반대로 교외 스펙 및 활동의 수가 적다고 해도, 활동을 통해 느낀 점을 바탕으로 깊이 있는 이야기를 솔직하게 풀어낸다면 좋은 결과를 낼 수 있는 것이다. 특기자 전형은 많은 자료를 고려해 학생을 종합적으로 선발하겠다는 것이지, 스펙만으로 학생들을 줄 세우겠다는 의도가 아니다. 위의 두 반응은 특기자 전형이 갖고 있는 특수한 조건(교외 스펙 기재 제한 없음)을 특기자 전형의 요지라고 착각한 학생들이 보이는 전형적인 잘못된 반응이다.

하지만 특기자 전형 역시 학생을 종합적으로 판단한다는 말을 다른 말로 오해하지 마라. 같은 수시 전형이라는 안일한 생각에, 다른 전형에 썼던 자기소개서를 특기자 전형에 그대로 재탕할 생각은 절대로 하지 말라고 경고하고 싶다. 다시 써야 한다. 특기자와 기타 입학사정관 전형이 요구하는 자기소개서의 본질은 같다 하더라도, 특기자 전형에서 다룰 수 있는 내용의 폭이 훨씬 더 넓다. 자기소개서를 교내활동에 국한시키지 않고 좀 더 거시적인 관점에서 쓰고, 이를 뒷받침하기 위해 좀 더 명확한 증거들을 보여줘야 한다. 이는 아예 학생부종합 및 교과 전형과 자기소개서 양식을 다르게 제시하고 있는 전형들뿐만 아니라, 고려대 국제 인재 전형 등 기타 전형과 동일 양식을 공유하고 있는 전형에 있어서도 모두 적용되는 이야기다. 다른 전형은 결국 다른 인재상을 원한다는 것이므로, 다른 내용과 형식의 자기소개서를 가져가는 것이 당연하다. 단순한 활동 경력 나열에 그치지 말고, 이를 통해 본인이 어떻게 성장했는지, 무엇을 느꼈는지를 서술하라. 자기소개서의 기본을 지키면서, 보다 도전적으로 당신의 능력을 보여줄 수 있는 여러 스펙을 제시해라. 이것이 특기자 전형을 준비하는 수험생이 명심해야 할 부분이다.

030

특별 전형은 도대체 누가 합격하나요?

★★★★★ 과목별 수업 시수를
채우는 것이 관건

2015년 입학생 기준으로, 연세대 특기자 전형에는 3종류가 있었다. 바로 과학공학 인재 계열, 인문학 인재 계열, 사회과학 인재 계열 전형이다. 문과 학생들이 지원할 수 있는 것은 인문 특기자와 사회과학 특기자 전형이었는데, 전자는 인문대를 지원하는 학생들에게, 후자는 사회과학대를 지원하는 학생들에게 적용되는 전형이었다. 필자는 사회과학 특기자 전형을 지원했다. 사회과학 특기자 전형은 말 그대로 사회과학에 특기를 가진 학생들을 선발하는 전형이기 때문에 다른 수시 전형과 다르게 지원 조건이 까다로운 편이다. 연세대가 요구하는 과목별 수업 시수를 채우는 것이 쉽지 않기 때문에 보통 자사고나 특목고 학생들이 많이 지원하는 전형이다. 구체적인 지원 조건은 다음과 같다.

- 국내 정규 고등학교 학교생활기록부 교과학습 발달상황에 기재된 이수 단위 및 등급조건이 다음 중 하나를 충족하고 사회과학 인재로서의 성장 잠재력을 보여줄 수 있는 자
  - 수학, 영어, 사회 관련 교과의 상위 30단위 가중 평균 등급이 2등급 이내인 자
  - 영어, 국제교과(또는 제2외국어) 관련 교과의 이수단위가 45단위 이상인 자
- 국내 고등학교 졸업자격 검정고시 합격자 및 해외고 출신자는 사회과학 인재로서의 성장잠재력을 보여줄 수 있는 입증자료(연구보고서, 대외 수상 및 활동경력, 발표된 논문 등)를 제출할 수 있는 자

★★★★★ 진짜 자신의 특기인가?

특기자 전형은 말 그대로 '특기'가 있는 학생들이 지원하는 전형이다. 여기서 특기라 함은, 모든 학생들이 가질 수 있는 것이 아닌, 희소성이 있는 것이다. 다시 말해 다른 수험생과는 다른 나만의 비전을 가지고 활동하고 노력한 학생들이 지원하는 전형이 특기자 전형이다.

대학 입시는 단순히 어떤 특기를 자신이 가지고 있다고 말하는 것만으로 그 사람을 특기자라고 평가하지 않는다. 자신이 그 특기를 가지고 있다고 생각한다면, 교내외를 막론하고 그 특기를 살리기 위한 활동을 했다는 증거들이 존재해야 한다. 다시 말해, 그 특기가 진짜 자신의 특기인지 증명할 자료가 필요하다. 앞서 언급했다시피 교외활동(외부 주최 영어경시대회, 모의 유엔 대회, 기자단 활동 등) 사항이나 공인어학 시험 성적, 외부활동을 증명할 수 있는 활동증빙서류가 바로 그것이다.

031

기록 가능한 교외활동,
특별 전형에 도움이 되나요?

★★★★★　치열하게 고민하라

앞서 말했듯 기록 가능한 교외활동이란, 학교장의 허가를 받고 활동한 대외활동과 TESAT, 국어능력인증시험 등 생활기록부에 기재 가능한 자격증 2가지로 분류할 수 있다. 간단히 말하면, 일부 특별 전형에서 위의 내용들은 생활기록부나 자기소개서에 기재 가능하다는 것이다. 네가 '정말' 하고 싶었던, 혹은 너 자신을 잘 어필할 수 있는 활동이 기재 가능하다면, 교외활동이라는 이유 때문에 망설이지 않아도 된다는 것이다. 더불어 연세대 특기자 전형, 고려대 국제·과학 인재 전형은 일반 학생부 종합 전형에서 기술을 금하는 다른 많은 외부 수상 실적까지도 반영하므로, 이를 노리는 친구들에게는 더욱 적극적인 외부활동이 합격에 날개를 달아줄 수 있다.

하지만 이야기는 지금부터다. 교외활동을 해두면 잘은 모르겠지만 입시에 도움이 될 것 같다는 막연한 생각을 하고 있는 친구들 말이다. 막연한 기대감에 고민하는 그 친구들에게 딱 한 마디만 하겠다. 그러지 마라.

교외활동은 언제까지나 교내활동의 연장선이다. 교외활동이 해줄 수 있는 최대치의 역할은 '화룡점정'이다. 교내활동을 중요시하는 현재의 수시 체제에서 의미 없이 교외활동에 매달리는 것은 시간 낭비인 동시에 주객전도다. 일례로 TESAT 급수라는 것은 고등과정 경제를 공부하던 학생이, 지적 호기심 확장 및 심화학습을 위해 외적으로 노력한 결과 얻어낸 값진 성과일 때에 그 의미가 생기는 것이지, 꿈도 없이 그냥 뭐라도 해볼까 달려든 문과 학생에게는 생활기록부에 적힌 의미 없는 한 줄에 불과할 뿐이다.

결국 본질을 알아야 한다. 커서 무엇을 하고 싶은지, 그것을 위해 어떤 역량을 강화해야 할지 생각해라. 치열하게 고민해라. 고민이 끝나지 않는다면 최소한 그 고민을 해소해줄 만한 활동을 해라. 교내활동이든 교외활동이든 이에 대한 고민 없이는 아무 의미 없다.

특기자 전형 합격 선배의 스펙 대공개

- **연세대 | 특별 전형 & 논술 전형**

  텝스 847

  TESAT S급

  한국사능력검정시험 1급

  AP Calculus BC 5점

  TESAT 우수상

  국제청소년학술대회(ICY) Excellent Youth Scholars Award

  청소년 자원순환 리더십 프로젝트(자원순환활동) 최우수상

  창조관광 사업공모전 우수상

- **고려대 | 특별 전형**

  토플 118

  텝스 940

  토익 990

  여성가족부 청소년참여위원회

  정부공식정책포털 정책기자단

  서울시청청소년외국어봉사단 미티어주니어

  코리아헤럴드 영어글쓰기대회 대상

대원외고 주최 영어논술대회 금상

대원외고 주최 영어논술대회 은상

한국외대 주최 외국어경시대회 금상

코리아타임즈 국제영어경시대회 금상

대원외고 주최 영어독서대회 동상

성균관대 주최 영어학력경시대회 동상

연세대 주최 국제영어글쓰기대회 장려상

- **고려대 | 특별 전형**

  토플 116

  AP Macroeconomics, Microeconomics, Calculus AB

  HSK 6급

  한국사능력검정시험 1급

  2013 청소년 겨울 미디어창의캠프 수료증

  청소년을 위한 심리학 교실 겨울학기 프로그램 이수증서

- **연세대 | 특별 전형**

  한국어능력 자격증 3+급

  국어능력인증시험 3급

  한국실용글쓰기검정 2급

  청소년 시사 매거진 '히스토리 메이커스' 편집장으로 활동

- **고려대 | 특별 전형 & 논술 전형**

  토플 118

  토익 985

  GMUN(Gangnam Model United Nations) 수료증

  고려대학교 주최 KMUN 수료증

  청소년방과후 아카데미 '몽(夢)이터' 학습멘토링 참가

032

면접, 어떻게 준비해야 하나요?

★★★★★　지식보다 논리가 힘이다

수시 모집 일반 전형은 학교와 학과별로 차이가 있으니 자세한 내용을 알고 싶으면 각 대학 사이트를 반드시 참고하길 바란다. 참고로 필자는 서울대에 응시했으며 '서울대 홈페이지〉입학〉대학입학 수시 모집'을 통해 자세한 요강을 확인했다. 또 면접 기출 문제는 '입학안내〉자료창고'에서 찾을 수 있었다.

필자는 면접을 준비할 때, 지식이 많으면 유리할 것이라고 생각해 다수의 책을 읽었다. 그런데 면접을 보고 나니, 지식이 많은 것보다도 논리적으로 자신의 생각을 이야기하는 것이 더 중요했다. 면접에는 정확한 답이 있는 것도 아니고, 답이 있다고 하더라도 정답을 맞혀야만 합격할 수 있는 것도 아니다. 실제로 필자는 풀이 과정을 설명하던 중 면접관의 조언을 반영해 답을 수정해 정답을 맞히기도 했고, 수학 3문제 중 마지막 문제를 미처 풀지 못했음에도 서울대에 합격할 수 있었다. 당시 '서울대학교 2015학년도 대학 신입학생 수시모집 일반 전형 면접 및 구술고사-수학'에는 동전을 던졌을 때의 경우의 수와 확률을 다루는 문제가 나왔다. 총 3가지 문제가 나왔는데, 첫 번째 문제의 답을 틀리게 말한 것이다. 그런데 면접관이었던 한 교수님이 '학생이 생각지 못한 경우가 있지 않냐'면서 우회적인 예시와 함께 다시 생각해볼 기회를 주었고, 그 자리에서 답을 수정해 정답을 맞힐 수 있었다. 대학에 입학한 후 동기들과 면접에 대해 이야기할 기회가 있었는데, 많은 친구들이 '수학 문제 틀려서 떨어질 거라고 생각했는데 다행히 붙었다'고 말했다.

다시 말해, 정답을 틀려도 충분히 합격할 수 있다. 그러니 면접에서 정확한 정답을 맞히는 것에 큰 의의를 두지 말고 자신의 생각을 논리적으로 이야기하는 데 집중하길 바란다. 동시에 면접관의 질문과 대답에도 귀 기울이며, 곰곰이 생각하고 대답하는 자세를 끝까지 보이도록 하자. 정리하면, 면접은 완벽한 학생을 뽑는 과정이라기보다는 교수님이 '지도할 수 있는' 학생을 뽑는 과정이다.

★★★★★　　　신문, 모의면접 그리고 전공 심화 서적

연세대 특기자 전형 면접은 주어진 시간 동안 지문을 읽고, 주어진 질문에 답변을 하는 방식이다. 필자는 15분 정도 분석하고 생각할 수 있는 시간을 가진 후 면접장에 들어가서 답변했다. 특기자 전형 면접에서 시사 내용을 물어볼 가능성이 있었기 때문에 필자는 보수적인 성향과 진보적인 성향의 신문을 함께 읽으면서, 하나의 이슈에 대한 균형 잡힌 시각을 가지려 노력했다. 또한 면접에서 지문에 대한 문답이 끝나고 시간이 남으면 자기소개서와 관련된 질문이 나올 수도 있기 때문에, 자기소개서를 읽어보고 피드백하는 연습을 하기도 했다. 그리고 학교에서 시행한 모의면접에도 참여했다. 더 나아가서 전공과 관련된 심화 서적을 읽어보며 전공 관련 심화 질문에 대비했다.

필자는 면접 준비를 수능이 끝난 직후부터 시작했고, 혼자 준비했다. 처음에는 가족들에게 시간이 날 때마다 면접 기출 문제를 모아달라고 부탁하며 자료를 최대한 모았다. 또한 대학 사이트에 들어가 학교가 추구하는 교육목표와 인재상을 확인했고, 학부 페이지에 들어가 필자가 지원하는 학과의 기본 정보와 교육과정도 살펴봤다. 인성 면접이나 돌발 질문에 대비하기 위해 학교에서 생활기록부를 뽑아 자기소개서에 기재한 활동들과 독서 기록을 확인하고 질문이 나올 만한 사항들에 대해서 직접 질문 리스트와 답변을 작성해봤다.

필자는 크게 2가지 유형의 면접을 준비했다. 하나는 수학 문제를 풀어 설명하는 면접, 다른 하나는 창의력을 요하는 복합적인 문제를 푸는 면접이었다. 수학 문제 풀이 면접은 수리 논술 문제를 푼 후 선생님이나 친구들에게 설명하고 피드백을 받는 방식으로 연습했다. 우선 풀이 방식을 요약한 후 세부적으로 설명하는 방식으로 진행했다. 창의력을 요하는 복합 제시문 문제는 특기자 면접이나 학교장추천 면접 기출 자료들을 보고 필자의 생각을 다각도로 정리해봤다.

033

면접실 상황과 그 과정

★★★★★   "잠시만 생각하고 말씀드리겠습니다."

나는 고려대 융합형 인재 전형 면접을 봤다. 1차 합격자들은 고려대 우당교양관 6층 대강당으로 모였고, 면접을 보기 전까지 그곳에서 기다렸다. 대강당에서는 자료를 보는 것이 허락됐다. 나는 그 시간을 이용해 고려대의 인재상과 교육목표가 있는 자료를 봤다. 자기소개서를 쓸 때부터 수차례 봐서 낯설지 않았고 오히려 긴장을 푸는 데 도움이 됐다. 차례가 돼 안내에 따라 시험장이 있는 층으로 내려갔다. 면접실 앞에 1인용 책상 2개가 있었고 책상 위에는 스톱워치와 연필, 종이가 놓여 있었다. 안내원은 문제지를 주는 동시에 스톱워치를 9분에 맞춰주었다. 문제지에는 제시문 가, 나, 다, 라 4개가 A4용지 반 조금 넘는 분량으로 채워져 있었고, 그 밑에 4개의 문제가 적혀 있었다. 사실 하나의 문제당 요구하는 내용이 여러 개였으므로 문제가 정확히 4개라고 단정 짓기 애매했다. 나는 9분 동안 제시문을 읽고 간단한 키워드나 내용을 종이에 정리하면서 문제를 풀었다. 문제를 풀 때 인재상과 교육목표를 읽었던 것이 좋은 답안을 작성하는 데 도움을 주었다. 문제를 푸는 동안 앞 사람이 면접을 보고 있었는데, 문제 푸는 시간이 끝나면 면접장에 들어가야 했다. 문제를 모두 풀지는 못했지만, 면접 시간에 생각해 대답해야겠다는 마음을 가지고 침착하게 면접장에 들어갔다. 면접관은 2명이었고 면접 시간은 12분이었다. 들어가자마자 문제를 어떻게 풀었는지 설명했다. 이때 시간 배분을 잘 해야 했다. 너무 오래 걸리면 다른 질문 없이 면접 시간이 끝나게 되므로 속도에 신경을 썼다. 못 푼 문제를 설명하는 순서가 왔을 때 면접관에게 "이 문제는 아직 생각을 못 해서 풀지 못했습니다"라고 솔직하게 말했다. 그러자, 면접관이 다른 문제를 모두 설명한 후 마지막에 그 문제를 다시 물어보겠다고 했다. 못 푼 문제를 처음에 넘겼던 것이 효율적인 시간 배분에 도움을 주었던 것 같다. 시간이 조금 남아 면접관이 돌발질문을 했는데 갑자기 생각이 안 나 "잠시만 생각하고 말씀드리겠습니다"라고 말한 뒤 답변을 생각했다. 이것은 긴장을 가라앉히고 자신감 있는 답변을 할 수 있게 도와줬다.

★★★★★   말하기도 연습하라

서울대 수시 일반 전형 면접은 지원한 학교 중 날짜가 제일 늦어, 일주일 동안 여유롭게 준비할 수 있었다. 면접을 준비하면서, 많은 사람들 앞에서 말하는 연습과, 기출 문제들을 정해진 시간 안에 읽고 답하는 연습을 반복적으로 했다. 일반 전형 면접은 지역균형 면접과 다르게 오전과 오후 2개조로 나뉘어 하루 동안 진행된다. 나는 오전조에 배치돼 아침 일찍부터 집을 나섰다. 집을 나서면서 그동안의 준비 과정이 떠올라 가슴이 떨렸다. 수능 당일, 시간에 쫓겨 수험장에 도착한 경험이 있기 때문에 일찍 출발해 면접 대기장에 1시간 전에 도착했다. 일반 전형 면접은 구술 면접이기 때문에, 1쪽 가량 제시문 2개를 읽고 각각 3개 질문에 답하면 된다. 논술 시험을 말로 하는 것이라고 생각하면 된다. 필자는 순서를 기다리며 제출했던 서류들을 찬찬히 다시 봤다. 자기소개서를 쓰면서 이미 익숙해진 서류들이라 빠르게 훑어보고, 기출 제시문들을 다시 읽어봤다. 미리 긴 글에 머리가 익숙해져 있어야 면접 시간에 빠르게 글을 읽어낼 수 있을 것 같았다. 면접 시간이 다가오고 드디어 내 차례가 되자 조교가 복도로 안내했다. 인문 제시문 하나, 사회과학 제시문 하나를 30분 동안 읽고, 교수님들이 있는 면접실에 들어가 15분 동안 답변을 하면 된다고 했다. '서울대 일반 전형 면접 오전조 문과생들은 전공 관련 없이 모두 지금 내가 보는 제시문을 읽고 있겠지.' 하는 생각에 가슴이 뛰었다. 몇 년 전까지만 해도 과마다 다르게 출제된 제시문이 이제는 통일됐다고 하니 같은 시간대에 시험을 보고 있는 학생들은 모두 같은 문제를 보고 있는 셈이었다. 오전조 사회과학 제시문은 영어로 출제됐다. 연도마다 영어 제시문의 유무가 달라진다고 했는데, 내가 응시한 해에는 영어 제시문이 나왔다. 영어 지문의 난이도는 수능 평균 난이도와 비슷해 많이 당황스럽지는 않았다. 제시문을 다 읽고 면접실로 들어갔다. 생각했던 것보다 무서운 분위기는 아니었다. 답변 중 예시를 드는 과정에서 조금 잘못된 예시를 들었는데, 면접관이 생각의 방향을 다시 잘 잡아줘, 차분히 답변을 수정하고 마무리할 수 있었다. 구술 시험은 한 번 말하면 주어 담지 못해 논술 시험보다 어려울 거라 생각했는데, 혹여 실수를 하더라도 차분하게 전에 말한 것을 정정하면 되는 것이었다. 이어서 추가 질문에도 당황하지 않고, 최대한 경험을 곁들여 진정성 있게 대답하려 노력했다. 면접이 끝나고 집에 돌아오는 길, 드디어 모든 입시 과정이 끝났다는 생각에 마음이 후련했다. 돌이켜 생각해보니, 수능 후, 많은 사람들 앞에서 이야기하는 연습을 했던 것이 큰 도움이 됐던 것 같다.

034

이과 논술 어떻게 준비해야 하나요?

★★★★★　　　논술은 0에서부터 쌓아가는 과정

수시 논술, 특히나 자연계 논술을 준비하며 가져야 할 마음가짐은 빼기가 아닌 더하기이다. 수능이나 내신 시험은 빼기의 미학이다. 불필요한 풀이 과정을 빼고, 꼭 필요한 과정만을 거쳐서 빠르게 문제를 풀어내는 것이 이 시험의 핵심이다. 그러나 수시 논술은 자신의 점수를 0점에서 쌓아가는 과정을 보여주는 것이 핵심이다. 논술 문제를 풀 때에는 한 문항의 점수를 온전히 챙겨가는 것은 엄청난 노력을 필요로 한다. 따라서 '답을 맞혀야 한다'가 아닌 '문제가 원하는 접근과 서술을 최대한 보여주자'라고 생각하자. 수리 논술과 마찬가지로 과학 논술 또한 Yes or No가 아닌 풀이 과정, 논리적 추론 과정과 근거를 묻는다.

두 번째 마음가짐은 수시 논술에 출제된 어떤 문제라도 교과과정을 기반으로 출제됐다는 믿음이다. 수시 논술 문제 풀이 시, 문제가 어느 단원의 어떤 개념을 묻고 있는지, 그 출제 의도를 파악하는 것은 절반의 성공을 의미한다. 어디에서 출제됐는지 파악하기 위해서는 교과서 학습이 필수이다. 또한 학습 시 개념에 대한 정확한 이해와 활용 및 적용까지 생각하며 공부해야 한다.

따라서 논술을 위한 공부와 수능을 위한 공부를 별개의 것으로 다루지 말고, 수능 공부의 연장선으로 논술 공부를 생각해야 한다. 수능과 논술은 빼기와 더하기라는 점에서만 다르다. 수학 및 과학탐구의 각 개념들과 함께, 논리적으로 자신의 생각을 펴는, 즉 증명하고 추론하는 연습을 해야 한다. 수능에서는 각 개념들과 몇몇 정해진 유형을 통해 그 적용을 단편적으로 익혔다면, 논술에서는 각 개념들을 이용해 수학적이고 과학적인 추론을 해나가야 한다. 이러한 전체 과정을 측정하는 시험이 논술이다.

★★★★★ 수능과 내신 그리고 논술을
균형 있게 준비하라

이과 논술 준비는 평소에 조금씩 해야 한다. 가장 이상적인 것은 주 4시간 정도라고 생각한다. 너무 거창하게 생각하지 말고, 수학 및 과학탐구 내용 중 중요한 개념들과 논리적 추론 방법, 이 2가지를 능수능란하게 다루는 것을 본인의 학습 목표를 삼자. 또 하나, 수능과 내신 모두 팽개치고, 논술에만 '올인'하는 우를 범하지 않도록 주의하자. 반대로 수능이나 내신과 같이 정답을 내는 시험에만 익숙해져 별도의 논술 준비를 하지 않는 실수 또한 범하지 말자.

수시 전형은 보험이라고 이야기하기도 한다. 정시 위주의 입시 전략이 매우 위험해진 현행 입시제도 하에서, 수시 전형이 유용한 보험으로 활용될 수 있기 때문이다. 전략적으로 생각해라. 수능 전에 논술고사를 치는 대학과 수능 후에 논술고사를 치는 대학에 대한 정보 및 문제 출제 수준을 명확하게 파악한 후, 대비하도록 하자. 정시 및 논술을 제외한 다른 수시 전형을 준비하는 학생이라면 수능 전에는 한두 곳 정도로 논술 전형 응시 횟수를 조절하도록 하자. 논술을 치른 후 너무 자신감에 차서 수능 공부를 소홀히 하거나, 너무 좌절해 수능 공부를 소홀히 하는 불상사가 발생하지 않도록 하기 위함이다. 또한 본인의 수능 점수가 평소보다 낮게 나올 수도 있으므로, 과도하게 상향 지원하는 것 역시 주의해야 한다.

035

문과 논술 어떻게 준비해야 하나요?

★★★★★　　정확성과 간결함이 있는 논술

필자는 논술을 정확하게 7일 공부했다. 그것도 수시 6개 전형을 고르던 중, 쓸 카드가 남아 응시했던 논술 전형이었다. 하지만, 최종적으로 논술에 합격한 사람은 1년 전부터 치열하게 논술 공부를 해온 친구도 아니었고, 수능과 논술을 병행한 친구도 아니었다. '한번 써볼까?'라는 안일한 생각으로 고작 7일 동안 대비한 필자가 논술 전형의 최종 승자였다. 이쯤 되면 당연히 나오는 소리, '역시 논술 전형은 로또 전형이야! 부조리해!' 여기서 질문. 필자의 논술 합격은 순전히 운이었을까? 필자의 논술 답안이 그저 선풍기를 타고 멀리 날아갔기 때문이었을까?

'어렵지 않으며 우선 선발이 더 이상 존재하지 않는다.' 이것이 최근 연세대 논술의 핵심이다. 최근 연세대 논술 지문의 난이도는 과거에 비해 매우 낮아졌다. 과거에는 애초에 지문의 요지를 제대로 분석하지 못해서 나가떨어지는 학생들이 많았고, 높은 수능 최저 등급을 통과한 학생들에 한해 먼저 선발하는 우선 선발 시스템으로 인해 실경쟁률은 100:1 수준이었다. 하지만 지금은 아니다. 수능 최저 점수는 통과를 위해 맞춰야 하는 기본 요건이 됐고, 낮아진 난이도의 지문 특성상, 모두가 대강 맞는 방향으로 글을 쓸 수 있게 됐다. 그렇다면 이제 논술 합격을 위해 가장 중요한 키워드는 무엇일까? 필자의 생각에는 정확성과 간결함이다.

생각이 이에 이르자, 7일 동안 필자의 논술 대비는 예상보다 훨씬 더 간단해졌다. 3회치 논술 답안과 기출 문제를 쭉 훑어봤다. 그리고 한 가지를 더 깨달았다. 논술, 더 구체화시켜서 연세대 전형이 원하는 글은 신춘문예가 아니다. 매끄러운 문맥, 깔끔하다 못해 엄격하게 지킨 맞춤법, 이목을 끄는 독특한 문체 등은 답안의 가독성을 높이는 요소이긴 하지만, 요는 아니다. 논술 답안의 요는 날카로운 분석력, 그리고 그에 따른 본인만의 생각을 분명하게 표현하는 능력이다.

이 때문에 논술 답안에서는 최대한 모든 조미료를 뺀, 짧고 간결한 맛이 니야 한다. '내 본래의 문체는 그렇지 않은데'라는 생각을 하고 있다면, 아직도 논술 전형에 대해 잘못 이해하고 있는 것이다. 필자 역시 본래 문체는 거칠고, 제멋대로다. 신변잡기적이며 두서없고 날카로운 빠른 전개를 좋아한다. 필력이 나쁘다는 소리를 듣지는 않지만, 주장이 분명하고 강한 글을 많이 쓰기 때문에 호불호가 갈린다. 이와 같이 사람은 각자 선호하고, 손에 익은 본인만의 문체가 존재하기 마련이고, 당연히 글을 쓸 때는 머릿속에 내재된 본인만의 알고리즘에 따라 글을 작성하게 된다. 여기서 대부분 문제가 발생한다. 본인이 손에 익은 글 전개 방식과 문단 구성 방식에 사로잡히는 순간, 당신의 논술 답안에는 사족이 들어간다. 지문에 대한 분석을 요하는 문항에 개개인의 주관적 생각은 불필요하다. 논술에서 익숙함은 실수를 유발하는 요소이기에, 의식적으로 당신의 습관을 지워야 한다. 모든 시험에서는 발문이 가장 중요하다. 그리고 논술 전형은 특히 그렇다. 이 때문에 여러분의 답안에는 발문에 대한 적합한 응답만 들어가야 한다. 필자 역시 논술 응시 직전, 문체를 지우는 한 가지 연습만을 반복했다. 그리하여 논술 답안에는 발문이 요구하는 것 이외의 어떤 내용도 들어가 있지 않았다. 아마 무미건조함으로는 모든 논술 답안 중 최고 수준을 보였을 것이라 자신한다. 그리고 최종적인 결과는 어떠했는가? 합격이었다.

글을 잘 쓰려고 하지 말고, 요구한 것을 정확하게 쓰려고 노력해라. 글을 쓰는 도중에, '어? 이거 괜찮은데'라는 충동적 사고로 새로운 요지나 문장을 만들어내지 마라. 글을 쓰는 도중 만들어지는 글은 사족일 공산이 크다. 자, 이번에는 스스로가 대답해봐라. 논술 전형은 어떤 답안을 원하는가? 논술은 명확한 분석과 생각을 요구하는 동시에 분량과 시간 제한이 존재하는 Timed Essay이기에 사족이 치명적이다. 문제에서 요구하는 내용만이 여러분의 논술 답안에 녹아 있어야 한다.

036

논술 시험 볼 때—보고 난 후 느낌

★★★★★ 자신의 최대치를 발휘하는 데만 집중할 것

수시 전형 중 단연 최고의 경쟁률을 자랑하는 논술 전형. 이 때문에 매년 어떻게 하면 논술 시험을 잘 볼 수 있는지에 대한 문의가 각 입학처는 물론 유명 논술 학원과 논술 강사에게까지 빗발친다. 하지만 돌아오는 답변은 '요지를 정확하게 파악해 발문이 요구하는 대로 풀어써라'라는 진부하고 당연한 종류의 말들뿐이다. 하지만 더욱 놀라운 것은 이 말이 정말 논술 전형의 전부라는 것이다. 이는 논술을 어떻게 하면 잘 쓸 수 있냐는 질문이 어떻게 하면 시험을 잘 볼 수 있냐는 질문과 궤를 같이하기 때문이다.

너무나 원론적인 조언에 아직까지 갈피를 잡지 못하고 있는가? 논술은 자신과의 싸움이다. 경쟁자를 의식하지 말고 자신의 최대치를 발휘하는 데에 집중해라. 필자 역시도 논술 시험을 보면서 끊임없이 자신과 투쟁했다.

조용히 눈을 감고 기다리는 학생부터, 초조함을 이기지 못하고 이리저리 움직이는 학생들까지, 말도 안 되는 수의 경쟁자들이 같은 공간 속에서, 같은 목적과 감정을 공유하고 있었다.

시험장에는 적막감이 감도는 가운데 빠르게 시간이 흘렀다. 감독은 시험 개시를 알렸다.

시간이 얼마나 지났을까. 지문을 분석하고 개요를 짠 후 처음 고

개를 들어 시계를 봤다. 시험 시간은 벌써 40분도 채 남아 있지 않았다. 머리가 핑 돌며 식은땀이 흐르기 시작했다. 하지만 여기서 멈추면 탈락이었다. 머리가 속을 때까지 계속해서 되뇌었다.

'아직까지 단 한 글자도 적지 못했지만, 떨리지 않는다. 하나하나 끝마치자. 개요는 이미 다 짜여 있지 않는가. 이제 남은 시간 동안 침착하게 글만 쓰면 된다.'

놀랍게도 성공적이었다. 끊임없는 자기최면은 내재된 불안감을 차분함으로 바꿔놓았고, 이는 다시 할 수 있다는 자신감으로 바뀌기 시작했다. 마지막 문장의 마침표를 찍음과 동시에 시험이 끝났다.

생각해보면 이미 시험 시작 때부터 난 결과에 초연했다. 최대치를 발휘하는 데에만 집중했을 뿐, 붙어야겠다는 생각에 사로잡힌 적이 없었다. 이 때문에 논술 시험을 보는 내내 경쟁 상대는 오직 나 자신뿐이었다. 이런 생각은 내면의 불안감을 밀어내고, 온전히 자신을 믿게 하는 데 도움이 됐고, 그런 마음으로 작성한 답안지는 결국 합격을 가져다줬다.

논술을 준비하는 당신. 만약 불안에 떨고 있다면 한 가지만 기억해라. 합격의 마지막 고비는 자기 자신이다. 마침내 자신을 넘어설 수 있어야 한다. 스스로를 이겨라.

2

정시

과목별 공부 방법

037

국어 영역 시험 볼 때—보고 난 후 느낌

★★★★★　　읽히지 않을 때는 다음 지문으로 넘어가라

사실상 수능은 국어 시험을 어떻게 봤느냐가 좌우하는 것 같다. 그 이유는 수능 시험 당일 긴장감이 최고조에 달했을 때가 국어 시험을 볼 때이기 때문이다. 평소 나는 국어 영역은 문제를 빨리 풀고 검토를 열심히 하는 편이었는데 수능 당일에는 시간이 부족했다.

평소에 모의고사를 볼 때 집중이 잘 안 되면 글이 잘 안 읽히는 문제점을 발견했다. 이를 줄이기 위해 시험 직전에 EBS 지문이나 다른 국어 지문을 읽으며 준비운동을 하듯이 집중력을 높였다. 그렇게 했는데도 긴장이 됐는지 집중이 잘 안 되고 평소보다 글이 안 읽혔다. 그래서 문제가 잘 안 읽힌다 싶으면 빨리 다음 문제로 넘어갔다. 한 문제에만 매달려 있으면 쓸데없이 시간을 낭비한다고 생각했기 때문이다. 그렇게 마지막 문제까지 풀고 난 후, 넘어갔던 문제를 다시 풀면 처음에는 안 보이던 것이 잘 보였다.

이런 노력에도 불구하고 수능 때 만난 국어 시험은 '혼돈'이었다. 평소와 달리 시간에 쫓기고 있었다. 검토도 채 못 하고 종이 칠 때까지 〈무영탑〉의 문제를 두고 고민했다. 그래서 국어는 가채점표도 제대로 못 적었다. 나뿐만 아니라 많은 친구들이 국어 과목 체감 난이도가 실제 난이도보다 훨씬 높았다고 이야기했다.

사실 필자는 이과지만 수학보다 오히려 국어에 더 자신 있었기 때문에 약간의 충격도 받았다. 하지만 시험을 어떻게 봤던지 빨리 털어내고 다음 시험에 대한 마음의 준비를 했다. 생각해보니 국어를 보고 빨리 마음을 추스르고 수학 시험을 본 것이 필자가 수능에서 큰 실수를 낳지 않은 이유이지 않을까?

★★★★★   당황하지 말고 침착하게

내 운명을 결정짓는, 12년 노력의 최종 도착지인 수능. 그 첫 번째 시험을 보기 전. 낯선 얼굴들만이 가득한 고사장 안에는 어색한 긴장감이 흘렀다. 아는 사이인 듯 모여서 떠드는 무리 일부, 그리고 조용히 앉아서 시험이 시작하기만을 기다리는 대다수의 무리들. 감독관이 주의사항을 알린 후 시험 시작하기 전까지 기다리는 30분은 긴 듯하지만, 순식간에 지나가버린다. '내 옆에 있는 사람은 나보다 잘하는 사람일까? 신경 거슬리게 하지는 않을까?' 하는 생각들과 함께 절대 망하면 안 된다는 생각과 긴장하지 말고 그동안 해왔던 것처럼 하자는 생각이 한편을 차지했다. 생각이 채 정리되기도 전에 시험은 시작됐다.

시험지를 받은 그 순간, 머릿속에는 아무런 생각이 없었다. 그렇게 몇 분이 지나고, 지금 내가 수능을 보고 있다는 것을 깨닫기 시작했다. 자칫 하나라도 실수하면 평생 후회할 것을 알기에, 쉬운 문제도 꼼꼼히 체크하면서 문제를 풀어나갔다. 문제 하나하나에 온 정신을 집중해서 풀었기에 풀이 시간은 평소보다 훨씬 길어질 수밖에 없었고, 평소 15분 안에 완벽하게 마무리하던 화법, 작문, 문법 문제를 25분에 걸쳐 풀었다. 그렇게 긴 시간을 들여 풀었지만, 불안감은 사라지지 않았다. 앞장을 다시 한 번 확인하고 싶은 마음과 남은 시간을 생각해서 계속 풀어야 한다는 마음이 교차되면서 조급해지기만 했다. 하지만 어쩌겠는가. 앞으로 남은 문제가 30문제인데. 억지로 마음을 추스르면서 독서 지문을 읽기 시작했다. 마음을 가다듬고 생각을 정리하고 나니 이제야 완전히 집중할 수 있을 것 같았다. 그동안 죽을힘을 써가면서 연습해온 독서와 문학 지문들에 조심스럽게 접근해봤다.

첫 번째 독서 지문, 한 문장 한 문장 읽어나가다 보니 벌써 한 지문을 다 읽었다. 시간이 얼마 걸리지도 않았다. 심지어 문제까지 막힘없이 술술 풀렸다. 왠지 좋은 예감이 들었다. 전에 없던 자신감이 갑자기 붙으면서 이번 시험 가볍게 100점 맞고 시작할 것 같다는 들뜬 생각이 머릿속을 가득 채웠다. '이 기세로만 가면 1등급은 무리 없지'라는 마음으로 다음 지문으로 들어갔다. 하지만 지문을 읽자마자 드는 생각은 '이거 망할 수도 있겠는데'였다. 갑자기 난이도가 상승한 느낌이었다. 그동안 봤던 문제들 중 가장 어려운 문제를 푸는 느낌이었다. 내가 원래 이렇게 국어를 못했나 하는 자괴감마저 들 정도로 문제가 너무나도 어려웠다. 지문을 제대로 읽었는데 문제에 대한 답을 적지 못했고, 쓴 답에 대한 확신도 없었다. 비상 대책으로 뒤에 문학 지문부터 풀기로 했다. 그나마 독서 지문에 비해서는 읽기 수월한 문학 지문들을 보니 다행히도 없었던 집중력이 다시 생기는 느낌이었다. 그렇게 문학 지문부터 다 풀어보니 남은 시간은 약 25분가량, 그리고 못 푼 문제는 비문학 4지문. 그때 나는 인간에게 위급 상황이 오면 초월적인 힘이 나온다는 것을 몸소 체험했다. 어떻게 했는지도 모를 정도로 초인적인 집중력을 발휘해 모든 문제를 다 풀어냈다. OMR카드와 예비 답안에 옮겨 적는 것까지 모두 마치고 나니 그로부터 바로 몇 초 후 시험이 종료됐다. 사실상 신이 도왔다고밖에 말할 수 없을 것 같다.

종이 울린 후 답이 맞든 틀리든 어쨌든 모든 문제를 풀어냈다는 안도감이 가장 먼저 찾아왔다. 그러고는 정신없이 풀긴 했어도 맞는 답을 골랐을 가능성이 상당히 높다는 생각과 함께 혹시라도 몇 개 정도 틀려도 어차피 이번 시험이 어려웠으니 괜찮다는 자기 위안을 하며 흔들리지 않고 침착하게 다음 시험을 준비하려 했다.

038

책을 많이 읽으면
국어 문제 푸는 데 도움이 되나요?

★★★★★ 　신문 기사를 적극 활용하라

당연히 책을 많이 읽으면 국어 시험을 보는 데 도움이 된다. 책을 읽는 것은 독해력 향상의 지름길이다. 국어 시험은 기본적으로 글로 구성돼 있다. 평소 독서를 통해 글에서 정보를 습득해 재해석하는 연습을 한다면 국어 문제를 푸는 데도 도움이 된다.

그렇다고 책을 읽는 것이 독해력을 기르는 유일한 방법인 것은 아니다. 책이 가지는 여러 장점들을 부정하지는 않지만, 치명적인 단점은 읽는 '시간'을 투자해야 한다는 것이다. 당장 시험이 얼마 남지 않은 시점에서, 책을 이해하기 위해 시간을 쏟기보다는, 교과 공부에 투자하는 것이 좋을 수도 있다.

교과 공부에 치여 독서할 시간이 부족하다면, 책을 선택하지 말고 신문 기사를 읽어보자. 꿩 대신 닭이다. 나는 중학생 때부터 주어진 시간 내에 신문 기사를 읽고 문단별 중심 내용과 전체 주제를 파악하는 연습을 했다. 이는 시사 상식을 익히면서 동시에 집중력을 키우기 위함이었다. 되돌아보니 신문 기사는 독서(비문학) 지문과 유사했다. 신문 기사는 감성을 전달하기보다는 정보를 전달(설명문)하거나 의견을 제시(주장문)하는 것을 목적으로 한다. 따라서 신문 기사는 수능 국어 지문과 비슷한 성격을 보인다. 주어진 시간 안에 신문 기사를 읽는 연습을 한다면 흐름을 놓치지 않으면서 글을 빠르게 읽는 훈련을 할 수 있을 것이다.

039

국어 기출 문제집
어떻게 푸는 것이 효과적일까요?

★★★★★   반복이 중요하다

나는 국어가 항상 애매한 과목이라고 생각했고, 특히 완벽하게 공부하지 못한 문법 문제에 대해서는 막연한 거부감이나 두려움이 생긴 상태였다. 재수생이 돼서는 정시에 초점을 맞춘 만큼, 부족했던 문법 및 문학 부분을 기초부터 차근차근 다지기로 마음먹었다.

그리고 이를 달성하는 데에 가장 효과적이었던 방법이 기출 문제의 반복적 풀이였다. 재수 초반에 국어는 철저하게 기출 문제만을 풀었다. 국어 영역에서 개념 강의를 듣는 시간을 아껴, 스스로 공부하는 시간을 최대화하고 싶었기 때문이었다. 나는 항상 해설이 자세한 문제집을 선택하는 편인데, 수능을 출제하는 교육과정평가원이 직접 제시한 문제 풀이 가이드라인을 통해 틀린 문제에 대해 심도 있게 공부할 수 있었다.

보통 기출 문제집에 부록으로 함께 있는 문법이나 사자성어, 그리고 고전 정리집은 가볍게 지하철이나 귀갓길에 공부하기에 적격이다.

처음 기출 문제를 풀 때는 보통 매일 65~70분 정도를 사용했고, 문제지만큼이나 두꺼운 답안지를 보는데 약 30~40분 정도를 사용했다. 평가원이 출제한 선지의 의미를 이해하는 데에 시간이 많이 걸린다는 것을 알았기에, 개념어를 자의적으로 해석하지 않기 위해서는 평가원의 기준에 맞춰 해석할 수 있는 가이드라인이 필요했다. 기출 문제를 풀면서 평가원의 관점을 직접 봐야 한다고 생각했다. 그래서 끊임없이 기출 문제를 풀고, 또 풀었다.

040

국어 영역에서 항상 시간이 부족해요

★★★★★   속독이 아닌 정독을 훈련하라

수능 국어는 다른 어떤 영역보다도 시간 관리가 중요한 영역이다. 시험지 분량도 많지만, 그만큼 읽어야 하는 텍스트의 양 역시 많다. 그래서 앞 지문에 몰두하다가 뒤에 있는 문제에 손도 대지 못한 채 제출하는 사례가 정말 많다. 이와 같이 국어 성적이 좀처럼 오르지 않는 학생들은 조바심에 묻곤 한다.

"어떻게 하면 지문을 빠르게 읽을 수 있을까요?"

학생들은 대부분 국어 성적이 오르지 않는 이유를 '읽기 속도'에서 찾는다. 하지만 사실 속독을 배우지 않은 이상, 고등학생들의 읽기 속도는 오십보백보다. 읽기 속도가 국어 영역 점수를 가르는 열쇠가 아니라는 것이다. 그렇다면 국어 영역 풀이에서 본질적인 속도 차이는 무엇으로 결정될까? 속도 차이의 관건은, 수험생이 주어진 지문을 한 번 읽을 때 몇 분의 시간이 걸리느냐가 아니다. 몇 회독해 지문을 포괄적으로 이해할 수 있느냐에 달려 있다. 그렇다면 이제 답은 간단하다. 국어 영역 고득점의 비결은 속독이 아닌 정독에 있다.

빠르게 읽는 연습이 아닌, 한 번에 제대로 읽는 연습을 해라. 읽은 지문을 다시 읽을 일이 없도록 하는 것이 국어 영역 풀이 시간을 단축하는 가장 효과적인 방법이다. 필자 역시 빠르게 읽기보다는 제대로 읽기 위해 주어진 시간 내에 수능 및 모의고사 기출 지문들을 읽고 문단별 중심 내용과 전체 주제를 파악하는 연습을 했다. 이는 다양한 기출 지문들을 접하면서, 독서(비문학) 지문에 출제되는 소재들에 익숙해지는 동시에 다양한 분야에 대한 독해 집중력을 키우기 위함이었다. 이런 연습을 통해 글의 흐름을 놓치지 않으면서 정확하게 읽는 훈련을 할 수 있었다.

또한, 기출 지문을 분석하면서 정확한 뜻을 알지 못했던 단어나 사자성어들을 꼭 정리하도록 하자. 정확한 독해는 문장에 대한 정확한 이해로부터 시작되고, 이는 쓰인 단어에 대한 명확한 이해로부터 비롯된다. 이 때문에, 수능 지문에 출제됐던 단어의 뜻과 그 활용은 반드시 숙지해야 한다. 시험장에서 모르는 단어를 볼 확률을 최소화하는 것은 풀이 시간 단축으로 이어진다.

041

화작문은 어떻게 푸는 건지 모르겠어요

★★★★★　　화작문이란?

수능 국어에서 화작문은 1번부터 16번까지 총 16문제로 이뤄져 있고, 구체적으로 화법 5문제, 작문 5문제, 그리고 문법 6문제가 출제된다(2016학년도 수능 국어B형 기준. 2016학년도 수능 국어A형의 경우 화작문은 1번부터 15번까지 총 15문제로 이뤄져 있다).

화법 단원

말하기·듣기에서 화법으로 전환된 분야로, 발화 상황을 지문의 형식으로 제시한다. 한마디로 '2명 이상이 참여하는 화법에 대해 이해했니?'를 물어보는 단원이다. 다시 말해 의사소통의 목적, 참여자의 특성, 화법의 성격과 상황에 대한 이해 및 추론을 묻는다. 지문은 1:1은 대화 또는 대담 형식으로 구성되고, 1:다*는 발표 형식으로 구성된다. 주로 출제되는 문제 유형으로는 화법의 성격과 요소 파악, 이어질 내용 추론, 말하기 방식 추론, 말하기 계획 평가, 말하기 효과 평가, 반응의 적절성 평가, 의사소통 전략 평가, 말하기 내용의 적절성 평가 등이 있다.

작문 단원

작문은 쉽게 말해 글쓰기에 대한 이해를 물어본다. 구체적으로 작문이 무엇인지, 작문 준비하기, 작문 해보기, 그리고 글 검토하기, 이렇게 4가지에 대해 평가하는데 주로 작문 지식(작문의 성격 및 목적 파악), 작문 준비 활동(내용 생성의 적절성, 자료 수집, 활용의 적절성, 글쓰기 전략), 작문 표현 활동(표현의 적절성), 고쳐 쓰기 등을 요하는 문제가 출제된다.

하나의 언어를 적절히 구사하기 위해서 필수적인 것은 그 언어의 기본 구조를 설명하는 문법이다. 화법과 작문을 통해 말하기, 듣기, 쓰기가 가능하다고 해도, 국어에서 문법 학습은 필수적이다. 문법은 음운에서부터 단어, 문장, 그리고 담화까지 다루며 각 요소마다 음운(음운 현상 이해, 적용), 단어, 문장(품사 특징 파악, 문장 성분 분석, 적용, 피동사, 사동사), 어휘, 담화(지시표현, 높임표현의 적절성, 쓰임 파악, 문장의 종결어미 파악, 의미의 중의성 파악, 어휘의 사전적 의미 파악) 등을 묻는다.

★★★★★　　　화작문, 출제 흐름을 파악하라

화법은 일상생활 대화와 공식적인 대화에서 그 내용과 화자들의 말하기 방식을 이해할 수 있는지 묻는 부분이다. 생각보다 이 부분이 어려운 이유는 토의나 토론, 면접 같은 공식적인 말하기에서 상황을 유추해야 하는 능력을 묻는 문제도 있기 때문이다. 작문은 특정 조건 아래에서 글을 쓸 수 있는지 판단하는 문제이고, 문법은 말 그대로 한글 문법을 알고 있는지 묻는 문제이다.

화법과 작문, 그리고 문법 모두 가장 필요한 것은 기출 문제를 비롯해 많은 양의 문제를 풀어보는 것이다. 문제를 계속 풀어봐야만 대화 내용이 눈에 들어오고 글이 정확히 써졌는지 보인다. 특히 문법은 문제에서 문법 규칙을 제시해주므로 문법을 일일이 다 외울 필요가 없다. 문법=암기라는 생각을 버리자. 왜 하필 문제에서 특정 문법 규칙을 특정 조건을 제시했는지 생각해보자.

참고로 화법은 토의, 토론, 면접이 순서대로 나오므로 다음 시험에 어떤 부분이 나올지 예측할 수 있다. 예를 들어 6월에 토의가 나왔고 9월에 토론이 출제됐으면, 수능에는 면접이 출제될 확률이 높다.

042

비문학은 어떻게 빠르고, 정확하게 푸나요?

★★★★★ 비문학(독서)이란?

독서 단원

독서는 한마디로 설명하는 글 또는 주장하는 글이다. 대학에 진학하면 글을 읽을 기회가 엄청나게 많기 때문에 텍스트에서 정보를 뽑아내는 능력이 굉장히 중요하다. 따라서 한국교육평가원이 수능 국어 독서 부분에서 평가하고자 하는 독해 능력을 기르는 것은 단순히 시험을 위해서가 아니라, 대학 과정을 수학하고자 하는 장기석 관점에서 필수이다.

독서 지문에서는 정보 확인(일치, 불일치, 제목, 취지), 정보 추론 및 적용(추론, 태도, 입장, 상황 사례 적용), 글쓰기 전략(전개 방식, 서술 방식, 설명 방식), 비판 및 수용(위 글과 〈보기〉를 ~), 어휘의 문맥적·관용적 의미(어휘의 사전적·문맥적 의미, 속담, 관용어) 같은 것들을 주로 묻는다.

★★★★★　　　하루 3지문씩 꼬박꼬박 풀어라

독서는 17번부터 30번까지 14문제인데, B형에는 인문, 사회, 예술, 과학 주제의 지문이 출제된다. 독서 문제를 푸는 방법은 개인마다 다른데, 크게 2가지 방법을 사용한다. 하나는 지문을 천천히 읽고 머릿속이나 지문 옆 빈칸에 정리해가면서 내용을 완벽히 파악한 후에 바로 문제를 풀어나가는 방법이다. 그리고 다른 하나는 지문을 읽으면서 순서를 파악해뒀다가 문제에 맞춰 다시 돌아가 확인하는 방법이다. 전자의 경우 문제가 깔끔하게 풀리지만 익숙해지는 데에 오래 걸리고, 후자의 경우 문제와 지문을 꼼꼼하게 비교해가며 풀 수 있지만 그만큼 시간도 오래 걸리고 산만해질 위험이 있다. 필자의 주위를 보면 평소에 책을 읽기 좋아하는 친구들이 주로 전자의 방법을 사용했다. 어떤 사람은 지문을 보기 전에 문제부터 보고 지문을 읽어가면서 문제에 맞는 내용만 찾는 사람도 있는데, 그렇게 하면 너무 문제에만 치중해 중요한 단서나 조건을 놓칠 확률이 크므로 추천하지 않는다. 독서 문제는 매일매일 꾸준히 푸는 것이 중요하다. 하루에 3지문씩 꼬박꼬박 풀기만 해도 독해력이 늘고, 그만큼 어휘나 한자성어 학습량도 늘어난다.

★★★★★　　　자의적인 해석을 경계하라

독서 문제 유형은 크게 주제(제목) 찾기, 내용 일치, 유추, 어휘 문제로 나눌 수 있다. 시험은 지문 하나를 읽고 여러 문제를 푸는 식으로 구성돼 있는데, 이때 지문을 읽기 전에 우선적으로 문제를 읽어보는 것을 추천한다. 특히 내용 일치 문제의 경우, 문제가 어떤 부분을 질문하는지를 알고 지문을 읽기 시작하면 해당 내용이 나올 때 밑줄을 긋는 등 더 효율적으로 읽을 수 있다. 우선 처음 읽을 때는 중심 내용 위주로 파악한 후 보통 지문 뒤에 가장 먼저 나오는 주제 혹은 제목 찾기 문제를 풀고, 내용 일치 문제에서는 처음 읽을 때 표시해놓은 부분으로 돌아가 한 번 더 내용을 정확하게 확인하면서 문제를 푸는 것이 효과적이다. 추론 문제는 철저하게 지문 안에서 분석할 수 있는 내용만을 가지고 한 걸음 더 나아가는 것이 핵심이므로, 자의적인 해석을 경계해야 한다. 어휘 문제 역시 평상시에 그 단어가 쓰이는 용도보다는 지문 안에서 어떤 의미로 사용됐는지를 분석한 후 그에 가장 적합한 선지를 고르는 방식으로 접근하는 것이 좋다.

043

문학만 나오면 무슨 말인지 모르겠어요

★★★★★ 　　문학이란?

문학의 사전적 정의는 사상이나 감정을 언어로 표현한 예술이다. 설명하는 글과 주장하는 글만 읽을 수 있다고 국어를 100% 활용하는 것은 아니다. 문학을 통해서 세상을 바라보는 눈 또한 필요하다.

운문

시의 종합적 이해(작품 간 공통점, 감상), 시어·시구의 의미 추리(함축적 의미 파악), 시적 화자의 정서 및 태도 이해, 표현상 특징 이해

(운율, 표현 기법, 어조, 이미지), 감상의 적절성(〈보기〉를 참고하여, ~) 등을 묻는 문제가 출제된다.

산문(현대소설, 고전소설, 극문학)

서술상의 특징 이해, 인물(성격, 심리, 태도) 이해, 사건 및 갈등 구조 파악, 배경 및 소재 파악, 종합적 감상, 감상의 적절성, 상황에 맞는 관용어 등을 묻는 문제가 출제된다.

★★★★★　　분류하고 표시하라

문학 작품은 31번부터 45번까지 15문제 출제되며(2016학년도 수능 국어A형 기준), 현대시, 고전시가, 고전소설, 현대소설, 수필 중 4개 작품이 출제된다.

현대시를 공부하는 데 필자가 사용한 가장 효과적인 방법은 분류를 하는 것이다. 이는 시를 해석하면서 긍정적인 단어나 시구에는 동그라미 표시, 부정적인 것들에는 세모 표시, 그리고 객관적 상관물이나 매개체와 같은 중요한 시어에는 네모 표시를 하는 등 자신만의 방법으로 시를 조각조각 쪼개면서 읽어 내려가는 방법이다. 시를 읽을 때는 이와 같은 분석도 물론 중요하지만, 이보다 중요한 것은 시를 느끼는 것이다. 시에 나타난 그 상황을 머릿속으로 떠올리면서 읽다 보면 시를 해석하는 데에 조금 더 수월할 것이다.

다음으로 고전시가를 공부할 때 단연 중요한 것은 어휘이다. B형은 고어 그대로 나오기 때문에 어휘를 모르면 고전시가 해석이 힘들 수 있다. 고전시가는 나올 수 있는 작품이 한정돼 있기 때문에, 자주 출제되는 시가의 어휘와 주제를 미리 공부해두면 큰 도움이 된다. 설령 처음 보는 작품이 나오더라도 고전시가의 주제 역시 한정돼 있기 때문에(충, 효, 강호가도 등) 그동안 쌓아 놓은 어휘 실력을 바탕으로 침착하게 읽어보면 쉽게 주제를 유추할 수 있을 것이다.

그리고 현대소설과 고전소설의 경우 소설이다 보니 인물이 많이 나올 수밖에 없고 출제될 수 있는 부분도 셀 수 없이 많다. 그러므로 인물이 나올 때마다 표시하면서 읽으면 누가 어떤 사건을 일으켰는지 쉽게 정리된다. 특히 고전소설 같은 경우 같은 인물이라도 다르게 지칭(예: 사씨 남정기 유한림=유연수)될 수 있으므로 꼼꼼하게 살펴야 한다. 그리고 소설은 대개 주제가 확실하므로 문제를 풀면서 그 소설의 주제 정도는 외워놓으면 수능에서도 많은 도움이 된다.

★★★★★ 　유형에 맞는 공부법을 파악하라

우선 현대시는 낯선 시를 만나더라도 스스로 해석하는 능력을 키우는 것이 중요하다. 간혹 해설서에 쓰여 있는 설명을 외우는 방식으로 시를 공부하는 친구들이 있는데, 이는 굉장히 잘못된 방식이다. 실제 시험에서는 언제나 자신이 공부하지 않은 새로운 시가 나올 가능성이 있기 때문이다. 물론 미리 여러 시인들의 작품을 접하는 것은 공부 차원에서 좋지만, 명심해야 하는 것은 다른 도움 없이 철저하게 시본문만으로 주제와 전개 방식, 표현법 등을 스스로 분석해내야 한다는 것이다. 처음에는 어려워도 먼저 시도해보고 자신이 놓친 부분은 이후에 해설을 참고해서 추가하는 식으로 연습하다 보면 시를 분석하는 실력이 늘어나는 것을 발견할 수 있을 것이다.

현대소설은 시간적 여유가 있다면 최대한 다양한 작품을 읽어보는 것이 좋다. 그러나 그렇지 않다면, 시험 지문에 나온 부분만 보고도 전체 흐름을 파악하는 능력을 키워야 한다. 보통 사건이 인물을 중심으로 전개되므로, 지문에서 등장하는 인물에 집중해서 글을 읽어나간다면 핵심 내용을 쉽게 파악할 수 있다.

고전시가는 시험에 나오는 작품이 어느 정도 정해져 있기 때문에 몇몇 작품들을 완벽하게 공부해놓으면 시험에서 부담을 줄일 수 있다. 특히 문과 국어에서는 원문이 그대로 나오기 때문에 자주 나오는 고전 어휘를 외워놓으면 시를 쉽게 해석할 수 있다. 또한 자신이 모르는 단어가 나오더라도 입으로 단어를 작게 발음해보면 눈으로만 보는 것보다는 쉽게 단어의 뜻을 유추할 수 있다.

고전소설은 주제에 따라 전개 방식이 크게 다르지 않다. 따라서 기본적인 고전소설의 전개 방식을 우선적으로 익힌 후 시험 지문에 나온 부분이 어떤 종류의 소설에 해당하는지를 파악하는 순서로 접근하는 것이 해석에 유리하다.

044

수학 영역 시험 볼 때—보고 난 후 느낌

★★★★★　　적당한 긴장감을 유지하라

국어 시험을 보고 나니 신기하게도 긴장감이 부쩍 줄었다. 오히려 모의고사 때보다 덜 긴장했다. 그러나 수학은 더욱 집중력이 필요하다고 생각해 계속 긴장감을 유지하려고 노력했다. 평소 수학 공부를 할 때 만들어놓았던 검토 리스트를 수학 시험 전 쉬는 시간에 봤다. 시험이 쉬웠던 것인지 컨디션이 좋았던 것인지 수학 문제를 풀 때 평소보다 더 잘 풀렸다. 평소에는 쉬운 문제들도 보자마자 풀이가 생각이 나지 않는 경우가 많았다. 그러나 수능 당일만큼은 29번까지 쉬지 않고 문제를 다 풀었다. 29번까지 풀고 나서 시간이 많이 남았지만 30번 문제는 다른 문제들처럼 한 번에 풀이가 떠오르지 않았다. 잠시 멍해졌지만 이내 다시 정신을 차리고 처음으로 돌아가서 검토를 다하고 30번을 조금 고민하다가 풀었다. 솔직히 이때 30번은 안 풀고 넘어가도 1등급은 나오지 않을까 하는 안일한 생각이 들었지만, 결과는 아무도 모르는 것이기에 덜컥 겁이 났다. 수학 시험을 마치고 나서 스스로 긴장을 안 했다고 생각했다. 하지만 점심시간에 밥이 잘 넘어가지 않았던 것을 보면 수능 당일인 만큼 나도 모르게 긴장하고 있었나 보다.

★★★★★　　　난이도 높은 문제도 미리 연습하라

　수학은 가장 좋아하고 자신 있는 과목이지만, 수능이라는 시험 특성상 긴장할 수밖에 없었다. 계산 실수라도 하면 평생을 두고 후회할 것 같았다. 설마 내가 못 풀 정도로 어렵게 나올까? 가장 잘해왔던 과목이기에 오히려 더 긴장됐다. '모의고사 풀 때처럼 하자'는 생각을 가슴에 품고, 시험을 시작했다. 혹시나 계산 과정에서 실수하지는 않을까 2점짜리 문제부터 조심스럽게 접근했다. 사실 6월 모의고사까지는 2점짜리 문제들은 계산 과정도 적지 않고, 가벼운 암산을 통해서 풀어냈다. 단순 계산에 시간을 많이 쓸 여유가 없었기 때문이다. 게다가 그때는 경쟁의식도 약간 가지고 있었기 때문에 주변 사람들보다 시험지를 빨리 넘기지 못하면 괜히 불안했고, 시간이 부족한 것 아닌가 하는 생각도 들었다. 그런 생각들을 가지고 문제를 푼 결과, 6월 모의고사에서 98점이라는 결과를 얻었던 경험이 있었다. 이번 수능에서는 그런 불상사를 만들지 않겠다고 다짐하고, 2점짜리 문제는 물론 심지어 곱셈까지도 모든 과정을 하나하나 적어가면서 절대 실수하지 않겠다는 마음가짐으로 문제를 풀었다. 시간이 모자랄 것 같았지만 의외로 시간이 그렇게 부족하지는 않았다. 3점짜리 문제들도 모든 과정을 꼼꼼하게 생각해가며 풀어냈지만, 모든 문제를 다 풀어내고 마지막으로 29번, 30번 문제를 마주했을 때 시간은 50분 남짓이나 남았다. 수능의 최고 난이도를 자랑하는 29, 30번 문제를 접했을 때, 필자에게 그리 큰 어려움이 없었다. 필자는 3학년 기간 동안 시중에 나와 있는 수학 최고 난이도 문제집들을 답지를 보지 않고 스스로 풀어내는 연습을 해왔다. 그렇다 보니 아무리 처음 보는 유형, 어려운 유형이라도 그동안 풀어왔던 것처럼, 연습하는 마음으로 문제에 접근하다 보니 당황하지 않고 문제를 풀 수 있었다.

045

양치기 VS 유형분석

★★★★★   개념이 잡혀 있기 전까지는
양치기가 무의미하다

무조건 많은 문제를 푸는 것을 우선으로 할지, 문제를 풀기에 앞서 유형 분석을 우선으로 할지에 관한 문제는 사람 수준에 따라 다르다고 생각한다. 개념이 안 잡혀 있는 학생이라면, 무조건 문제만 많이 푸는 양치기는 무의미하다. 수학 개념서를 보면 개념과 함께 유제들이 있는데, 유제를 꼼꼼히 풀었다면 문제 방식은 어느 정도 체득될 것이다. 그 뒤로는 양치기를 해도 된다. 다만, 문제를 많이 푼다고 해서 틀린 문제를 그냥 넘어가면 안 된다. 양치기를 할 때 오답을 꼼꼼히 보지 않으면, 맞는 문제는 항상 맞고, 틀리는 문제는 항상 틀린다. 그러니 반드시 오답을 꼼꼼히 점검하길 바란다. 그리고 개념이 제대로 잡혀 있으면 모의고사에서 3점짜리 문제는 거의 안 틀린다. 승패는 4점짜리 문제에서 갈리는데, 단기간에 실력을 올리고 싶다면 4점짜리 문제 위주로 양치기를 해라.

★★★★★　　　개념-문제 유형-해제

단순하게 문제 푸는 방식을 아는 것만으로는 부족하다. 그렇게 공부한다면 언젠가 새로운 유형을 접할 때 한계에 봉착하게 된다. 수학 공부의 목표는 '처음 보는 문제 유형도 무리 없이 소화해낼 수 있을 정도의 실력'을 가지는 것이다. 내가 이미 아는 유형을 잘 응용해서 푸는 능력을 가지는 것이 목표가 아니다.

필자가 생각하기에 가장 이상적인 수학 공부 방법은 '개념-문제 유형-해제'이다. 맨 처음에는 개념을 보고, 그 개념을 이해해야 한다. '어디서', '어떻게' 이 개념이 사용되는지 알고, 그 개념을 응용하는 방법을 배우는 것이다. 그리고 나서는 여러 문제 유형을 접해보고 각 유형마다 어떻게 접근해야 하는지 정석으로 접근법을 익혀야 한다. 공간 도형 문제를 예로 들면 '삼수선 정리의 개념을 활용하면 쉽게 접근할 수 있다, 코사인 법칙이 잘 활용된다' 등을 '외우는' 것을 말한다. 그 다음으로는 문제 유형을 하나하나 완벽하게 분석해야 한다. 전혀 어울리지 않을 것 같은 개념을 문제에 억지로 끼워 넣어서 풀어보고, 쉽게 푸는 방법을 알아도 일부로 어렵게 풀어보기도 하는 등 하나의 문제에 풀이 방법을 여러 개 달아보는 과정을 말한다. 이런 공부 과정을 완벽하게 거친다면 처음 보는 유형의 문제일지라도 어떻게든 그것을 풀어낼 수 있는 능력을 얻게 될 것이다.

★★★★★　　　절대량도 중요하다

수학을 풀 때는 문제 방식을 체득하는 것도 중요하지만 학습한 문제의 절대량도 중요하다. 수학을 풀 때 보통 원리를 먼저 이해하라고 하지만 나는 중학교 수학이 제대로 돼 있지 않은 상태에서 고등학교 수학을 시작했기 때문에 원리를 이해하기 어려웠다. 그래서 1학년 때 고생을 많이 했다. 하지만 2학년부터는 수업 시간, 점심시간을 적극 활용해 절대 학습량을 늘렸다. 원리를 이해하지 못한 상태에서 무작정 문제를 풀다가 모르겠으면 앞으로 돌아가서 공식을 보거나 뒤로 가서 답지를 보면서 원리를 익혔다. 문제를 풀면서 원리와 문제 방식을 익힌 것이다. 나중에는 비슷한 유형의 문제를 보면 전에 풀었던 문제를 떠올리며 풀었다. 또한 괜히 어려운 문제들을 풀려고 하기보다는 EBS 교재에서 출제된 문제들을 먼저 풀어보고 나중에 어려운 문제에 도전해봤다. 다시 말해 문제 풀이 방식을 이해하는 것도 중요하지만 양치기도 중요하다.

★★★★★　　'양치기 40＋문제풀이 방식 60' 절충안

수학은 다른 과목과 학습 방법이 조금 다르다. 문제를 푸는 데 있어 필수 개념, 즉 지식과 문제를 풀 수 있는 능력은 별개이다. 다른 과목들은 지식이 있으면 풀 수 있다. 그러나 수학은 지식과 함께, 지식을 적절하게 활용하는 방식을 알아야 한다. 이 차이점이 많은 학생들을 '수포자', 즉 수학을 포기하는 수험생으로 만들 수도 있지만, 이 차이를 명확히 인지하고 극복한다면, 수학이라는 과목에 매력을 느낄 것이다. 필자의 개인적인 의견은 '양치기(문제 풀이) 40％＋문제를 푸는 방식에 대한 학습 60％'가 적절한 배합이라고 생각한다. 허구한 날 문제를 효율적으로 푸는 방식에 대해 연구를 한다고 해도, 실질적으로 문제를 접하고 해결하는 40％의 과정이 없다면, 공허한 메아리에

지나지 않는다. 반면 무조건 많은 문제를 푸는 것만 고집하는 것 또한 순진하고 미련한 생각이다. 문제를 풀이하는 방식에 대한 진지한 고민이 없는 양치기는 공부한 시간에 비해 얻는 결과물이 초라하다.

★★★★★　　방식 체득의 선순환

문제 풀이 방식을 이해하려면 자연스레 많은 양의 문제를 풀어보게 된다. 유형을 정확하게 익히기 위해서는 각 단원별로 대표 문제는 물론 그에 관련된 문제를 많이 풀어야 하기 때문이다. 이는 문제 풀이법을 머리에 각인하기 위한 과정이다. 따라서 이 과정에서는 문제지도 꼼꼼하게 살펴보고 선택해야 한다. 문제별로 유형이 나누어져 있지 않은 책을 통해 처음부터 문제 풀이 방식을 학습하려면 각각의 유형을 기억하기 어렵기 때문이다.

많은 양의 문제를 풀다 보면 속도가 빨라지기 때문에 문제를 많이 푸는 것은 여러모로 도움이 된다. 하지만 어떤 문제가 나와도 풀 수 있을 확신이 생기는 유형에는 과도한 시간을 쏟지 않도록 하자.

046

4점 문제만 나오면 틀려요

★★★★★　　취약한 유형을 분석하라

4점 문제의 경우 여러 가지 유형이 있는데 자신이 어느 유형을 많이 틀리는지 아는 것이 중요하다. 4점 문제 중 만약 29, 30번 문제나 마지막 객관식 문제를 많이 틀리는 경우 문제 해결 능력이나 추론 능력을 보는 문제를 틀리는 것이다. 자신이 어떤 문제 유형을 틀리는지 아는 것이 중요한데, 문제지 해설을 보면 각 문제마다 어떤 유형인지 적혀 있다. 그렇다면 각각의 유형마다 어떤 방식으로 접근해야 하는지 살펴보자.

복합 문제

복합 문제는 여러 유형이 섞여 있는 경우가 많다. 따라서 문제를 꼼꼼히 읽으며 얻을 수 있는 정보를 적고, 조건을 크게 적어둔다. 이 문제에서 마지막 답이 조건에서 벗어나 틀리는 경우가 많다. 이 문제는 연습할 때 문제에 조건을 하나씩 적어가며 어디까지 자기가 생각할 수 있는지, 어디서 더 생각해야 하는지 확인하는 과정이 중요하다. 문제를 읽으며 문제가 제공하는 정보에 주의하며 조건과 관련된 개념을 끄집어내는 것이 복합 문제를 푸는 방법이다.

진위 판별 문제

진위를 확인하는 문제는 대부분 ㄱ, ㄴ, ㄷ으로 보기 박스에서 옳은 것과 틀린 것을 판별하는 것이다. 이 경우 팁이 있다면 ㄱ, ㄴ이 ㄷ의 진위 여부를 판단하는 데 도움을 줄 수 있다는 것이다. 하나만 틀려도 다 틀리게 되므로 이 문제를 틀렸을 때 개념을 하나하나 꼼꼼히 체크하고 넘어가는 것이 좋다.

조건 활용 문제

(가), (나), (다)로 조건이 주어지는 문제이다. 조건이 따로 주어지므로 조건을 모두 활용할 수 있어야 한다. 필요가 없는 조건은 문제에서 주어지지 않는다. 조건을 꼼꼼히 읽고 각각을 연결시킬 수 있어야 한다.

정리하자면 4점 문제에는 보통 응용 문제가 많은데 이는 사고력을 요하는 문제이다. 이 문제들은 결코 풀이 방식을 외운다고 해서 해결되는 문제가 아니다. 4점 문제를 푸는 힘을 기르기 위해서는 문제를 풀 때 오랫동안 고민하는 시간을 가지는 것이 중요하다. 나는 4점 문제를 갖고 며칠을 고민했던 적도 많다. 하지만 수능이 얼마 남지 않은 경우 시간이 많지 않으므로 하루 이상 고민했을 때 답이 나오지 않으면 친구나 선생님께 질문하거나 답지를 활용하는 것도 나쁘지 않다. 한 가지 팁을 주자면, 충분히 고민했음에도 불구하고 답이 나오지 않는 경우, 그 시간 동안 고민했던 풀이 흔적을 지워서는 안 된다. 자신이 생각한 지점까지 정리해놓은 후에 선생님께 질문하거나 답지에서 도움을 구해보자. 답지를 보면서 자신이 어디까지 고민했는지 확인하고 어떤 부분을 생각하지 못했는지 그 이유는 무엇인지 확인하고 넘어가야 한다. 이 3가지에 대해 짚고 넘어가는 것이 본인의 수학 실력 향상을 위한 지름길이다.

047

수학 문제 실수, 어떻게 줄여요?

★★★★★　실수노트를 만들어라

필자는 수학 문제는 대부분 실수로 틀렸다. 원래 실수를 안 하다가 갑자기 실수가 늘어나니 걱정도 많아지고 어떻게 해결할지 막막했다. 실수하지 않으려 검산도 하고 시험 시간에 몇 번을 풀어도 봤지만 한 번 잘못 본 문제는 두 번째에도 잘못 봤다. 이러다가는 수능 때도 실수를 할 것만 같아 대책을 세우기로 했다. 그래서 필자는 선배들의 조언을 듣고 실수노트를 만들었다. 실수노트란 오답노트와 다르게, 문제와 답을 쓰지 않고, 자신이 실수한 부분만 골라서 써놓는 노트를 말한다. 따라서 다른 사람이 보면 알아볼 수 없는 것도 많다. 예를 들어 ㄱ, ㄴ, ㄷ 보기가 있는 문제에서 ㄷ만 틀렸다고 하면 그 부분의 틀린 이유나 놓친 개념만 실수노트에 한 줄로 적었다. 문제를 잘못 봐서 틀리는 사소한 실수도 모두 실수노트에 적었다. 예를 들어, '등비수열을 등차수열로 봤다'라는 내용이 내 실수노트에 있다. 친구들과 선생님이 노트를 보고 웃을 때도 있어 부끄럽기도 했지만 다 실수를 고치기 위한 것이었기 때문에 개의치 않았다. 과학탐구 같은 경우에 다시는 틀리지 않을 것 같은 문제는 노트에 적어놓지 않았지만 수학은 하나하나 다 적어놓았다. 시험 전이면 그 노트를 보면서 이런 실수는 더이상 하지 않겠다고 생각했다. 실수노트를 쓰기 시작한 처음 3개월 동안은 효과가 별로 없었지만, 수능 한 달 전부터는 실수가 거의 없어졌다. 결국 수능에서는 실수를 하지 않았다. 실수를 극복하기 위한 방법을 스스로 생각해내기 힘들다면 실수노트가 좋은 방법이 될 것이다. 또 시간이 남는다면 아예 처음부터 다시 검토하는 것도 좋은 방법이다. 실수를 하는 유형은 대충 정해져 있는데 이것들을 시험 볼 때 염두에 두면 실수를 줄일 수 있다.

문제를 잘못 본다

'옳은', '옳지 않은'에 표시해 확인한다. 답이 무엇을 요구하는지 문제에 표시해둔다.

조건을 놓친다

문제 위에 자기가 조건을 직접 한 번 더 크게 써놓는다. 단원마다 놓칠 만한 조건들을 확인한다(예: 로그의 진수조건).

계산 실수

계산 실수는 급하게 풀다가 나오는 것이므로 처음에 너무 급하게 풀려고 하면 안 된다. 또한 계산 과정을 잘 알아볼 수 있도록 깔끔하게 정리한다.

★★★★★　　실수의 2가지 유형

솔직하게 말하면 문제를 풀면서 발생하는 모든 실수를 없앨 수는 없다. 그러나 실수를 줄일 수는 있다. 수학 문제를 풀 때 저지를 수 있는 실수는 크게 2종류다. 첫째는 출제 의도, 혹은 문제 풀이의 방향을 헛짚는 실수, 그리고 두 번째는 계산 실수다. 전자는 주어진 문제를 서두르지 않고 꼼꼼하게 읽어보는 것만으로도 어느 정도 해결할 수 있다. 이런 종류의 실수를 많이 저지르는 사람들은 대부분 마음이 급해서, 시간에 쫓겨 문제를 대충 훑고 문제 풀이를 바로 시작하는 성향이다. 이뿐 아니라 문제를 처음 보고 나서 '본인이 알고 있는 개념'이 나왔다는 사실에 흥분해 문제를 끝까지 읽지도 않고 문제를 풀 때도 이런 실수가 발생한다. 문제를 제대로 읽지 않고 문제를 푸는 것은 그냥 백지에 본인의 생각을 자유롭게 쓰는 것과 크게 다르지 않다. 수능 시험은 학생 여러분이 얼마나 많이 아느냐를 묻지 않는다. '평가원이 원하는 것에 대답할 수 있는지'만 물어볼 뿐이다. 시험의 목적은 '주어진 문제를 푸는 것'이다. 문제를 제대로 읽지 않는다고 해도 그동안 공부해온 것이 있기 때문에 막힘없이, 자신감 있게 풀이를 써내려갈 수 있다. 확신에 찬 답을 구할 수도 있다. 하지만 채점한 후에 다시 살펴보면 이것을 왜 이렇게 풀었지 하며 땅을 치고 후회할 것이다. 부디 기억하길 바란다. 수험생이 신경 써야 하는 것은 출제자가 알고 싶어 하는 것뿐이다. 그리고 무엇을 원하는지는 문제를 차분하게 읽어봄으로써 충분히 알 수 있다. 시간이 없다고 문제를 급하게 푸는 것이 아니라, 아무리 급하다고 해도 문제를 처음부터 천천히 읽어가며 의도를 제대로 파악하는 것이 이런 종류의 실수를 줄이는 가장 좋은 방법이다.

두 번째, 계산 실수는 솔직하게 말하자면 '답이 없다.' 아무리 많은 연습을 해도 어느 순간 방심하면 발생하는, 언제 어디서 튀어나올지 모르는 존재이기 때문이다. 이에 대한 해결책은 그저 '정신 바짝 차리기'뿐이다. 그리고 문제 풀이 과정을 수식으로 차분히 적는 것이다. 머릿속으로 생각하는 것과 식을 써서 눈으로 보는 것은 다르다. 아무리 상위권인 학생이라도 계산 실수 앞에서는 무력한 경우가 많다. 아무리 준비를 많이 한다고 해도 한순간 정신을 놓으면 바로 실수해버린다. 복잡한 계산 문제를 여러 번 풀어보며 집중력을 높이고, 문제를 푸는 순간에는 온전하게 그 문제 하나에만 집중하는 것이 최선의 방법이다.

수학 문제집 고르는 데 조언을 주세요

★★★★★　　EBS 교재는 필수다

우선, 수학 개념서로 EBS 교재가 단원별로 한 권은 반드시 있어야 한다. 개념을 공부하는 데에는 시중에 나온 어떤 교재로 공부해도 상관이 없다. EBS 교재로 공부해도 좋고, 유명한 학원 교재로 공부해도 좋고, 일반 사설 문제집으로 공부해도 좋다. 다만, 이후에 개념이 헷갈릴 때 어떤 것이 맞는지 확실하게 알기 위해서는 '반드시 정답의 기준이 되는 책'인 EBS 교재가 있어야 한다.

사설 문제집에는 아주 약간이라도 오류가 생길 여지가 있다. 오류를 정답으로 오인하고 공부한다면 어느 순간 '내가 원래 알고 있던 것'과 '내가 지금 보고 있는 것'이 충돌하는 경우가 있다. 이 분쟁을 없애주는 가장 간단하고 확실한 해결책이 바로 EBS 교재이다. 국가가 발행한 것이고, 이 책을 기초로 수능이 출제되기에 오류가 있어서는 안 된다. 그러니 어찌 보면 수능 문제를 기준으로 봤을 때 '가장 정확하게 수학을 가르치는 책'은 EBS 교재인 셈이다. 당신이 수학을 아무리 잘하건 못하건, 수학을 공부하는 사람이라면 EBS 교재는 반드시 풀어봐야 한다.

첫 번째로, 수학을 공부하기 위해 당신이 풀어야 하는 것은 시중에 나와 있는 모든 문제집이다. 기출이든 사설이든, 서점에 있는 '수학'이 붙은 문제집들은 전부 풀어버리겠다는 마음가짐으로 공부하라. 문제집의 우선순위를 매기자면 그 첫 번째로는 기출 문제 모음집이다. 기출 문제도 보지 않고 시험을 보겠다는 것은 실로 말도 안 되는 소리이다. 어떤 유형이 주로 출제되는지, 난이도는 어떤지, 출제자는 어떤 생각을 가지고 있는지 기출 문제를 통해 알아보고, 한번 연습해 보는 것이다. 수학을 처음 공부하거나, '이제부터라도 제대로'라는 생각을 가진 학생이라면 가장 중요하게 생각하고, 먼저 풀어야 하는 것이 바로 이 기출 문제이다. 시중에 나와 있는 기출 문제집의 문제 수가 너무 많아 부담된다면 최근 3년간 6, 9월 모의고사와 수능 기출 문제들을 뽑아 풀어보는 것도 한 방법이다. 이런 문제집을 통해 기출 문제를 완벽하게 통달한다면 29, 30번을 제외한 나머지 문제는 무리 없이 풀어낼 수 있을 것이다. 조금 과장하자면 기출 문제를 푸는 것을 통해 92점은 확보할 수 있다고도 말할 수 있다.

두 번째로 풀어봐야 하는 것은 시중의 여러 사설 모의고사다. 기출 문제를 푸는 것만큼 중요한 것은 실전 연습이다. 시중에 나와 있는 모든 사설 모의고사들을 '시간에 맞춰서' 한번 풀어봐라. 시간 배분을 하는 방법부터 실전 감각까지 배우는 데 큰 도움이 될 것이다. 뿐만 아니라 이런 사설 모의고사의 21, 29, 30번 문제들은 그동안 접해보지 못했던 신유형의 문제들이다. 이런 문제들을 풀어보며 실제 수능에서 처음 보는 유형에 어떻게 대처해야 하는지 연습해볼 수 있다. '실전 감각은 필요 없다!' 혹은 '모의고사 하나하나 전부 다 풀 시간이 없다!' 하는 학생은 사설 모의고사의 4점짜리 문제들만 풀어도 된다. 그것만으로도 충분히 가치가 있다.

세 번째로 21번, 29번, 30번. 소위 킬러 문제와 유사한 문제들을 연습하는 것이 중요하다. 따라서 킬러 문제만을 엮은 문제집을 추천한다.

기출 문제로 92점 맞을 실력을 쌓았고, 모의고사를 통해 실전 감각을 기르고, 21, 29, 30번에 대비했다면 수능 현장에서 발생할 수 있는 여러 가지 변수에 대비할 수 있다. 서점에 나와 있는 '모든 문제들을 씹어 먹겠다' 는 마음가짐으로 수학을 공부하길 바란다.

★★★★★　　어려운 문제를 푸는 것이 아니라
　　　　　　모든 종류의 문제를 푸는 것이 관건

2015년도 수능은 굉장히 쉬운 난이도로 출제됐기 때문에 만점을 받을 수 있었지만, 사실 필자는 수학을 잘하는 학생은 아니었다. 내신 등급이 3등급에서 4등급 사이를 오갔기 때문에(심지어 5등급과 6등급도 받아본 적이 있다.) 수학을 진짜 잘하는(그리고 수능 수학을 완전히 풀 수 있는) 학생과는 거리가 있었다. 이는 항상 콤플렉스였고, 이를 해결하기 위해 많은 시간을 수학에 투자했다.

기출 문제의 중요성을 알았지만, 가장 먼저 공부하기 시작한 문제집은 EBS 교재였다. EBS 교재를 처음 풀게 된 이유는 책이 얇고, 상대적으로 문제가 쉬워서 빠른 성취감을 느낄 수 있기 때문이었다. EBS 교재는 내용이 STEP 1, 2, 3로 난이도가 잘 나뉘어져 있고, 모든 단원에 개략적인 설명을 짧게 첨부했기 때문에 수능을 처음 준비하거나 다시 시작하는 수험생들에게 추천한다.

EBS 교재로 감을 잡았다면, 그 다음 추천하는 것은 문제은행식으로 많은 양의 문제를 수록한 문제집이다. 이전 교육과정상 '수1＋수2＋적통＋기벡＝5000문제'가 수록돼 있는 문제집을 추천한다. 하루에 250문제 정도씩 풀면, 기출 문제를 대부분 잡아내고, 수학 문제를 유형화할 수 있는 능력도 키울 수 있다.

다음으로 단원별로 정리한 기출 문제집을 추천한다. 문제가 각 단원별로 정리돼 있고, 그 안의 세부 원리에 의해 다시 한 번 나뉜다. 또한, 문제가 난이도 순으로 정렬됐기 때문에 동네 동산을 오르듯 문제를 풀 수 있다.

수능 직전(15일 전)에는 실전 연습을 할 수 있는 문제집을 추천한다. 시간을 촉박하게 재고(60분 정도) 문제를 풀면서, 급하게 풀더라도 계산 실수가 나오지 않도록 훈련했다. 사칙연산 실수는 자신을 때려서라도 막아야 하는 실수이다. 수능은 과정을 보지 않고, 결과만을 보는 시험이다. 주관식이라도 과정을 보는 것이 아니라 1,000자 객관식과 같은 형태이기 때문에 정답을 맞히는 것만이 중요하다. 이때 가장 억울한 것이 바로 사칙연산을 실수해 점수가 깎이는 것이다. 객관식과 다르게 주관식은 답을 고르는 순간에 자신의 답이 틀렸다는 확신을 가질 방법이 없다. 그렇기에 쉬운 문제, 어려운 문제를 골라서 푸는 것이 아니라 모든 종류의 문제를 푸는 것이 중요하다. 문제 푸는 방법을 안다고 쉬운 문제를 풀지 않으면 수능의 평가 기준 중 하나인 '정확한 계산'에 구멍이 생길 수도 있다. 반면, 쉬운 문제만 너무 많이 풀어도 문제가 생길 수 있다. 따라서 쉬운 문제는 짧은 사칙연산을 연습할 수 있는 문제지를 사서 풀어보는 것도 도움이 된다.

수학 등급별로 어떻게 공부해야 하나요?

★★★★★   실수도 잡고, 개념도 잡아라

1등급

1등급 학생의 점수가 떨어지는 이유는 실수가 대부분이다. 필자는 실수가 잦았기 때문에 고민이 많았다. 그렇다고 수능에서 실수하지 않기만을 바랄 수는 없었다. 나는 실수를 줄이기 위해 채점 후 틀린 문제 옆에 틀린 이유를 바로 적었다. 진짜 어이없는 실수라도 모두 적었다. 예를 들어 '등비수열을 등차수열로 봤다.' 이런 식으로 말이다. 이때 오답 정리를 통해 개념을 완벽히 숙지한 것은 적지 않고, 조금이라도 오답의 여지가 보이는 문제는 모두 실수노트에 적었다. 뿐만 아니라 자꾸 잊어버리는 개념이나 공식, 아니면 생각해야 하는 방법 등도 노트에 적었다.

2, 3등급

보통 2, 3등급 학생들은 공부를 안 하는 것은 아닌데, 공부를 해도 1등급으로 오르기가 쉽지 않다. 오답률이 높고, 실수하기 쉬운 29, 30번 같은 문제들 때문에 그런 경우가 많다. 가끔씩 29, 30번의 개념을 정확히 알지 못한 채 정답을 맞히고 넘어갈 때도 있지만, 이것을 실력이라고 생각해서는 절대 안 된다. 이 경우 오답이든, 정답이든 풀이했던 흔적은 그대로 남기고, 해답지를 보면서 풀이를 교정하는 것이 좋다.

4등급 이하

4등급 이하 학생은 개념이 확실히 잡혀 있지 않은 경우가 많다. 이 때문에 문제를 풀기 전에 처음부터 개념을 정리하는 것이 좋다. 왜냐하면 개념 공부 없이 문제를 풀기 시작하면, 놓치는 개념이 많아져 새로운 문제를 접했을 때 다시 공부해야 하기 때문이다. 따라서 처음에 개념을 확실히 잡는 것이 중요하다.

050

영어 영역 시험 볼 때—보고 난 후 느낌

★★★★★ EBS 교재를 활용한 공부가 큰 몫!

점심을 먹고 나서 교실에서 영어 시험 시간을 기다리고 있을 때였다. 너무 졸려서 듣기 평가를 볼 때 몇 문제를 놓칠 수도 있겠다는 생각이 들었다. 시계를 보니 어느덧 12시 30분. 곧 있으면 수능이 끝난다. 그 사실을 느끼고 나니 다소 긴장이 풀렸다. 오늘따라 속이 안 좋은데다 배가 부르면 잠이 올 것 같아 밥을 덜 먹었다. 아무리 수능 당일이라도 배가 불러 긴장이 풀리면 졸린 건 매한가지. 영어 시험을 보기 직전에 몸풀기용으로 가져온 영어 지문을 읽었다. 주로 EBS 교재로 공부했던 나는 시험지를 받아 들고 많은 문제가 EBS 교재와 연계됐다는 사실을 느낄 수 있었다. 물론 모든 지문을 한 글자도 빼먹지 않고 외우는 정도까지는 공부하지 않았지만, 최소한 첫 문장을 읽으면 이 지문은 무슨 내용인지 정도는 알 수 있었다. EBS 교재와 연계된 지문들은 거의 읽자마자 답을 맞힐 수 있었다. 시간이 오래 걸릴 것만 같았던 빈칸 채우기 문제도 어려움 없이 풀어낼 수 있었다. 연계 지문을 풀면서 시간을 아꼈기 때문에 남은 시간 동안 비연계 문제들을 여유 있게 풀었다. 덕분인지 시간이 좀 남았지만 종이 치는 순간까지 집중력을 잃지 않으려고 노력했다. 실수하지 않으려고 계속 검토하고 또 검토했다. 영어 시간을 하얗게 불태우고 나니 아무 생각도 들지 않았다. 과학탐구에 대한 걱정만이 앞섰다.

★★★★★　　　집중력을 유지해야 한다

영어 시험 중 최상의 집중력을 유지하기 위해, 점심을 다 먹고 난 후 잠깐 잠을 청했다. 잠이 잘 오지 않았지만 최소한 눈의 피로라도 덜어주기 위해서 눈을 감고 가만히 있었다. 감독관이 들어오고, 잠을 깨기 위한 간단한 스트레칭을 한 후 최상의 컨디션으로 시험을 보기 시작했다. 듣기 평가가 시작되고, 영어를 눈에 익히기 위해 EBS 지문들을 한 번 읽어봤다. 본격적인 시험의 시작. 흘러나오는 외국인의 말소리에 모든 정신을 집중했다. 나는 모의고사 때 매번 듣기 평가에서 한 문제씩 틀렸다. 잘 듣는 듯하다가도 어느 순간 집중력이 흐트러져 한 문제를 아예 버리게 된 적이 한두 번이 아니었다. 독해에서는 별문제가 없었는데 항상 모두들 쉽다고 하는 듣기 문제에서 틀려 고생했다. 하지만 이제 실전. 수능에서만큼은 그런 실수를 하지 않으리라 굳게 다짐했다. 1번, 2번, 그리고 17번까지 다행히도 멍하니 있다가 문제 하나를 날려버리는 불상사는 없었다. 설마 문제를 잘못 이해하지는 않았겠지 하는 약간의 불안감을 가지고 독해 문제를 풀기 시작했다.

나는 매번 모의고사를 치를 때마다 듣기 문제가 끝나면 집중력이 떨어지곤 했다. 듣기에만 집중하다가 읽고, 생각하는 것으로 생각의 방향을 바꾸려다 보니 독해 문제로 넘어가는 18, 19번에서 멍하니 있기도 했고, 어떤 때는 지문이 아예 읽히지 않았다. 수능이라고 예외는 없었다. 18번은 어찌어찌 풀어냈는데, 19번에서 갑자기 막혀버렸다.

평소에는 영어를 읽어도 한글로 해석이 되며 읽혔는데, 막상 수능 시험장에서는 영어가 알파벳 그대로 혼자 놀고 있었다. 불행 중 다행인 것은 모의고사 때 이와 같은 경험을 많이 했다는 것. 숨을 크게 내쉬고 마른세수를 했다. '평소에 하던 대로 잘 풀자. 이건 모의고사 문제를 푸는 것이다'라고 끊임없이 자기최면을 걸며 천천히 문제를 풀기 시작했다. 20번, 21번, 정신을 잡고 나니 감각이 살아났다. 지문에 꼼꼼히 줄을 쳐가면서 놓치는 부분 없이 지문을 읽었다. 집중력을 유지한 채 빈칸 채우기 문제 전까지 모두 풀었고, 평소 모의고사 때 했던 것처럼 빈칸 채우기 뒤의 문제들부터 먼저 다 풀었다. 이제 남은 것은 빈칸 채우기 3문제, 그리고 15분 남짓 남은 시간. 우선 지금까지 풀어온 모든 문제들을 빠르게 훑어가며 검토하고, OMR카드에 옮겨 적었다. 간단히 검토하고 나니 남은 시간은 약 7분 정도. 시간이 빠듯했다. 그동안 빈칸 문제를 풀면서 체크해봤을 때 한 문제 푸는 데 걸린 시간은 2분가량. 제대로만 하면 딱 끝낼 수 있겠다는 계산이 나왔다. 바로 문제를 풀기 시작했다. 난이도는 평소에 풀던 것들과 비슷한 수준이었다. 문제를 풀면서 이렇다 할 큰 어려움은 없었지만 시간에 쫓기다 보니 마음이 급해질 수밖에 없었다. 한 문제 풀고 시계 보고, 한 문제 풀고 시계 보고, 이렇다 보니 지문 파악이 제대로 되지 않았다. 2문제는 지문 전체를 완벽히 해석해 깔끔하게 풀었지만, 나머지 한 지문은 거의 찍다시피 했다. 답을 다 옮기고, 가채점표에도 옮기고 나니 1분도 안 돼서 종이 울렸다.

영어 시험 말미에 너무 극도로 긴장한 탓이었을까? 여기까지 시험을 치르고 나니 온몸의 진이 다 빠지는 느낌이었다. 마지막에 그 한 문제를 제외하면 나머지 문제들은 다 맞혔을 것이라는 확신, 찍다시피 한 그 문제가 맞았으면 하는 기대, 그리고 혹시나 OMR카드에 답을 잘못 옮겼으면 어쩌지 하는 불안. 이 모든 감정들이 혼재해 어지러웠다. 화장실을 급히 다녀온 후 마음을 진정시키고 다음 시험을 준비하고자 눈을 감고 잠을 청했다.

051

EBS 연계 교재 어떻게 활용해야 하나요?

★★★★★　　　EBS 교재로 진행하는 수업 시간을 활용하라

EBS 교재 이야기를 하지 않을 수 없다. 필자가 응시했던 2015년도 수능 영어 시험은 EBS 교재와 연계율이 상당히 높았다. EBS 교재 지문만 다 외워도 고득점이 가능하다는 비판에 따라 2016년도 수능 영어 시험 연계율은 크게 낮아졌다. 〈매일신문〉 기사에 따르면 "2016년도 영어 영역에서 대의 파악과 세부 내용 파악 유형, 지칭 추론, 실용문 유형 등 수험생의 입장에서 연계 여부를 확인하기 어려운 문항들을 제외하면, 실제 EBS 교재의 지문을 활용한 문항은 읽기 28문항 중 8문항으로, 실제 연계율은 20% 이내"라고 했다. 고난이도의 빈칸 추론 문제 역시 비연계로 출제됐다고 하니, 더 이상 EBS 교재만 믿고 공부하라고 이야기하기는 힘들 것 같다. 하지만 연계에 대한 이런 회의 속에서도 결국은 연계 교재를 열심히 공부한 친구들이 대부분 시험을 잘 봤다. 연계 교재가 '연계' 교재인 이유는 다 있다. 그러니 연계 교재도

소홀히 하지 않고 공부하는 것이 좋다.

EBS 교재를 활용해 공부하는 방법에 대해 이야기해보자. 일부 학교는 3학년 때 EBS 교재로 정규수업을 진행하니 수업을 잘 활용해라. 수업에 참여함으로써 EBS 교재로 혼자 공부하는 시간을 줄일 수 있다. 수업 후에 혼자 EBS 교재로 공부할 때에는, 일단 한 문제당 1분 40초 정도 시간을 재고 문제를 풀어라. 실전과 같이 문제를 푼 이후 지문을 다시 읽으며 주제를 파악하고, 한 문장 정도로 정리해보자. 이와 함께 모르는 단어는 사전을 찾아 지문 아래에 정리하는 것이 좋다. 또 대명사나 지시어는 지칭하는 대상이 무엇인지 정확히 찾아야 한다. 빈칸 추론 문제가 나올 것을 대비해 접속어를 꼼꼼히 보고, 접속사가 없는 경우에도 문맥적 흐름을 파악하려고 노력하자. 진주어-가주어 구문, it-that 강조 구문, 물주 구문과 같이 문법적으로 중요한 문장과 내용이 중요한 문장은 형광펜으로 밑줄을 긋고 외우자.

052

지문의 중심 문장만 찾으면 문제 풀 수 있나요?

★★★★★　　스킬보다 중요한 것은 독해력이다

중심 문장만 보고 풀 수 있는 문제 유형은 한정돼 있다. 사실 확인 문제만 해도 지문 전체를 다 읽어봐야 한다. 고난이도의 빈칸 추론 문제는 글의 주제뿐 아니라, 빈칸의 앞뒤 문맥까지 모두 고려해야 한다.

문장 삽입 유형도 그러하다. 대부분 문제는 글의 핵심보다는 글의 문맥을 파악하는 것이 중요하다.

영어는 스킬이 통하는 과목은 아니다. 스킬 하나 배우려고 노력하는 시간에, 독해력을 높이려고 노력하는 게 훨씬 낫다. 그러니 시간이 촉박하다고 중심 문장만 보고 문제를 풀지 않길 바란다. 시간이 촉박해서 못 푼 것보다, 틀린 게 더 많을 수도 있다.

★★★★★　　　제대로 읽어야 중심 문장도 보인다

글의 중심 문장을 찾는다는 것은 그 글의 주제를 찾는다는 것이다. 하지만 그것을 한 문장만 읽어도 문제를 풀 수 있다고 잘못 이해하는 친구들이 있다. 그리고 그 말에 현혹돼 한 문장으로 된 중심 문장을 빠르게 찾는 기술 습득에만 열중하는 친구들이 있다. 잘못된 공부 방법이다.

수능 영어 지문의 한 문장, 한 문장은 꼴 수 있는 한 최대한으로 꼬인 문장이다. 지문의 유형도 다양하다. 중심 문장이 앞에 있는 것도, 뒤에 있는 것도 있다. 중심 문장을 찾는 방법은 하나다. 지문을 정독하는 것이다.

수능 영어는 지문의 중심 문장을 찾으면 문제가 풀린다. 하지만 이 말을 오독하지 마라. 중심 문장은 지문 전체를 제대로 읽어야만 찾을 수 있다. 소위 편법이라 불리는 쉬운 방법은 존재하지 않는다. 그렇게 쉽게 문제를 풀 수 있다면 수능 시험을 출제한 사람들의 노력은 무슨 소용이 있겠나.

★★★★★　　반드시 모든 지문을 읽어라

수능 시험 출제 위원들은 지문 하나하나를 공들여서 만든다. 말은 끝까지 들어야 한다. 앞에서 자신이 중요하다고 생각했던 것이 나중에 가서 바뀔 수도 있다. 중심 문장은 글의 틀만 알려줄 뿐이지 그것만으로 모든 문제를 풀 수는 없다.

수능에서는 정답을 휙 찍고 넘어가서 시간을 단축하는 것이 중요하지 않다. 익숙한 지문에서도 누가 얼마나 사소한 것까지 신경 써서 실수하지 않느냐가 최상위권을 가르는 기준이 된다. 지문의 일부만 보고 문제를 푸는 것은 단순히 시간을 단축시키기 위해 풀이의 정확성을 떨어뜨리는 미련한 짓이다. 익숙한 지문을 봤을 때 빠르게 읽되 모든 문장을 다 읽고 넘어가야 한다. 중심 문장을 찾았다고 좋아하지 말고, 익숙한 지문이 나왔다고 좋아하지 말고, 일단 주어진 시험지에 나와 있는 모든 문자는 다 읽자. 그게 실수를 줄이는 지름길이다.

053

문법만 나오면 틀려요

★★★★★　　문법보다 중요한 것은 글의 흐름

어법을 공부한답시고 두꺼운 문법책을 끼고 달달 외우는 것은 정말 비효율적인 공부 방법이다. 차라리 수능 어법 문제만 모아놓은 문제집을 사서 풀며 자주 나오는 개념들 위주로만 공부하는 것이 낫다. 수능 어법은 문법 규칙을 잘 아는 것보다도 글의 흐름을 잘 파악하는 것이 중요하다. 문제 유형은 (A), (B), (C)의 각 네모 안에서 어법에 맞는 표현 고르기, 밑줄 친 부분 중 어법상 틀린 것 고르는 문제로 나뉜다. 자주 나오는 개념은 다음과 같다.

주어와 동사의 호응
일단 문장의 주어가 무엇인지 파악하는 것이 중요하다. 주어가 길 때 헷갈리기 쉬우므로 연습이 필요하다.

관계사
who, which, that, what, why, how, when, where 등 관계사에 대한 개념 정립은 필수이다. 특히 that, what은 쓰임새가 특이하므로 주의해야 한다.

분사
과거분사와 현재분사에 대한 개념 정립은 필수적이다. 분사가 수식하는 단어가 동사의 행위자인지 행위의 대상인지를 파악하는 것이 중요하다.

문장의 동사
문장에 동사가 없고, 동사의 위치에 분사(예: signifying, providing)가 있는 경우가 있다. 문장에 동사가 없을 수는 없으므로, 틀린 문항으로 고르면 된다.

to 부정사

to 부정사를 공부할 때 가장 중점을 둬야 하는 것은 to 부정사가 문장에서 무슨 역할을 하느냐이다. to 부정사의 명사적 용법은 to 부정사가 문장 안에서 명사의 역할을 한다는 뜻이다. 즉 주어, 목적어, 혹은 보어로 사용된다. 이때 진주어-가주어 구문으로 출제되는 경우가 많다. to 부정사의 형용사적 용법은 말 그대로 문장 안에서 형용사의 역할을 한다는 뜻이다. 특히 형용사적 용법 내에서 2가지 차이를 파악하는 것이 중요하다. 마지막으로 to 부정사의 부사적 용법은 문장 안에서 부사의 역할을 한다.

부사/형용사

보기로 주어지는 부사, 형용사가 수식하고 있는 단어 또는 구의 품사를 확인하자. 수식어인 부사와 형용사의 가장 큰 차이점은 수식하는 품사가 서로 다르다는 것이다. 형용사는 주로 명사를 수식하지만, 부사는 동사, 부사 등등 수식 가능한 범위가 형용사보다 훨씬 넓다. 따라서 수식받는 단어(또는 절, 구)의 품사를 꼭 확인하자.

054

내신 영어와 수능 영어의 차이점

★★★★★　어휘를 잡아라

내신 시험에서 특히 까다로운 부분은 많은 조건이 있는 문제들이다. 시험의 변별력을 위해서 세세한 조건들이 달린 문제가 출제된다. 이를 테면 영어 지문 중 구조가 까다로운 문장에 빈칸을 뚫어놓고 단어만 준 채 빈칸을 채우라는 문제. 이런 문제들도 물론 문법 체계를 잘 파악하고 있고 단어들의 의미를 알고 있으면 풀 수 있지만, 그 수많은 단어들 사이에서 길을 잃을 수 있다. 그렇다. 결국 지문을 외우는 것이 답이다. 하지만 그렇다고 무작정 지문만 외워서는 안 된다. 영어 공부에 필수적인 것은 어휘이다. 지문을 외우되 모르는 어휘가 있으면 일일이 찾아 표시하고, 흐름을 따라 문법 체계도 익히며 읽는 것이 수능 시험을 볼 때 많은 도움이 될 것이다.

★★★★★　　　필기하고 외워라

나는 미국에서 8년을 살았으며 주변 환경을 통해 자연스럽게 영어를 배웠다. 그렇기 때문에 한국에 처음 와서 소위 말하는 '감'에 의존해 문제를 푸는 경우가 많았고 아직까지도 그 '감'이 유용하게 쓰인다. 하지만 한국의 영어 시험에는 이런 풀이 방식이 어울리지 않았기 때문에 한국식 영어에 어울리는 풀이 방법을 나름대로 만들었다. 내신 영어는 학교마다 천차만별이기 때문에 정해진 공부 방법은 없는 것 같다. 하지만 대체적으로 비슷한 맥락을 가지고 있다. 내신 영어의 2가지 핵심은 본문 외우기와 필기이다. 필자는 오랜 해외 거주 경험을 통해 거의 원어민과 다름없는 영어 실력을 가지고 있다고 자부했지만, 내신 영어 앞에서는 쓸모가 없었다. 내신 영어는 영어 실력을 평가하는 시험이 아니다.

내신 영어는 본문을 외우는 것이 중요하다. 나는 미국식 공부법에 익숙해져 있어서 공부는 이해하는 것이라고 생각했다. 하지만 한국에서 만난 내신은 달랐다. 첫 시험 때 가장 자신 있는 영어에서 충격적인 점수를 받고 원래 가지고 있던 공부 방식을 버리고 무작정 외우기 시작했다. 본문을 외우는 것은 때론 무식하지만 다방면으로 유용하다. 먼저 외우다 보면 본문의 내용은 저절로 눈에 들어온다. 그렇기 때문에 굳이 문제지에 나와 있는 지문을 읽지 않아도 독해 유형의 내용 파악 문제는 빠르게 풀 수 있다.

내신에서는 세부적인 내용마저 심도 있게 출제된다. 그중에서 학생들이 가장 힘들어하는 문제는 빈칸 채우기이다. 빈칸 채우기는 본문을 글자 그대로 외워버리면 생각하지 않아도 쉽게 답을 유추할 수 있다. 서술형 문제 중에서 자주 출제되는 빈칸 영작, 문장 배열도 마찬가지로 본문을 외우면 설사 변형을 했다 해도 이미 어떤 내용이 들어가야 하는지 알고 있기 때문에 유리하다. 외운다는 게 보통일이 아니지만 내신 성적을 잘 받기 위해서는 필수적이라고 할 수 있다.

또한 효과적으로 내신 영어를 공부하기 위해서는 필기를 분석적으로 하자. 나는 4가지 색상의 펜을 사용해 문법은 빨간색, 어휘는 파란색, 구문은 초록색, 그리고 나머지는 검정색으로 표시하며 필기했다. 문제는 결국 선생님께서 내신다. 선생님께서 무의식중에, 때로는 의식적으로 수업 시간에 강조하는 내용이 있다. 이런 내용은 시험에 출제될 확률이 높기 때문에 표시해놓자.

과거 기출 문제를 선배에게 물어보거나 도서관이나 학교 사이트에서 찾아 어떤 유형의 문제가 나왔는지 풀어보고 분석하는 것이 좋다. 분석한 기출 문제와 함께 수업 시간에 자신이 한 필기를 모두 활용해 시험을 준비하자. 어차피 출제하는 선생님은 똑같기 때문에 출제 성향을 미리 분석한다면 시험 문제를 풀면서 예상이 적중하는 쾌감을 느낄 수 있을 것이다.

★★★★★　　수업 시간에 충실하라

학교마다 내신 문제가 다 달라서, 정형화된 '법칙'과 같은 공부법은 존재하지 않는다. 필자의 경우 아래와 같은 방법으로 1학년 1학기 영어 내신 4등급에서 3학년 때는 1등급을 찍을 수 있었다.

일단 내신 시험은 꼭 영어 실력이 좋다고 해서 잘 볼 수 있는 시험이 아니다. 얼마나 수업에 충실했는지, 얼마나 내신 시험을 위해 시간을 투자했는지 판가름하는 시험이다. 1학년 1학기 영어 시험을 망친 후로 필자는 내신 공부 방법을 완전히 바꿨다. 일단 수업 시간에 집중했다. 학교 선생님께서는 파워포인트PPT를 활용해 수업하셨는데, 그중 지문을 굵은 글씨체로 바꾼 부분은 똑같이 책에 형광펜으로 밑줄을 쳤고 선생님의 설명을 최대한 꼼꼼히 적었다. 수업 시간 중에 사진 자료와 영상을 많이 봤는데, 그런 영상에 나오는 예시 하나하나마저 시험 문제로 출제됐기 때문에 하나도 놓치지 않으려고 애썼다. 이후 복습할 때는 지문을 노트에 정리하며 공부했다. 글의 제목, 글의 주제를 정리한 후, 글의 전체적인 구조를 이해할 수 있도록 도표로 정리하기도 했다. 그리고 지문에서 특히 강조한 부분을 노트에 적고 그 당시에 선생님께서 하신 말을 되새기며 정리했다.

시험 기간에는 더 완벽히 시험을 준비하기 위해 지문을 외웠다. 지문을 외워야 하는가에 대해 친구들 간에 논란이 일기도 했지만, 필자는 외울 수 있는 만큼 외웠다 지문에서 선생님이 강조한 문장들을 중점으로 외웠고, 서술형으로 나올 것 같은 지문들을 골라서 다 외웠다. 3학년 때는 수업 시간에 활용한 《EBS 수능특강》 한 권을 아예 더 사서 하나는 수업용으로, 하나는 지문에서 중요한 부분을 지우고 빈칸 채우기 연습용으로 사용했다.

선생님께 질문하는 것을 두려워하지 말자. 필자의 성적 상승에 직접적으로 영향을 미친 공부 방법은 바로 선생님께 질문하는 것이었다. 다 이해했다고 생각한 문장이라도 괜히 꼬아서 다시 생각해보고, 선생님께 질문했다. 공부하면서 궁금한 부분은 포스트잇에 정리했는데, 거의 한 지문당 10가지 정도 질문한 것 같다. 질문을 하면 영어 공부에 대한 직간접적인 팁을 많이 얻을 수 있다. 그러니 선생님을 대하는 것이 어려워도 꼭 질문해보자.

055

1, 2학년 때 주요 과목만 공부하고
3학년 때 탐구 과목 공부해라?

★★★★★　단, 한국사는 미리 공부해라

맞는 말이다. 필자는 외고의 커리큘럼에 따라 외국어 수업이 많아서 1, 2학년 때 사회탐구 과목을 거의 공부하지 못했고, 3학년이 돼서야 한국사와 사회문화를 본격적으로 공부하기 시작했다. 그리고 수능에서 두 과목 모두 1등급을 받았다. 주변 친구들 중에는 중간에 한국사를 포기하고 여름방학부터 다른 과목을 공부하는 친구들도 있었는데 그 친구들도 좋은 성적을 받는 데에 무리가 없었다.

단, 한국사는 조금 예외다. 한국사의 경우 다른 사회탐구 과목에 비해 공부량이 많아, 늦게 시작하면 공부에 차질이 생길 수 있다. 필자는 한국사검정능력시험을 공부하느라 수능용 한국사를 2학년 여름방학에 조금 훑어보는 식으로 공부했고, 2학년 겨울방학부터 본격적인 수능 한국사를 공부하기 시작했다. 그 뒤로도 한국사는 해도 해도 끝나지 않는다는 느낌이 들 정도였으니, 한국사를 3학년 중간부터 시작하는 것은 조금 무리라고 생각한다.

결론을 내리자면, 한국사를 제외하면 1, 2학년 때는 국영수 등 주요 과목에 집중하고, 2학년 겨울방학 때부터 사회탐구 과목 공부를 시작해도 무리가 없다는 것이다.

★★★★★　　　내신을 열심히 하는 것부터 시작하라

　필자는 과목별 균형을 잡아가면서 공부하는 것이 제일 바람직하다고 생각한다. 물론 고등학교 입학할 때 수학이나 영어 같은 과목의 기본기가 심각하게 부족한 상황이라면 실력을 어느 정도 쌓고 다른 과목 공부를 시작하는 것도 괜찮다. 그러나 만약 그렇지 않다면 2학년 때부터 국영수와 탐구 과목의 비중을 조절해가면서 공부하는 것을 추천한다. 탐구 과목을 1, 2학년 때 아예 시작조차 하지 않는다면 3학년 때 느끼는 부담이 너무 클 수 있다.

　필자는 내신 과목으로 들은 탐구 과목을 수능까지 이어가는 것이 좋다고 생각하기 때문에, 1, 2학년 탐구 수업 시간에 수업을 듣지 않고 수학이나 영어 공부를 하는 것은 바보 같은 짓이라고 생각한다. 물론 학교에서 내신으로 배운 과목이 자신과 너무 맞지 않다면 다른 과목을 선택하는 것이 낫겠지만, 그래도 고등학교 1, 2년간 꽤나 많은 탐구 과목을 접할 기회가 있기 때문에 그 선택지 안에서 고르는 것이 좋지 않을까 싶다. 수능에서 그 과목을 선택하겠다는 생각이 들면 자연스레 그 과목 내신에 더 노력을 기울일 수 있고, 반대로 내신 공부를 열심히 한 과목을 수능 때까지 이어간다면 노력을 덜 들이고도 좋은 성과를 낼 수 있기 때문이다.

　나는 사회문화와 세계지리 두 과목 다 수업 시간에 배운 과목을 수능 시험 선택 과목으로까지 이어갔다. 세계지리는 워낙 선택하는 수험생이 적은 과목이라 상대적으로 부담이 적은 과목으로 바꿀까 하는 고민을 잠시 한 것은 사실이다. 그러나 아무리 부담이 적다고 해도 3학년이 돼서 새로운 과목을 시작하는 것은 너무 큰 모험이라고 생각했고, 결국은 그동안 배웠던 과목을 그대로 수능 시험으로까지 이어갔다. 그리고 그 선택이 옳았다고 생각한다.

★★★★★ 주요 과목들과 동일한 비중으로 미리 시작하라

말도 안 되는 소리다. 문과에서는 사회탐구 과목을 1년 동안만 준비하는 것이 예삿일일 수도 있겠지만 이과생들에게는 정말 입이 떡 벌어질 소리다. 가끔 이과생 중에서 3학년이 되고 나서야 과학탐구 공부를 시작하려는 학생들이 있는데, 이것은 정말 수능을 망치겠다고 결심하는 행위와 다름없다.

과학탐구는 사회탐구와 달리 공부할 양이 상당하다. 1년간의 짧은 기간 동안 해당 내용을 완벽하게 이해하고 문제 적용까지 해내는 것은 뛰어난 영재가 아닌 이상 정말 힘든 일이다. 심지어 3학년 때는 과학탐구만 공부하는 것이 아니라 국영수 과목에도 상당한 시간을 투자해야 한다. 1, 2학년 때 수학, 영어를 완벽히 공부해놓은 학생이라 하더라도 그 실력이 수능 시험 때까지 유지된다는 보장은 없다. 즉, 국영수 모두 골고루 챙겨야 하는 바쁜 3학년 시기에, 과학탐구 과목을 기본 개념부터 꼼꼼하게 공부할 시간이 많지 않다는 것이다.

또한 생각보다 과학탐구는 수학만큼 어렵고, 중요한 과목이다. 단적으로 고려대는 수학의 비중은 140, 영어의 비중은 120, 국어의 비중은 100, 과학탐구의 비중은 140이다. 쉽게 말해서 국어 75점, 과학탐구 100점 맞은 학생이 국어 100점, 과학탐구 80점 맞은 학생보다 더 입학 점수가 높다는 것이다. 따라서 공부할 양도 많고, 중요성도 상당히 높은 과학탐구 과목을 1년 동안만 공부하는 것은 무리다. 다시 말해,

과학탐구는 2학년 때부터 차근차근 공부해나가야 한다. 다른 주요 과목들과 동일한 비중으로 말이다.

056

과학탐구 영역 시험 볼 때—보고 난 후 느낌

★★★★★ 나를 지탱하던 힘, 실수노트

과학탐구 시간만을 남겨두었을 땐, 과학탐구 시험에 대한 긴장감보다 이제 이 길고 긴 수능이 끝난다는 기대감이 더 컸다. '이제 이 시험만 보면 다 끝이구나.', '시험이 끝나면 뭐하고 놀지?'라는 생각이 들었다. 쉬는 시간은 빠르게 지나갔다. 기대감도 잠시, 유종의 미를 거둔다는 생각으로 평소에 실수하던 것을 적어놓은 노트를 다시 봤다. 물리나 화학 같은 탐구 과목들은 문제 풀 때마다 몰랐던 것을 많이 발견하게 되고, 아무리 교과서나 EBS 교재를 응용하는 선에서 나오지만 거의 새로운 개념이라고 생각될 만한 것들도 많이 볼 수 있었다. 따라서 문제 풀면서 그런 것들을 볼 때마다 적어뒀고, 수능이 다가올수록 외워두면 문제를 빨리 풀 수 있겠다고 생각한 것까지 적어뒀다. 따라서 그것들을 평소에도 보면서 공부했고, 시험 직전에도 펼쳐 봤다. 그러다 보니 과학탐구 시험지는 어느새 내 눈앞에 있었다. 여느 때와 같이 먼저 받아 든 물리1 시험지. 평소 가장 자신 있던 과목인 만큼 의기양양하게 풀이를 시작했다. 그러나 수능 당일 처음으로 시간이 부족하다고 느껴서 당황했다. 검토할 시간이 부족해서 한 문제는 찍기도 했다. 시험 전에 끝나면 뭐하고 놀까 생각한 내 자신을 원망했다. 하지만 내가 어려웠던 만큼 남들도 어렵게 느꼈을 것이라 생각했다. 그리고 찍은 한 문제를 제외한 다른 문제들은 모두 맞았을 것 같은 왠지 모를 자신감 때문에 정신적으로 크게 흔들리지는 않았다.

물리 문제를 풀면서 얻은 자신감 때문이었을까? 화학2가 평소보다 쉽게 느껴졌다. 지금까지 본 화학2 시험 중에서 가장 컨디션이 좋았다. 평소에는 물리1을 쉽게 풀고 화학2에서 헤맸는데 수능에선 달랐다. 시험의 끝을 알리는 종소리가 울렸다. 감독관이 답안지 개수를 확인했다. 개인적으로 이때가 가장 힘들었다. 핸드폰은 없고, 친구는 저 멀리 있고, 분위기는 무거워서 아무것도 못 하고 방송에만 집중하고 있었다. 후련한 마음으로 시험을 끝마쳤다는 것은 좋은 성적을 받을 것이라는 일종의 길조였다. 수능 시험장을 나오면서 어쩌면 나는 어렴풋이 수능 만점을 예감하고 있었는지도 모른다.

★★★★★　　선택하고 집중하라

영어 영역까지 시험을 보고 나니 너무나도 지치고 피곤했다. 여러 감정이 교차했다. 과학탐구를 망치면 지금까지 해온 모든 것이 물거품이 된다는 불안감도 있었고, 탐구 과목까지 잘 마무리하면 이번 입시에서 성공할 것이라는 기대감도 있었다. 정신적으로도, 육체적으로도 너무나도 힘들었지만 유종의 미를 거두기 위해 힘차게 시험을 시작했다.

첫 번째 시험 물리1. 9월 모의고사를 보기 전까지는 정말 자신 있던 과목이었다. 그동안 못 푸는 문제가 없었고, 모르는 개념도 없었다. 그런데 9월 모의고사에서 주어진 시간 내에 풀지 못했던 문제가 나왔고, 그 후 자신감이 떨어졌다. 그래서 자신감을 회복하기 위해 수능 때까지 엄청난 시간을 투자했다. 그리고 시험 당일, 9월 이후 엄청난 시간을 쏟아부었던 나의 노력이 보답할 수 있을까. 어떤 문제가 나올지 기대하며 문제지를 폈다. 1번 문제는 평소에 많이 보던 유형. 막힘없이, 머뭇거림 없이 파죽지세로 풀어나갔다. '역시 물리는 꿀과목이야'라는 생각으로 쭉쭉 풀어나갔다. 역학 문제도 무난했다. 개념을 물어보는 문제에 나온 함정도 모두 다 간파했다. 그런데 '어?' 7번이 내 앞을 가로막았다. 당황하지 않고 평소에 하던 대로 체크하고 넘어간 후에 다음 문제를 풀다 보니 17번이 또 나를 가로막았다. 또 넘어갔는데 설상가상으로 19, 20번이 길을 막고 있었다. 어느 순간 못 푼 문제가 4문제나 된 상황. 다 포기한다면 나머지를 모두 맞는다고 해도 39점인 상황이었다. 물리가 이렇게 어려웠던 적은 없었다. 우선 제대로 푼 문제들을 모두 검토하고 마킹까지 마무리했다. 그리고 남은 시간은 10분. 사실상 4문제 전부를 다 풀 수는 없는 시간이었다. 이런 상황 속에서 내가 할 수 있는 것이라고는 '선택과 집중'뿐. 뒤의 문제들은 고난이도 문제일 것이라 짐작하고 앞의 문제를 먼저 푸는 전략을 취했다. 풀 만한 문제들만 풀고 어려운 문제는 그냥 정답 개수 맞춰서 찍어버리는 것이다. 우선 7번, '앞에 있으니까 쉬운 문제겠지?'라는 생각으로 풀어보니 역시 풀 만한 문제였다. 시험 초반에 나온 약간의 고난이도 문제라 당황해서 못 푼 것이었으리라. 숨을 고르고, 침착하게 접근하자 의외로 빠르게 문제가 풀렸고, 바로 다음 문제로 넘어갈 수 있었다. 그리고 남은 셋 중 그림이 제일 쉬워 보이는 19번을 풀기 시작했고, 신의 도움이었을까, 어찌어찌 시험 종료까지 2분이 남은 시점에 그 문제까지 풀 수 있었다. 확실하게 두 문제를 풀었으니 가벼운 마음으로 남은 두 문제를 찍고 답안을 제출했다. 이번 시험 어려웠으니 두 개쯤은 틀려도 문제없을 거라는 자기합리화를 하면서 말이다.

그리고 두 번째 선택과목인 생명과학1 시험이 시작됐다. 내가 가장 자신 있는 과목, 시험이 아무리 어려워도 못 푸는 문제가 없었고 지금까지 모든 모의고사에서 1등급이 아니었던 적이 없다. 47점 아래로 떨어져 본 적이 단 한 번도 없었다. 마지막 시험이라 그런 것일 수도 있겠지만 생명과학1은 수능 시험장에서 가장 편안하게 푼 과목이 아니었나 싶다. 그냥 '실수만 하지 말자, 침착하게 문제만 제대로 읽자'는 마음 하나로 시험을 시작했다. 생명과학1에서 나오는 말장난 정도는 가볍게 간파할 수 있을 것 같은 자신감이 있었다. 한 문제 한 문제를 풀면서, 어렵게 느껴지는 문제는 단 하나도 없었다. 그동안 수없이 많은 훈련을 해왔기에 문제 곳곳에 숨어 있는 함정들도 모두 간파해냈다. 항상 '망할 수가 없는 시험'이라 생각해왔던 시험을 막힘없이 푸니 마음이 정말 편안했다. 생명과학1의 '최종보스' 유전 문제는 조금 어려웠다. 사실 그동안 봐왔던 모든 유전 문제를 통틀어서 가장 어려웠던 문제였다. 그렇지만 그 문제마저 침착하게 풀어냈고, 문제를 처음부터 다시 검토한 뒤 남은 5분 동안 창밖을 보며 우수에 빠져 있었다. 시험이 끝났다. 막상 시험이 끝나고 나니 기쁘지도, 즐겁지도 않았다. 그냥 '아 끝인가?' 하는 생각이었고 아무런 감정도 없었다. 그저 집에 가고 싶은 생각뿐이었다. 시험 잘 봤구나 하는 약간의 기쁨과 안도, 확신이 있었지만, 과학탐구까지 모든 시험을 끝낸 시점에서 혼자 기뻐하기에는 몸이 너무 지쳐 있었다.

057

과학탐구를 꿰뚫는 키워드가 있나요?

★★★★★　　정성과 정량의 사고방식을 기억하라

과학탐구를 꿰뚫는 2가지 키워드는 정성과 정량의 사고방식이다. 정성적 사고방식이란 어떤 사물에 대한 성질을 탐구하는 것이다. 반면, 정량적 사고방식이란 어떤 사물에 대한 양적인 측면을 탐구하는 것이다.

물리를 예로 들어보자. 물체 A는 물체 B보다 빠르다. 이는 정성적 사고방식이다. 물체 A는 물체 B보다 12m/s 빠르고, 3초 동안 30m를 더 많이 이동했다. 이는 정량적 사고방식이다. 과학탐구의 핵심은 '무엇이', '얼마나'이다. '무엇이'에 해당하는 것이 정성적 사고방식이고, '얼마나'에 해당하는 것이 정량적 사고방식이다.

화학을 한마디로 요약하자면, '어떤' 반응이 '얼마나' 일어났는지를 연구하는 것이다. 중화반응이 일어났다. 그렇다면 얼마나 많은 양이 반응했는가? 이것이 시험 문제에 나온다. 개념 암기는 정성적 사고에 해당한다. 식을 통한 계산은 정량적 사고에 해당한다.

생명과학에도 적용 가능하다. '어떤' 현상이, '얼마나' 유전이라는 현상이 발생했는가? 그럼 얼마나, 누구에게 발생했는가를 묻는다.

지구과학 역시 예외는 아니다. 행성이 움직였는가? 그렇다면 어느 방향으로 얼마만큼 이동했는가. 그것을 묻는 것이 시험 문제이다.

정성과 정량의 프레임을 숙지한다면, 과학탐구 영역 공부를 하는 데 수월하다.

과학탐구 2과목 선택해도 되나요?

★★★★★　　서울대나 카이스트 진학을 목표로 하는가?

과학탐구 2과목은 1과목에 비해 응시자도 적고, 개념의 양이 많고 어려우며, 문제도 복잡하다. 우스갯소리로 과학탐구 2과목에서 좋은 성적을 받기 위해서는 과학탐구 1과목보다 2배 많은 노력을 쏟아부어야 한다는 소리가 나올 정도다. 그럼 이렇게 힘들고 어려운 과목을 누가 선택해서 응시하는가? 모든 학교가 그런 것은 아니지만, 서울대나 카이스트에 정시로 지원하기 위해서는 과학탐구 2과목을 반드시 응시해야 한다. 따라서 보통 입시의 목표가 서울대나 카이스트에 맞춰져 있는 최상위권 학생만 과학탐구 2과목을 선택하는 편이다.

그렇다면 지원 자격을 얻는 것 외에 과학탐구 2과목을 선택했을 때 얻을 수 있는 다른 장점은 무엇이 있을까? 먼저, 논술 공부할 때 도움을 많이 받는다. 대부분 학교들은 수능이 끝나고 논술 시험을 실시하는데, 논술 문제에는 과학탐구 2과목을 알면 쉽게 풀리거나, 시험 문제 자체가 과학탐구 2과목 내용인 경우도 있다. 또한, 대학에 진학했을 때 교양 과목을 좀 더 수월하게 공부할 수 있다. 나는 수능 때 화학2에 응시해서 1등급을 받고 대학에 진학해 일반화학 교양 과목에서 A⁺를 쉽게 받았는데, 마찬가지로 물리2를 응시했던 학생들도 대부분 일반물리학에서 높은 점수를 받는 것을 볼 수 있었다.

그러나 서울대나 카이스트 진학을 진지하게 고민하는 학생이 아닌 이상, 과학탐구 2과목 선택을 추천하지는 않는다. 과학탐구 2과목 선택 시 수험생 본인의 성적에 대한 충분한 이해가 필요하다. 만일 수험생의 국영수와 같은 주요 과목 성적이 안정적인 1등급이 나오지 않는다면 과학탐구 2과목은 선택하지 않는 것을 추천한다. 물리나 화학에서도 그 과목을 정말 좋아하는 학생들이 그저 자신의 흥미만을 따라서 2과목을 선택하기도 한다. 하지만 물리2나 화학2는 개념이 어렵고 오개념이 생기기 쉬우며, 특히 계산이 많아서 수학 한 과목 더 응시한다는 생각으로 공부해야 한다.

게다가 과학탐구 2과목은 과학탐구 1과목에 비해 입시에서 유리한 점이 적다. 과학탐구 2과목 응시가 정시 지원 자격이 아닌 대부분 대학들은, 과학탐구 2과목 응시에 대해 가산점을 부여하지 않는다. 즉, 2과목이나 1과목이나 서로 같은 선상에서 평가된다는 것이다. 그렇다면 과학탐구 2과목은 1과목에 비해 경쟁력이 있는가? 2016학년도 물리2는 만점자가 13%였고, 만점 표준점수가 가장 낮은 과목이었으며, 2등급 과목이 통째로 증발해서 48점의 백분위가 87, 47점의 백분위 83이었다. 50점 백분위는 고작 94였으나 생명과학1은 47점까지 백분위가 100이었다. 물리2에서 만점을 받아도 물리1에서 43점을 받는 것보다 낮은 백분위였던 것이다. 많은 상위권 대학이 과학탐구 평가에 백분위를 반영한다는 점을 고려하면, 이것이 백분위 99 혹은 100을 받은 수험생에 비해 얼마나 뒤처지는 것인지 잘 생각해보자.

059

과학탐구 1과목 선택 팁

★★★★★ 　자신에게 맞는 과목을 택해라

많은 학생들이 선택하는 무난한 1과목을 먼저 다뤄보겠다. 우선, 제시하는 질문에 답해보라.

1. 어렸을 때부터 꾸준히 화학을 공부해왔는가?
2. 화학 관련 경시대회에서 수상 경력이 있는가?
3. 다른 과목에 비해 화학에 대한 지대한 흥미나 열정이 있는가?

위 3가지 항목 중에서 하나라도 해당하는 사항이 없다면, 화학1은 선택하지 말길 바란다. 화학은 수학과 비슷한 정도의 시간과 노력을 투자해야 높은 점수를 받을 수 있는 어마어마한 과목이다. 다른 과목들과는 비교도 되지 않는 정도의 변수를 가지고 있고, 난이도도 가장 높은 편이다. 국영수에 대한 대비도 제대로 되지 않은 학생이 화학을 선택한다면 수험생활 내내 상당한 고통에 휩싸일 가능성이 크다. 심지어 국영수에 대한 대비가 완벽하게 된 학생들도 화학을 선택해서

애먹는 경우가 많다. 물론 화학에 대한 각별한 애정이 있다거나, 화학에 천부적인 재능이 있는 학생이라면 화학을 선택하는 것도 좋겠지만, 만약 그냥 '주변에서 시켜서', 혹은 '응시 인원이 많아서' 화학을 선택하려 한다면 말리고 싶다. 응시 인원이 많다고 좋은 등급을 얻기 쉬운 것이 아니라, 과목에 관계없이 45~47점을 맞아야 1등급을 받을 수 있는 것이다. 별다른 계획 없이 '대세에 따라' 화학을 선택했다가 낭패 보는 일이 없길 바란다.

이제 두 번째로 제시하는 질문에 대해 답해보라.

1. 당신은 국영수 과목에 대한 대비가 약간 부족하다고 느끼는가?
2. 탐구 과목 하나를 '날로 먹고' 싶은가?
3. 국영수를 공부하느라 수능 날짜가 가까워질 때까지 탐구 과목에 신경 쓰지 못했는가?

위 3가지 중에서 하나라도 동의하는 항목이 있다면 지구과학을 선택하는 것도 생각해보길 바란다. 지구과학은 정말 외운 그대로 점수가 나오는 정직한 과목이다. 그렇다고 외워야 하는 양이 무지막지하게 많은가? 양이 적다고 보긴 어렵지만 다른 탐구 과목에 비해 들여야 하는 노력의 양이 현저히 적은 편이다. 사실상 6개월만 제대로 공부해도 다 맞을 수 있는 거의 유일한 과학탐구 과목이 지구과학이다. 난이도가 쉬운 만큼 1등급 커트라인이 높기도 하지만, 그만큼 누구나 47~50점을 맞을 수 있는 과목이기도 하다. 국영수 모두 1, 2등급권에서 맴도는 상위권 학생이라면, 같은 50점이라도 표준점수나 백분위가 비교적 나쁘게 나오는 지구과학을 선택하는 것이 경쟁력 부분에서 불리한 선택일 수 있다. 하지만 다른 과목에서 쉽게 50점이 나오지 않는 학생이거나 국영수 준비가 확실하게 되지 않은 학생이라면 지구과학은 평생을 두고 자랑스러워할 선택이 될 수도 있다. 재미가 없어서 선택하지 않는 것은 괜찮다고 해도 '지구과학은 공부 못하는 애들이나 고른다'는 편견 혹은 '내 주변에 지구과학을 선택하는 친구가 없다'는 이유로 지구과학을 선택하지 않는 일은 없길 바란다. 주변 사람들이 높게 보는 것은 수능 점수 결과이지, 불필요한 자존심이 아니다.

생명과학과 물리에 대해서는 수험생의 성향에 맞게 선택하면 된다. 속도, 가속도 혹은 힘과 에너지와 같은 고전 역학 파트가 이해하기 어렵다면 물리를 선택하는 것을 추천하지 않는다. 유전 문제가 어렵거나 암기하는 것이 힘든 학생은 생명과학을 피하자. 이 두 과목은 개인의 성향에 따라 선호도가 극명하게 갈리는 과목이기 때문에 남의 추천에 상관없이 본인이 좋아하는 것을 고르는 것이 가장 좋다.

060

문제 비틀기, 말장난 때문에 틀려요

★★★★★ 답지에 나오는 모든 표현을 외워라

수능 공부의 절대적인 기준은 EBS와 평가원이다. 학교 선생님이

나 학원 선생님의 말, 사설 문제집에 나온 그 어떤 말보다 EBS와 평가원의 말이 더 중요하다. 더 극단적으로는 EBS 교재와 평가원 기출 문제에 나온 것만이 진실이라고 생각하면 된다. 수업 시간에 배운 내용과 수능 공부하면서 알게 된 내용이 서로 충돌한다면, 내신 대비하면서 배웠던 내용은 모두 거짓이라고 가정하고 《EBS 수능특강》에 나온 개념과 문제들을 위주로 외우길 바란다.

수능 대비를 할 때도 답지에 나오는 표현을 모두 외우는 것이 좋다. 여기서 답지란 특히 집중해서 봐야 하는 개념을 다른 말로 표현한 것이다. '고산지대에는 산소가 부족하다'라는 말을 '고산지대에 사는 사람은 적혈구의 수가 적다'라는 식으로 표현한 것들 말이다. 생명과학1 문제를 실수 없이 풀기 위해서 문제 핵심을 파악하는 것만으로는 부족하다. 같은 현상을 표현할 수 있는 모든 경우를 외우는 것이 실수를 줄이고, 변수를 없애는 가장 효과적인 방법이다.

수능 문제들은 모두 객관식이며, 문제 유형이 어느 정도 정형화돼 있다. 암기해야 하는 내용이 많은 생명과학1과 지구과학1에서 변별력을 높이는 요소는 '보기 비틀기'다. 아무리 쉬운 개념을 사용한 문제라도 알게 모르게 말을 조금만 바꾸면 오답률은 상당히 높아질 수 있다. 대표적인 몇 가지 방법은 아래와 같다.

주체와 객체 바꾸기

'(가)는 (나)에 대해', 혹은 '(가)보다 (나)는' 같은 지문에서 (가)와 (나)를 혼동하지 않도록 주의해야 한다. 서술어만 보고 빠르게 판단하지 말고 (가)와 (나)가 무엇인지 똑똑히 확인해야 한다.

조사

'……만'이나 '……도' 같은 조사가 쓰인 지문은 다시 한 번 보는 것이 좋다. 아무리 맞는 것 같은 지문일지라도 알고 보면 틀렸을 가능성이 상당히 높다. 특히 '……만'이 쓰인 지문들은 대부분 틀릴 것이라는 생각을 가지고 문제에 접근하는 것이 좋다.

A는 맞고 B는 틀린 문장

문제의 지문들 중에서 'A이고 B이다' 같은 지문이 나오면 A와 B가 모두 맞는지 반드시 확인해야 한다. 성급하게 A만 본 후 지문 전체가 맞았다고 여기는 실수를 범하지 않도록 하자.

'아니다', '않은 것은?'

의외로 정말 놓치기 쉬운 부분이다. 쉬운 문제일수록 이런 것들을 제대로 확인하지 않고 빨리 넘어가는 경우가 많다. 막힘없이 풀린다고 해도 다시 한 번 꼼꼼하게 확인해보자.

말 바꾸기

쉬운 개념을 표현만 약간 다르게 해 어렵게 보이도록 한 문제들이 많다. 문제를 외워야 한다고 주장한 이유는 바로 이 유형에 대비하기 위해서다. '생소해 보이는 것'이지만 사실은 쉬운 문제라는 것을 염두에 두고 문제에 접근하도록 하자.

수능 공부를 하다가 이런 것들 때문에 틀린 문제들이 있다면 잔실수로 인한 오답이라고 가볍게 여기지 말길 바란다. 잔실수도 결과적으로 보면 오답이다. 더 중요한 것은, 실수도 결국은 '실력'이다. 내가 어떤 실수를 했는지, 왜 틀렸는지 꼼꼼히 확인하고 그 문제를 여러 번 풀어보라. 지구과학1, 생명과학1의 점수를 좌우하는 가장 큰 변수는 '개념을 까먹어서'가 아닌 '실수'로 포장된 부족한 '실력'이다.

061

암기할 게 없어서 더 어려운 물리, 어떻게 접근해야 하나요?

★★★★★ 물리 공부의 3단 구성
—구성 파악, 개념 이해, 문제 풀이

물리 과목을 공부하는 데에 있어서는 단원의 구성 파악, 개념 이해, 그리고 문제 풀이 이렇게 3가지만 정확히 숙지하면 된다.

먼저 단원의 구성을 파악한다는 것은 단원을 구성하는 개념 사이 관계를 이해한다는 것을 의미한다. 한 단원 내에 A, B, C 내용이 있을 때, 왜 A 다음에 B가 등장하는지, 왜 그 다음에 C가 배치됐는지 생각해봐야 한다. 모든 물리 단원의 내용 전개 방식은 다음 2가지 종류로 분류할 수 있다. 첫 번째로 A, B, C 내용을 전개하는 데 있어 순차적인 이해가 필요한 경우가 있다. C개념이 등장하기 위해 A, B에 대한 이해가 선행돼야 하는 경우를 말한다.

두 번째 방식은 견주기이다. 견주기란 비교, 대조를 포괄하는 말이다. 즉, 한 단원에서 A와 B가 등장했는데, 이들이 서로 같은 기준에 의해 비교, 대조 가능한 개념인 경우가 견주기이다.

단원 구성에 대해 2가지 종류로 구분하고 난 뒤, 개념에 대한 완벽한 이해가 필요하다. 개념 이해는 암기를 기본으로 한다. 암기해야 할 대상은 '식을 통해 등장하는' 개념과 '식 없이 등장하는' 개념 2가지다. 편의상 전자를 식으로, 후자를 단순 지식으로 지칭하겠다. 이때 식을 통해 좌변과 우변을 비교해 그 관계를 알아가야 한다. 물리의 개념, 즉 식과 단순 지식을 공부할 때 항상 유념해야 할 것은 not A but B이다. 예를 들어 하나의 물리적 성질에 영향을 주는 요소가 하나 이상일 경우가 있다. 이때는 영향을 주는 요인들 사이의 관계에 대해 숙지해야 하며, 모든 요인을 고려해야 한다.

암기할 때는 아무 생각 없이 넘어가도, 막상 문제를 풀기 시작하면 헷갈리고 망설여지는 보기가 많이 등장한다. 결과가 A인줄 알았는데, 알고 보니 B인 경우가 오답으로 자주 출제된다. 주의하자.

이제 문제 풀이에 대해 살펴보자. 문제 풀이를 할 때 제일 중요한 것은 문제에서 이야기하는 대상이 무엇인지 확인하는 것이다. 문제에서 주인공으로 등장하는 대상이 1개인지 2개 이상인지 파악하는 것은 매우 중요하다. 대상이 1개일 때, 문제의 상황을 2가지로 나누어 볼 수 있다. 식(개념)을 활용해 '(좌변)=(우변)'의 계산을 하는 것, 그리고 어떤 대상이 변화하는 과정에 대해 각 상황별로 비교, 대조하는 것이다. 만약 대상이 2개 이상이라면, 문제는 그 둘 이상의 비교, 대조를 요구한다.

식을 통해 드러나는 개념을 묻는 경우에는 3가지 능력이 필요하다. 식에 들어갈 조건을 찾아내는 능력, 식을 암기하는 능력, 그리고 정확한 계산 능력이다. 많은 학생들이 물리를 어려워하는 이유는 식에 필요한 조건을 찾는 과정이다. 진부하게 들리겠지만 문제 속에 답이 있다는 말은 물리에 가장 잘 들어맞는다. 평소 문제를 꼼꼼히 읽고 식을 정확히 암기하는 습관을 들이자. 여기서 정확히 암기할 때 중요한 것은 단위에 신경 쓰는 것이다. 많이들 식의 좌변과 우변에만 집중한다. 하지만 각 물리량의 단위를 맞춰보는 연습이 필요하다. 단위는 각 물리량이 어떻게 정의됐는지에 대한 정보를 가지고 있기 때문이다.

대상이 1개이든 2개이든 비교, 대조를 묻는 문제에서 파악해야 할 것은 2가지이다. 비교, 대조의 '기준'과 '대상'들. 이 2가지에만 초점을 맞춘다면 문제 풀이가 수월해진다. 많은 학생들이 A, B, C 혹은 (가), (나), (다)가 등장하는 문제에서 실수를 한다. 절대 당황하지 말고 먼저 무엇과 무엇을 비교하는 문제인지 살펴보자. 그 다음으로는 무엇을 기준으로 즉 어떤 물리량을 기준으로 비교 혹은 대조하는지 살펴보자. 마지막으로 중요한 것은 보기 중 'A가 B보다 작다'와 같은 문장이다. 비교격조사 '보다'와 동사 '작다'를 읽으며 실수하지 않도록 주의하자. 다음은 수험생들이 이런 학습법을 활용할 수 있도록 위에서 말한 것들을 보기 쉽게 정리한 내용과 문제 풀이에 어떻게 적용하는지를 보여준 예시다.

1. 단원 구성

순차적 구성 (A-B-C)

A를 이해해야 B를 이해할 수 있고, A, B 내용을 바탕으로 C개념이 등장한다.

견주기 구성 (A VS B)

2가지 이상의 비교, 대조 가능한 개념이 등장한다.

2. 개념 이해

기본 학습법

식(개념) 암기, 지식 암기

암기할 때 마음가짐

'A인줄 알았는데, B이네.'

3. 문제 풀이

일반 상황 분석 유형

대상이 '하나'라면 '조건'을 찾고, 대상이 '여러 개'일 경우 '기준'을 찾는다.

A, B, C, D/(가) (나) (다) 유형

변화 과정 또는 대상이 여러 개일 경우 '기준과 대상' 을 견준다.

그래프 또는 그림 유형

조건 찾기, 기준 찾기, 과정 인지, 확인 순으로 풀이한다.

식을 활용한 문제 풀이 유형

조건 찾기, 식(개념) 암기, 계산 순으로 풀이한다. 이때, 대상이 1개이면 '(좌변)=(우변)'을 대입한다.

예시1)

t=0일 때, 2m/s로 운동하던 자동차가 등가속도 직선 운동하여 t=5일 때, 속력이 12m/s가 되었다.

이 문제는 전형적으로 대상이 1개인 (좌변)=(우변) 카테고리에 속한다.

예시2)

질량이 2kg인 물체가 P지점을 v의 속력으로 통과하여 곡면을 따라 운동하여 R지점을 3m/s로 통과하는 것을 나타낸 것이다. P와 Q지점 사이의 높이는 2m이고, P에서 Q까지 운동하는 동안 물체의 운동에너지 변화량은 Q에서 R까지 운동하는 동안 중력에 의한 퍼텐셜 에너지 변화량의 1/2배이다.

이 문제 상황은 대상과 변화 과정이 1개인 풀이 방법과 (좌변)=(우변)의 풀이 방법이 혼합된 문제이다.

예시3)

그림 (가)와 (나)는 각각 천체 A와 B의 지표면에 정지해 있는 동일한 우주선 안에서 철수와 민수가 벽에서 지면과 수평인 방향으로 방출된 빛이 진행하는 경로를 관찰한 것이다.

이 문제 상황은 대상이 2개 이상이므로 견주기, 다시 말해 비교와 대조의 카테고리에 속하는 문제이다.

062

화학1 고난이도 문제 어떻게 풀까요?

★★★★★ 수학 문제를 풀듯 식을 쓰고, 빠르게 풀어내라

화학1에서 가장 어려운 문제는 주기율과 오비탈 범위에서도 출제되지만 주로 양적관계와 중화반응에서 출제된다. 2가지 유형은 문제 푸는 요령도 중요하고 속도도 중요하다. 요령은 본인이 풀면서 자연스럽게 익힐 수 있지만, 아무리 해도 잘 모르거나 감이 안 잡히고 속도가 안 나면 문제 풀이 인터넷 강의를 이용하는 것도 도움이 된다. 사실 개념은 크게 어렵거나 주의해야 할 것이 많지 않다. 다만 수학 문제 풀듯 식을 쓰고 빠르게 풀어내는 것이 중요하다.

중화반응은 말 그대로 산과 염기가 반응해 중화되면서 열과 물을 발생시키는 반응인데, 가장 중요한 것은 '한계반응물'을 찾는 것이다. 염기성과 산성 물질이 반응할 때, 특히 3종류 이상의 물질이 반응하게 되면, 각각의 반응 중에 한계반응물이 되는 물질을 찾는 것이 급선

무이다. 모든 반응의 기준은 한계반응물이 결정하며, 알짜이온반응은 전부 한계반응물이 정하는 만큼 반응한다.

양적관계도 마찬가지로 한계반응물을 찾는 것이 중요하다. 주로 탄화수소 화합물이나 포도당연소반응, 리비히 CHO 원소 분석 실험 등이 출제된다. CHO 원소 분석 실험 시, 반응물 속에 원래 산소 원자가 포함되는지 안 되는지 주의해야 하며, 본인이 구한 식은 특별히 질량과 분자량/화학식량이 주어지지 않은 이상은 실험식량임을 주의해야 한다. 이외에 응용되는 부분은 본인이 공부해서 습득해야 한다.

양적관계와 중화반응은 앞서 말했듯이 가장 난이도가 높은 부분이다. 처음 원론적인 이야기기만 들었을 때는 '뭐가 어렵다는 거지? 이렇게 이해가 잘 되는 걸'이라고 생각할 수도 있다. 사실 수학도 공간도형이나 벡터, 확률의 개념은 별거 없다. 항상 주지해야 할 점은 개념이 쉬워도 응용하면 어디로 튈지 모른다는 것이다.

틀린 문제를 마주하거나 어려운 문제를 마주했을 때, 시간을 두고 차분히 생각해보도록 하자. 가급적이면 답지를 보지 않고 푸는 연습을 하도록 하자. 어려운 문제가 나와서 안 풀리는 경우 일단 넘어가고 다른 문제를 풀고 돌아오자. 그러고 나서 문제를 다 풀고 안 푼 문제를 확인하면서 다시 검토해보자. 그럼 '내가 왜 이걸 못 풀었지?'란 생각이 들면서 큰 어려움 없이 풀 수 있을 것이다. 만약 이렇게 해서도 풀지 못했다면, 그땐 해설을 보자. 그냥 '아, 이렇게 풀면 되는 거였네.' 하고 따라하는 데서만 그치지 말고, 어느 부분이 부족했던 건지, 부족한 부분을 메우기 위해 어떻게 해야 하는지, 다른 과목을 공부할 때는 이런 부족한 부분이 생기지 않도록 어떻게 대비해야 하는지, 다른 연관된 단원에서도 구멍이 있지는 않은지에 대해서 생각해보자.

063

생명과학에서 유전만 나오면 틀려요

★★★★★ 비율을 이용해 연관군을 파악하라

멘델의 유전법칙, 사람의 유전병 유전 등 생명과학1에서 1등급을 가르는 고난이도의 문제들. 이 문제들만 보면 손발에 땀이 나고 가슴이 답답해지는 학생들이 있을 것이다. 평가원은 왜 이런 문제를 내는가? 나는 왜 이런 것들을 알아야 하나? 학생들의 머릿속에 가득 찬 여러 불평에도 불구하고, 야속하게도 평가원은 마음을 바꿀 생각이 전혀 없다. 두려움에, 유전을 다 버리고 나머지를 다 맞는 전략을 세우자니, 그렇게 하면 다 맞아봐야 40점가량밖에 되지 않는다. 어떻게 해야 하지? 생명과학1에서 유전 문제는 마치 게임의 '최종보스'와도 같다. 도망칠 수 없다. 맞서는 수밖에는 없다. 그렇다면, 어떻게 맞서는 게 가장 효과적인 공략법일까?

학생들이 어려워하는 유전 문제는 크게 2가지 유형이 있다. 첫 번째로는 멘델의 유전법칙을 다룬 문제, 그리고 두 번째는 사람의 유전, 유전병을 다룬 문제이다. 우선, 멘델의 유전법칙을 다루는 문제들에 대해서 알아보자. 이런 문제를 읽고 나서 가장 먼저 해야 하는 것은 어떤 유전자가 서로 연관돼 있는지 파악하는 것이 핵심이다. 그리고 연관군을 파악하는 데 가장 효과적인 방법은 '비율'을 이용해 알아내는 것이다. 충분한 연습이 돼 있다면 문제를 보고 나서 생각해보는 것도 괜찮긴 하다. 하지만 각 경우에서 나올 수 있는 자손 수의 비율을 공부할 때, 아예 외워버리는 것도 상당히 효과적인 방법이 될 수 있다.

예를 들어 자손의 유전자형 비율이 A_B_:A_bb:aaB_:aabb=2:1:1:0일 때, 나올 수 있는 부모의 유전자형은 A, B 유전자에 대해서 부모 둘 다 상반 연관돼 있는 경우, A, B 유전자에 대해서 한 부모는 상인 연관, 한 부모는 상반 연관돼 있는 경우, A, B 유전자에 대해서 한 부모는 독립, 한 부모는 상반 연관돼 있는 경우, 이렇게 3가지 경우가 존재한다는 것을 아예 외워버리는 것이다.

대립 유전자가 3쌍 이상 나오는 복잡한 문제는 대립 유전자 2쌍씩 서로 비교하는 것으로 비교적 쉽게 접근할 수 있다. 예를 들어 A, B, C 이렇게 3개의 대립 유전자가 주어졌다면 자손들의 A와 B 유전자 개체 비율을 먼저 분석하고, 그 다음 A와 C를, 그 다음 B와 C를, 이렇게 차례대로 분석해가면서 어떤 유전자가 서로 연관돼 있는지 알아내는 것이 효과적인 방법이다.

두 번째로 사람의 유전병을 다룬 문제에 대해 알아보자. 유전병을 다루는 문제의 풀이 핵심은 '가계도'이다. 이런 문제의 경우에 문제를 읽고 가장 먼저 해야 하는 것은 그 유전병이 '성염색체 유전병이 될 수 있는가?'이다. '만약 이 유전병이 성염색체 유전병이라면 가계도에 나타난 양상처럼 병이 유전될 수 있을까?' 그 질문의 답이 No라면 상염색체 유전병이라 생각하고 풀면 되고, Yes라면 상염색체와 성염색체 2개의 가능성을 모두 열어둔 채 풀면 된다. (문제에 별다른 언급이 없는 한) 그렇게 유전병의 종류를 알았다면 다음 단계는 분석이다. 모든 문제에는 유전자형이 불확실한 사람이 반드시 나온다. 이때, 불확실한 사람의 계보를 거슬러 올라갔을 때 '유전자형을 모르는 사람 중 가장 윗세대'가 가질 수 있는 유전자형을 모두 생각해보고, 각각의 경우가 주어진 가계도에 부합하는지, 또 그렇게 될 확률은 얼마인지 생각해보는 것이다.

예를 들어, 어떤 우성 유전병에 대해서 영희의 할아버지가 유전병 A를 가지고 있다고 나온 문제가 있다고 생각해보자. 이때, 영희의 할아버지의 유전자형이 AA라도 오류가 없는지, 혹은 Aa라도 문제가 없는지를 가장 먼저 확인해봐야 한다.

여기까지 다 구했다면 이다음부터는 문제가 원하는 대로 풀기만 하면 된다. 문제가 요구하는 사람의 유전자형을 탐색해보고, 문제가 요구하는 사람이 유전병에 걸릴 확률은 얼마인지 알아보고, 문제에 맞춰서 답을 구해가면 된다. 여러 유전병이 합쳐서 나오는 복잡한 문제는 유전병을 하나씩 생각해 푸는 것이 혼란을 방지하는 좋은 방법이다. 이 경우 각 유전병마다 가계도를 다시 그려보는 것도 하나의 방법이 될 수 있다.

064

사회탐구 영역 시험 볼 때—보고 난 후 느낌

★★★★★　　믿는 도끼에 찍힌 발등

　　나는 사회탐구 영역에서 세계지리와 사회문화 과목을 응시했다. 이번 시간만 마치면 드디어 집에 갈 수 있다는 설렘으로 첫 번째 과목인 세계지리 시험지를 받았다.

　　세계지리는 모의고사 때마다 2개 이상 틀려본 적이 없기 때문에 고득점에 대한 확신이 있는 과목이었다. 하지만 수능 당일 세계지리 시험지를 받았을 때, 말도 안 되는 난이도에 당황할 수밖에 없었다. 수능 시험은 세계지리에 대한 공부가 이미 '완벽'에 가깝다는 생각을 가차 없이 깨뜨려버렸다. 푸는 과정에서 별표시를 하고 넘어가는 문제들이 많았고, 시간이 남기는커녕, 검토하는 마지막 순간까지 긴장의 끈을 놓을 수 없었다.

　　사회문화 시험지를 받았을 때는 세계지리로 당황했던 마음을 다잡을 수 있다. 쉬운 난이도 덕분에 막힘없이 문제를 풀어가면서도, 동시에 한 문제라도 실수하지 않기 위해 노력했다. 아무래도 제2외국어를 응시하지 않는 나에게 사회문화는 전체 수능을 마무리하는 과목이었기 때문에 마지막 순간까지 집중력을 잃지 않으려고 최선을 다했다.

　　사회탐구 시험을 마치고 나서는, 사실 나에게 몇 년간 스트레스를

줬던 수능이라는 존재가 사라져버렸다는 사실이 믿기지 않았다. 그래서인지 기쁘지도 슬프지도 않고 그저 멍했다. 집에 와서도 사회탐구의 가채점표를 작성하지 못해 채점을 정확하게 하지 못했다. 사실 모의고사 성적에 미치지 않는 결과를 얻어 아쉽기는 했지만, 그래도 크게 후회는 없다.

065

한국사능력검정시험이 도움이 되나요?

★★★★★　최소한의 노력으로
취득할 수 있을 때만 도전하라

단순히 한국사능력검정시험 취득이 합격 여부에 직접적인 영향을 준다고 할 수는 없다. 한국사능력검정시험 자격증은 생활기록부에 기재할 수 있는 사항이 아닐뿐더러, 이를 활용할 수 있는 수시 전형도 많지 않기 때문이다.

그렇다면 이번에는 한국사능력검정시험 자격증을 활용할 수 있는 고려대 국제 인재 전형이나 연세대 특기자 전형에 응시한다고 생각해봐라. 고려대 경영학과를 국제 인재 전형으로 지원한 학생이 한국사능력검정시험 1급을 증빙자료로 제출했다는 상황을 가정해보겠다. 경영대 지원 학생이 한국사 자격증을 땄다고? 필자가 봤을 때, 이 자료가 줄 수 있는 효과는 '오, 이 친구 한국사도 열심히 했네?'가 전부다.

즉, 한국사능력검정시험을 정리하자면 다음과 같다. 도움이 안 되는 것은 아니지만, 그 자격증 때문에 대학이 결정되지는 않는다. 그렇다면 전략적으로 사고해야 한다. 최소한의 노력으로 자격증을 딸 수 있다면 당연히 도전해볼 만하다. 하지만, 이를 위해 한두 달이 넘는 시간을 심도 있게 투자해야 한다면 어떠한가?

나는 딱 하루 공부하고 시험을 봐서 자격증을 땄다. 실제로 고려대 국제 인재 전형에도 제출했다. 하지만 이는 하루만 투자해서 자격증을 딸 자신이 있었기 때문이다. 한국사능력검정시험은 상위권 학생들에게 지금 내가 말한 딱 이만큼의 무게로 다가온다. 이 때문에 한국사능력검정시험 1급 자격증을 거창한 스펙이라 착각한다면 곤란하다.

즉, 3학년 때 수능 한국사를 볼 생각이 있어, 공부를 미리 심도 있게 해놓은 학생이라면, 가볍게 한국사능력검정시험에 도전해보는 것이 나쁘지 않다. 그러나 국영수같이 보다 중요한 과목을 다 공부하지 않았다면, 한국사능력검정시험은 과감하게 버려두고, 부족한 과목의 실력을 채우도록 하자. 심지어 한국사능력검정시험은 수능 한국사보다도 공부량이 훨씬 많다. 전근대사 부분 내용이 더 방대하기 때문에, 기본기가 없는 초짜가 이 자격증의 힘을 오인해 매진한다면, 힘들게 딴 자격증의 덕을 보지도 못한 채, 중요한 것을 놓쳐 도리어 화를 불러올 수 있다.

따라서 중요한 국영수를 우선순위로 공부하되, 이미 한국사 지식이 어느 정도 쌓여 있어 최소한의 노력으로 자격증을 취득할 수 있다면, 그때 한국사능력검정시험에 도전해보도록 하자.

066

사회문화 과목에서
도표만 나오면 틀려요

★★★★★ 미리 다양한 유형의 도표 문제를 접하고,
침착함을 유지해라

도표 문제의 대표적인 유형으로는 세대 간 이동 도표와 도시와 농촌 도표 비교 문제가 있다. 도표 문제는 모의고사에서든 수능에서든 대부분 가장 높은 오답률을 자랑한다. 여기에는 3가지 이유가 있다.

첫째로 도표 문제는 항상 20번 문제로 배치돼 있다. 가뜩이나 함정이 많은 사회문화 문제들인데 시간이 부족한 상태에서 도표 문제를 풀게 된다면 틀릴 가능성이 높을 수밖에 없다.

두 번째 이유는 도표 문제가 사회문화에서는 드문 계산 문제이기 때문이다. 그렇기 때문에 도표 문제를 푸는 요령이 필요하다. 도표 문제를 푸는 요령에는 먼저 공간이 많은 빈 종이에 그래프를 그려보는 것이다. 그렇게 먼저 그래프를 해석하고 필요한 빈칸을 채운 후에 문제에 접근해야 한다. 한 가지 유의해야 할 점은 계산 실수를 하면 안된다는 것이다.

마지막 이유는 도표 문제에도 함정이 있을 확률이 높기 때문이다. 보기에 함정이 있을 수도 있고 아예 보기 자체가 해석하기 어려운 말일 수도 있다. 미리 도표 유형을 많이 연습하고 여유 있게 시간을 두고 침착함을 유지하는 것이 중요하다.

도표 문제 풀이의 핵심은 바로 분석력이다. 이를 위해서는 도표에 나타나 있는 수많은 정보를 하나의 표로 정리하는 방법이 좋다.

예를 들어 도표 문제 중 계층 문제의 경우 아래와 같이 도표를 그려서 세대 간 이동 비율이 얼마인지, 계층 일치 비율이 얼마인지 쉽게 판단할 수 있다. 또 어려운 문제인 상대적 빈곤율과 절대적 빈곤율 같은 문제는 평행선을 하나 그려서 거기에 비율을 표시해가며 푸는 것이 좋다.

자식 부모	상층	중층	하층	합
상층				
중층				
하층				
합				100

사회문화 과목 단원별 접근법

사회문화 현상의 탐구

이 단원의 대표적인 개념들로는 자연 현상과 사회문화 현상의 차이, 사회문화 현상을 보는 관점, 연구 방법, 자료 수집 방법 등이 있다. 이 내용들은 매우 기본적인 내용이며 이 개념들을 바탕으로 출제되는 문제 또한 어려운 유형이 아니다. 기본적으로 개념에 대한 질문을 하기 때문에 함정을 피해서 지문을 잘 해석하고 해당 개념을 숙지한다면 어렵지 않게 넘어갈 수 있을 것이다.

개인과 사회 구조

이 단원에서는 개인과 사회의 차이에 대해서 알아본다. 여러 가지

관점과 일탈 이론, 사회 집단의 분류, 그리고 관료제와 탈관료제가 주요한 개념들이다. 마찬가지로 주로 개념을 물어보는 문제들이 많이 출제된다. 지문과 보기를 볼 때 팁을 주자면 보기에서는 개념들이 한끝, 한 단어 차이로 변형되는 경우가 많다. 그렇기 때문에 사소하고 구체적인 부분까지 개념을 완벽하게 숙지할 필요가 있다.

문화와 사회

문화의 의미와 속성, 문화 이해의 관점과 태도, 그리고 문화의 변동과 다양성이 주요한 개념들이다. 이 단원에서는 여러 가지 속성들을 외워야 한다. 기본적으로 외우라는 말을 반복하고 있지만 사회 과목 특성상 기존에 있는 개념들을 있는 그대로 낼 수밖에 없기 때문에 사회문화 과목에서 고득점을 받는 가장 확실한 방법은 암기밖에 없다.

사회계층과 불평등

사회 이동과 사회계층 구조, 그리고 사회복지와 복지제도에 관한 개념이 나오는 단원이다. 이 단원은 가장 중요하면서도 가장 어려운 단원이라고 할 수 있다. 도표 유형으로 주로 출제되는 단원이 바로 이 사회계층에 대한 개념이기 때문이다. 여기에서 나오는 보기들은 주로 도표를 해석해야 하는 문제들이 많이 나오기 때문에 계산이 필요하다. 수학 퍼즐 '스도쿠'처럼 빈칸을 채우면서 도표를 완성한다면 그 이후에는 비교하면서 답을 찾을 수 있을 것이다.

067

생활과 윤리 과목에서
이론과 사상가들이 많아서 헷갈려요

★★★★★ 꼼꼼함이 고득점을 결정짓는다

흔히 학생들이 생활과 윤리 과목을 중학교 때 배운 도덕 과목이라고 생각하는데, 이는 일부 맞기도 하지만 일부는 잘못된 생각이다. 왜냐하면 기본적으로 도덕이라는 개념이 적용된 사례가 포함돼 있는 것은 사실이지만 대부분 영역은 이론이기 때문이다.

이에 따라서 생활과 윤리를 공부할 때 이론을 헷갈리지 않게 명확히 공부하는 것이 중요하다. 많은 사상가들의 이름이 등장하는 것은 물론이고 그들의 이론이 비슷한 경우가 많아 혼동이 잦은 과목이 생활과 윤리이다. 이론과 그에 해당하는 학자를 정확하게 알고 있지 못하면 쉽게 함정에 걸릴 수 있다. 이 때문에 이론을 정확하게 알고 있지 못하면 적용은 물론이고 단순한 '인물과 주장을 연결하는 문제'도 틀릴 가능성이 있다. 따라서 필자는 개념 강의를 듣고 난 후 나만의 개념노트를 만들어서 각각의 이론과 기억해야 할 인물을 따로 정리해뒀다. 특히 헷갈리는 부분들은 포스트잇에 정리해 독서실 책상에 붙여놓았다. 그리고 공부가 안 되거나 짬을 내어 쉴 때마다 붙여놓은 것을 잠깐씩 보며 개념을 되짚곤 했다. 이론노트로는 휴대가 편한 작은 사이즈의 스프링노트를 활용했다(항상 고민거리가 탐구 과목이었기 때문에, 이동 시간 등 자투리 시간이 생기면 주로 탐구 과목을 공부했다).

또한 생활과 윤리 모의고사는 주로 한 글자, 한 단어의 차이로 정답과 오답이 결정되는 경우가 많다. 선택지의 중간까지는 맞는 이야기를 하더라도, 막판에 다른 내용을 넣어서 오답 선지를 만든다. 이는 생활과 윤리의 내용 자체가 쉽기 때문에, 학생들 간의 변별력을 강화하기 위한 출제자의 의도가 아닌지 조심스레 예상해본다. 이런 시험의 특성 때문에, 이론 공부를 한 후, 문제를 많이 풀어보고, 오답 분석을 철저히 했다.

생활과 윤리는 어찌 보면 치사한 과목이었기 때문에 무엇보다 오답을 매우 꼼꼼하게 분석했다. 치사하다는 말은, 개념 응용이 아닌 말장난에서 변별력이 갈리는 과목이기 때문에 그렇게 표현한 것이다.

탐구 과목에서 점수를 올리는 것이 절박했던 나는 모든 문제에 있는 선택지에 오답이건 정답이건 간에 근거를 찾으려고 애썼다. 작은 글씨로 어떤 이론이고, 누가 주장했으며, 왜 맞았고 틀렸는지, 맞았다면 어떤 이론가와 비교할 수 있는지 등을 써가면서 문제를 푸는 동시에 다시 개념을 점검했다.

문제의 제시문과 선택지에 대해서 정확한 근거를 댈 수 있는지, 또 그와 관련해 설명할 수 있는지는 해당 주제에 대한 수험생 본인의 노력에 따라 결정된다. 생활과 윤리 과목은 내용이 어렵거나 범위 자체가 많은 것이 아니기 때문에, 많은 학생들이 주요 개념들은 대부분 잘 파악하고 있다. 때문에, 세세한 내용까지 정확히 아는 것이 중요하다. 그래서 모든 문제의 정확한 근거를 설명할 수 있는 것이 중요하다는 것이다.

생활과 윤리 과목에 대해서 가장 강조하고 싶은 부분은 꼼꼼함이다. 결국 고득점을 결정짓는 요인은 그 내용 자체를 알고 있느냐 모르느냐가 아니라, 어느 정도 깊이까지 알고 있느냐이다. 따라서 그저 이론을 전체적으로 잘 이해하고 있다고 해서 공부를 소홀히 하다간 뒤통수 맞기 참 쉬운 과목이 생활과 윤리이다. 기억하자. 언제나 꼼꼼하게, 근거를 모두 찾아가면서 공부하자.

068

법과 정치 과목에서 성적이 오르지 않아요

★★★★★ 선생님과의 질의응답을 통해
오답의 근거를 찾아라

법과 정치를 선택했던 이유는 간단했다. 시간이 없었던 내게는 3학년 때 수업에서 다루는 과목이었으며, 그 과목에 대한 흥미가 있었기 때문이다. 이 때문에 '신청 인원이 적어서 1등급을 받기가 어렵다', '양이 방대하다', '어렵다'와 같이 법과 정치에 대한 평가는 귀에 들리지 않았다. 법과 정치를 배우고 싶었기 때문이다.

법과 정치를 고를지 말지 고민하고 있는 친구들에게 하나만 묻겠다. 법과 정치가 좋은가? 선택한 과목에 흥미가 없다면, 그 과목을 열심히 하고자 하는 의지가 약해질 수밖에 없다. 그러면 그 과목에 대한 애정마저 없어져 극단적인 경우 그 과목을 포기하기에 이른다. 내가 3학년이 돼서야 '악명 높은' 법과 정치 과목을 공부하기 시작했음에도 불구하고 포기하지 않고 끝까지 공부할 수 있었던 이유는 한 가지다. 그 과목에 흥미가 있었기 때문이다.

공부할 양은 당연히 많았다. 법과 정치사가 함축적으로 들어 있기 때문에 암기할 것도, 이해해야 할 것도, 외워야 할 사례도 많은 과목이었다. 암기에는 소질이 없는 필자는 모의고사에서 좌절을 맛봤지만, 공부하는 과정 자체는 재미있었기 때문에 그 과정에서 성적을 꼭 올리겠다는 오기가 자연스럽게 생겼다.

가장 먼저 활용한 것은 EBS 교재였다. 필자는 비연계 교재인 《EBS N제》를 포함한 EBS 교재들을 주로 활용해 문제와 선택지를 차근차근 분석해나가기 시작했다. 특히 사례 부분이 중요한 민법, 형법 부분에서는 문제와 선택지를 모두 분석해 따로 정리해놓기도 했다. 오답 선지가 틀린 명확한 이유를 찾고, 사례들의 공통점과 차이점을 비교하고, 이론과 사건의 인과관계를 점차 파악함으로써 전반적인 정치사의 흐름도 자연스럽게 숙지할 수 있었다.

하지만 그 과정에서 답안지나 해설지를 봐도 이해가 잘 되지 않는 문제들과 마주할 때도 있었다. 그런 문제들은 혼자 고민해보는 것도 좋지만, 학교나 학원 선생님께 여쭤보는 것이 좋다고 생각한다. 선생님과의 질의응답을 통해 오답의 근거를 쉽게 찾을 수 있고, 공부하면서 생기는 의문들을 해결할 수 있기 때문이다. 더 나아가, 선생님들은 질문에 대한 답뿐만 아니라, 탐구 공부에 도움이 되는 여러 가지 팁도 주실 것이다. 특정 분야 정해진 문제 유형을 분석해주거나, 선지 분석에 있어서 중요한 포인트를 집어주는 등 선생님들은 생각보다 더 많은 도움을 줄 수 있다.

또한, 무엇보다 끈기 있게 공부하는 것이 중요하다. 양이 많고, 높은 등급을 받기 어려운 법과 정치는 수능을 보기 직전까지 나를 힘들게 한 과목이다. 분명 충분히 공부했고, 문제 풀이를 했을 때 정답률도 나쁘지 않았는데, 막상 모의고사를 통해 나오는 성적들은 기대에 미치지 못하는 경우가 많았다. 하지만 그렇다고 포기해버리면, 지금까지 노력들이 모두 물거품이 돼버리는 것이었고, 이를 용납할 수 없었다. 나는 등급에 연연하지 않고 뚝심 있게 법과 정치를 공부하면서 끈기 있게 공부하는 법을 배웠다.

이어서 긍정적인 마음을 가지라고 말하고 싶다. 끈기를 가져야겠다고 다짐했던 나도 생각만큼 성적이 잘 오르지 않아 심란했다. 하지만 그때마다 항상 비관하지 않으려 노력했다. 성적을 올리는 것을 최종 목표로 삼고 이에 사로잡히는 것은 빠르게 낙심하고 지치게 되는 지름길이기 때문이었다. 나는 성적에 연연하기보다는, 좋아하는 과목에 대해서 많은 것을 배울 수 있다는 것에 의미를 두고 공부했다. 그런 마음가짐의 차이는 법과 정치 공부를 더욱 즐겁게 해주었고, 공부를 이어나갈 수 있게 해주는 원동력이 됐다.

마지막으로, '아, 내가 쓸데없는 지식을 배우는 것이 아닐까?'라는 회의감을 버려라. 대학에 진학하면 고등학교 때 배웠던 지식들이 심도 있는 내용의 대학 수업을 이해하는 데 바탕이 될 것이다. 모든 공부는 결국 어딘가에는 쓰이기 마련이다. 포기하지 말고 끈기 있게, 끝장을 보자는 생각으로 공부할 때, 그것들이 예상치도 못한 곳에서 쓰이는 신기한 경험을 할 수 있을 것이다.

069

한국사를 정리하는 게 너무 어려워요

★★★★★　한국사는 반복이 생명이다

유형별 접근법

인물·조직

아마 한국사 교과서에 나오는 인물을 다 정리하면 70~100명 정도 되지 않을까 싶다. 특별히 시험에 자주 나오는 인물은 있겠지만, 그렇다고 중요하지 않은 인물은 없다. 안 중요하다고 생각한 인물이 언제든 시험 문제에 나올 수도 있고, 우리 민족을 위해 힘써 일한 분들을 함부로 중요하지 않다고 하면 안 되는 법이다. 특히 국왕(진흥왕, 근초고왕, 광개토대왕, 신문왕, 세종대왕, 정조, 영조 등등)이 시행한 정책을 알아두는 것은 필수적이다. 이뿐만 아니라 학자(조광조, 정약용, 박은식, 신채호, 김구 등등), 광복 후 대통령(이승만, 박정희·유신 등등)이 이끄는 정부를 비롯해 교과서에 나오는 모든 인물의 활동을 정리해두는 것이 좋다. 인물도 중요하지만 각종 세력(문벌귀족, 권문세족, 신진사대부, 동인, 서인), 각종 조직(의열단, 독립의군부, 한국광복군, 대한민국 임시정부, 조선어학회)에 대한 이해도 필수다.

제도

통치체제(중앙, 지방 행정조직), 수취제도(대동법, 균역법, 영정법), 토지제도(전시과, 과전법, 직전법), 신분제도, 군사제도 등 각종 제도에 대해 시대별로 반드시 정리해야 한다.

사건

정말 수많은 사건이 있다. 전근대의 각종 전쟁, 강화도조약, 임오군란, 갑신정변, 동학농민운동, 갑오개혁, 3·1운동, 6·10만세운동, 광주학생운동, 의열 투쟁, 좌우합작운동, 제주도 4·3사건, 6·25전쟁, 4·19혁명, 유신체제, 5·18 민주화운동, 6월 민주항쟁, 통일 노력 등 여기 나열된 것보다 훨씬 더 많은 사건들이 있다. 사건이 일어난 배경, 시대상, 주도 세력, 전개 과정, 결과 및 영향에 대한 정리가 필요하다.

문화·문물

전근대의 문화 문물은 특히 중요하다. 또한 근대의 다양한 문물에 대한 정리는 필수적이다. '다음 자료에 나타난 시대의 모습으로 가장 적절한 것은?'과 같은 질문에 활용될 여지가 높기 때문이다.

기타

경제, 지리, 외교 등

단원별 접근법

전근대

사진 자료가 중요한 파트이다. 각종 도구, 무덤, 탑과 같은 문화재의 사진을 익혀두자. 삼국의 역학관계, 국왕들의 정책, 통일신라, 발해, 고려시대의 각종 제도 및 세력변화, 조선의 정치, 경제, 외교, 문화 등을 꼼꼼히 파악하자. 물론 근현대에 비해 분량이 적은 것은 맞지만 방심은 절대 금물이다. 2015 수능 한국사 최고난도 문제 중 하나였던 4번 문제는 전근대 문제였다.

근대사회

근현대부터는 자료 읽기가 정말 중요해진다. 교과서에 나오는 자료를 꼼꼼히 보자(조청상민수륙무역장정, 갑신정변 14개 정강, 갑오개혁 법령, 관민공동회의 헌의 6조 등). 개화파와 위정척사파의 각축, 청나라·일본·러시아 같은 외부 세력이 미친 영향, 일본에게 국권을 피탈 당하는 과정 등을 유심히 봐야 한다.

일제강점기

일본의 통치정책, 수탈정책, 국내·국외 항일 운동을 꼼꼼히 정리하자. 1919년의 3·1운동, 1931년의 만주사변, 1937년의 중일전쟁을 기준으로 정책과 항일 운동이 바뀐다. 이런 큰 그림을 갖고 접근하는 것이 좋다.

대한민국 정부 수립 과정, 각 공화국에서 있었던 일, 통일을 위한 노력 등을 정리하는 것이 좋다.

한국사는 암기와 흐름의 이해 모두 중요하다. 각 사건의 연도를 외우면 빠르고, 큰 고민 없이 답을 고를 수 있다. 그렇지만 무조건 외운다고 해서 모든 문제를 풀 수 있는 것은 결코 아니다. 특히 한국사는 '자료 해석'이 굉장히 중요한데, 암기만 해서는 자료를 아예 해석하지 못할 수도 있기 때문이다.

여러 번 반복하자. 한국사는 반복이 생명이다. 처음부터 너무 자세하게 들어가지 말고, 가장 기본 개념을 공부하며 큰 그림을 그리는 작업이 꼭 필요하다. 그 뒤로 아주 자세한 개념으로 파고드는 것이 좋다. 필자는 한 단원을 공부할 때 1강 듣고 바로 복습하고, 2강 듣고 1, 2강 복습하고, 3강 듣고 1, 2, 3강 복습하는 식으로 했고 충분히 익숙해졌다고 느꼈을 때 앞 부분 복습을 그만뒀다.

문제 풀이를 할 때는 문제만 풀지 말고 선지 하나하나 꼼꼼히 보는 것이 좋다. 따라서 시간에 맞춰 풀려고 하기보다는 기출 문제를 조목조목 분석하면서 풀어라.

사실 한국사 공부는 문제를 하나 더 풀 시간에 교과서 한 번 더 보는 것이 낫다. 내용이 워낙 방대할뿐더러, 지엽적이라고 생각하는 부분도 시험으로 충분히 출제될 수 있기 때문이다. 그러니 무식하게 공부하는 것이 최고다.

070

세계지리에서 '기후' 꼭 외워야만 하나요?

★★★★★   기후는 암기다

우선 세계지리 과목에서 가장 많은 학생들이 어려움을 느끼는 문제 유형은 바로 그래프 분석이다. 보통 그래프를 통해 이 그래프가 어떤 기후를 나타내는지를 파악해야 하는데, 이때 중요한 것은, 각 기후의 구분 방법 및 특성을 명확하게 아는 것이다. 각 기후의 특성에 대한 파악이 이루어진 후, 기온과 강수량이 1년 내내 비슷한 편인지 혹은 격차가 심한지, 1년 중 가장 높은 기온과 낮은 기온의 차이는 얼마인지 등을 비교한다면 쉽게 기후를 분석할 수 있다.

또한 지도와 관련된 문제에서 많은 학생들이 부담을 느낀다. 각 국가의 이름과 수도를 외울 필요는 전혀 없다. 물론 알고 있다면 문제 풀 때 유리할 수는 있겠지만, 지도와 수도 외에도 문제 속에, 전통 의상 및 유명 건축물 등 그 국가에 대한 단서가 더 주어지기 때문에, 주어진 단서들을 종합해 정확히 분석한다면 충분히 어떤 국가인지 유추할 수 있다.

다만 지도 문제가 기후 그래프 문제와 연결될 가능성도 높기 때문에 지도에서 어떤 위치에 있는 지역이 어떤 기후인지를 외우는 것이 중요하다. 이때 어떻게 전 세계 모든 도시의 기후를 외우냐고 생각할 수도 있지만, 대부분 지중해성 기후같이, 주로 특수한 기후를 가진 지역만 문제에서 물어본다. 자주 출제되는 지역도 많지 않으니 걱정할 필요 없다. 또한 각 기후의 특징을 명확하게 알고 있다면, 암기한 내용을 응용해 문제를 풀 수도 있다. 왜냐하면 비슷한 지리적 위치에서는 유사한 기후를 보이기 때문이다. 한마디로 세계지리 과목을 정리하자면, 이 과목에서 기후에 관한 내용은 매우 중요하며, 외우는 것이 좋다.

제2외국어

071

제2외국어 선택은 어떻게 하나요?

★★★★★ 외고인가 일반고인가?

서울대 수능 응시 기준에 따르면 유형1(국어B, 수학A, 영어, 사회·과학탐구, 제2외국어·한문)은 제2외국어·한문을 반드시 응시해야 한다. 서울대를 가고 싶은 문과 학생이라면 제2외국어를 반드시 응시해야 한다는 말이다. 서울대뿐 아니라 많은 학교에서 사회탐구 두 과목 중한 과목은 제2외국어·한문으로 대체할 수 있기 때문에 고득점 및 표준점수 대박을 노리는 학생이라면 제2외국어·한문 선택을 반드시 고민해봐야 한다.

먼저 외고 학생이라면 고등학교 때 배운 외국어를 선택해 응시할것을 권한다. 그 이유는 3년 동안 이미 배웠던 과목을 보는 것이 시간 활용 측면에서 유리하기 때문이다. 제2외국어 공부에 들이는 시간을 줄여서, 다른 과목에 투자할 수 있고, 나아가서는 3학년 때 학교 수업으로 해당 외국어를 배운다면 내신과 수능을 함께 잡을 수 있는 이점이 있기 때문이다. 하지만 제2외국어 선택에 있어 가장 중요한 것은, 본인이 고득점을 쟁취할 수 있는가의 여부다. 외고를 다녔음에도 본인이 3년간 공부한 외국어가 아닌 아랍어나 기초베트남어를 선택하는 학생들도 많이 봤다. 꼭 3년 동안 배운 외국어에 집착할 필요는 없으니, 본인의 상황을 잘 고려해 선택하도록 하자.

하지만, 외고에 다니지는 않아, 교과과정 내에 탄탄한 제2외국어 커리큘럼이 잡혀 있지 않다면, 더욱 신중하게 고민해야 한다. 중국어, 일본어, 프랑스어 등 어떤 특정 외국어 실력이 아주 좋은 학생이라면 그 외국어를 선택해도 좋다. 그러나 처음 배우는 제2외국어라면 과목 선택을 신중히 할 필요가 있다. 특히 중국어, 일본어는 외고 학생들을 비롯해 대체로 오랫동안 해당 과목을 학습한 상위권 학생들이 응시하는 과목이기 때문에 좋은 등급을 얻기 힘들 수 있다는 점을 감안해야 한다. 이 때문에 일반적으로 처음으로 제2외국어를 배우는 경우에는 아랍어 혹은 기초베트남어 같은 생소한 언어를 응시하는 경우가 많다. 응시생 대부분이 수능을 위해 처음 배우는 언어이고, 문제의 난이도 자체도 높지 않기 때문에, 상대적으로 적은 노력으로 고득점 혹은, 높은 등급을 쟁취할 수 있다. 실제로 아랍어와 기초베트남어는 제2외국어 · 한문 영역에서 응시생 수로 1, 2위를 차지한다. 제2외국어를 준비해야 하는데 무엇을 할지 고민되는 수험생에게 아랍어나 기초베트남어를 추천한다. 기초베트남어의 경우 과목으로 선정된 지 얼마 안 된 과목이라 다른 외국어에 비해 상대적으로 쉽게 나온다. 그렇지만 그만큼 잘하는 학생들이 많다. 따라서 가장 추천하는 과목은 아랍어다. 아랍어는 배우기가 어려워서 높은 등급을 받기 쉬움에도 불구하고 학생들이 꺼려하는 과목이다. 하지만 어려운 만큼 등급별 커트라인이 낮고, 표준점수는 굉장히 높다. 실제로 2016학년도 수능 아랍어 1등급 커트라인은 23점이었다.

하지만 무엇보다 결국 중요한 것은 본인의 상황을 고려해 여러 과목들을 살펴보고, 가장 높은 등급을 안겨줄 것 같은 과목을 선택하는 것이다.

072

제2외국어 공부는 어떻게 해야 하나요?

★★★★★　　　기본에 충실하라

제2외국어는 다른 과목보다 비교적 적은 시간을 투자하여 큰 효과를 낼 수 있는 과목이다. 다른 문제집을 추가적으로 풀기보다는 연계 교재인 《EBS 수능특강》과 《EBS 수능완성》을 기본으로 하고, 최신 모의고사 및 수능 기출 문제를 푸는 노력만 들여도 충분하다.

정말 저 3가지만 풀면 되는 것인가? 물론 연계 교재를 꼼꼼하게 본다는 전제조건이 필요하다. EBS 연계 교재에 부록으로 수록된 단어를 공부하는 것은 기본이다. 《EBS 수능특강》에는 본문 뒤에 추가적으로 발음, 어법, 어휘, 문화를 정리하는 페이지가 있는데, 이 부분에 나온 단어나 예문이 그대로 모의고사 및 수능에 출제될 수 있으므로 꼼꼼히 학습해야 한다. 또한 해당 국가의 문화 관련 문제는 EBS 교재와 연계율이 매우 높으므로 이 부분은 확실히 짚고 넘어가야 한다. 나아가서 《EBS 수능특강》과 《EBS 수능완성》에 나오는 실전 문제를 풀 때 문제의 정답을 맞히는 것에만 의의를 두지 말고, 지문과 보기에 나오는 단어 및 표현 역시 꼼꼼히 공부해야 한다. 특히 나는 변별력 문항으로 출제되는 어법 문제를 조금 더 체계적으로 공부했다. 어법을 묻는 문제는 보기로 나온 문장을 노트에 따로 옮겨 적고, 이 중 중요한 선지들을 OX퀴즈로 만들어, 자투리 시간마다 틈틈이 공부해서 큰 도움을 받았다.

마지막으로 기출 문제의 중요성을 언급하고 싶다. 기출 문제는 그 어떤 자료보다도 유형을 익히고, 감을 끌어올리는 데에 도움이 되는 자료이다. 특히 어휘와 어법 유형은 매회 빈출되는 내용들이 있기 때문에, 기출 문제를 통해 출제 패턴을 파악하는 과정이 반드시 선행돼야 한다. 제2외국어에서 좋은 성적을 받는 것은 기본에 충실해야 하는 것임을 명심해라.

제2외국어 과목은 학생들이 가장 소홀히 여기는 과목이다. 실제로 수능에서도 시험장 분위기 때문에 제2외국어를 신청만 해놓고 막상 4교시 사회탐구 과목만 본 후 5교시인 제2외국어 과목을 포기하고 나가는 학생들이 많다. 하지만 제2외국어 과목이 때로는 희망이 될 수도 있다. 제2외국어는 EBS 인터넷 강의를 듣는 것이 가장 좋다. 제2외국어 EBS 교재가 시험과 연계될뿐더러 선생님들께서 매 강의 꼼꼼히 개념부터 설명해주시기 때문이다. 이와 함께 문법 및 단어 공부와 기출 문제 풀이를 지속해야 제2외국어 킬러 문제를 정복하고 수능에서 좋은 성적을 거둘 수 있다.

재수, 반수, n수

073

재수·반수=지옥?

★★★★★　일희일비(一喜一悲)하지 않는 마음가짐

'얼마나' 힘든가? 하고 물어보면 대답하기가 쉽지 않다. 왜냐하면 재수·반수 생활을 하면서 느끼는 어려움은 개인마다 다르기 때문이다. 필자의 경험을 돌이켜보면, 사실 재수·반수를 하는 것이 마냥 고통스럽고 힘든 것만은 아니었다. 재수·반수를 하면서 성적이 오르는 순간이 있다. 또한 지식이 확장되는 기분이 들 때도 있다. 스스로 성장 과정을 바라보고, 느끼는 것은 굉장히 감격스럽다. 그러면서 자신감이 생기는 경우도 굉장히 많다.

하지만 재수·반수를 하면서 가장 극복해야 할 것은 바로 '부담감'이다. 누군가는 긴장감, 누군가는 압박감이라 말하는 부담감은 재수·반수에 크나큰 영향을 미친다. 1년, 혹은 반 년 동안 현역 때보다 혹독한 수험생활을 잘 겪다가도 6월, 9월 모의고사를 본 이후 혹은 수능 당일, 일주일 전쯤 입시 실패에 대한 부담감이 엄습해 온다. 모의고사를 치르고 난 뒤 성적이 잘 안 나왔을 때는 '내년에도 입시 준비를 하고 있으면 어떡하지?'라던가, 수능 직전에는 '수능 망치면 어떡하지?', '나보다 못한 친구가 나보다 좋은 대학을 가면 어떡하지?' 등등 수많은 걱정에 부담이 되고 떨린다. 나 역시 현역 때는 별다른 생각 없이 수능을 봤던 터라 수능 당일 하나도 떨지 않고 인생 최고 성적을 받았다. 하지만 반수를 했을 때는 현역 때와는 느낌이 너무나도 달랐다. 두 번째 시험이라 작년보다 더 편하게 시험을 볼 수 있을 줄 알았지만, 오히려 압박감 때문에 너무 긴장해 시험을 망쳤다. 재수·반수를 하면서 자신을 가장 힘들게 하는 것은 바로 '부담감'이다.

그 외 수험생들이 연애 문제로 힘들어하거나 친구 문제로 힘들어하는 경우도 있다. 그리고 대학 간 친구들이 놀자고 할 때 마음이 흔들리고, 반수생인 경우 짧은 대학생활에서 느꼈던 즐거움을 회상하다 보면 마음이 흔들리기도 한다. 이렇듯 재수생·반수생에게는 길고도 짧은 수험생활이 고난의 연속이다. 하지만 그 고난에 굴복하면 안 된다. 그래서 필자가 추천하는 것은, 일희일비하지 않는 마음가짐이다. 재수 혹은 반수 생활은 때때로 처음 자신이 마음먹은 대로 이루어지지 않는다. 호기롭게 시작했던 것이 시간이 지날수록 회의감에 빠지고 무기력해질 수가 있다. 특히나 시험 성적이 예상만큼 안 나왔을 때 무척이나 힘들다.

하지만 이렇게 생각해라. 모의고사는 모의고사일 뿐, 수능은 또 다르다. 행여나 평가원 모의고사에서 남들은 잘했는데 자신은 만족할 만한 성적을 거두지 못했다고 느껴지면, 모의고사는 잊어라. 사설 모의고사 또는 평가원 모의고사에서 항상 망하는 과목이 하나씩은 있었지만, 포기하지 않고 끝까지 노력하여 '수능대박'을 이룬 친구도 있다.

또 하나 조언하자면, 마음이 어지러울 때는 선생님을 찾아가라. 재수 학원에 다닌다면 담임선생님을 찾아가서 상담하고, 독학으로 재수를 한다면 고등학교 때 친하게 지내던 선생님과 상담하는 것도 마음의 안정을 준다. 선생님은 아무래도 노하우가 있기에, 고민이 있다면 그에 알맞은 해결책이나 조언을 줄 수 있다. 만약 원하는 해결책이나 조언을 구하지 못하더라도 고민을 털어놓는 것만으로도 마음이 한결 가벼워질 것이다.

074

스트레스 관리는 어떻게 해야 할까요?

★★★★★ 승패병가지상사 勝敗兵家之常事

n수생은 일반 고3 수험생들보다 스트레스를 더 받을 수밖에 없는 구조다. 1년 실패를 해서 다시 시험을 봐야 한다는 자괴감, 수험생활을 1년 더 하면서 갑갑한 생활로 인해 느낄 압박감, 1년 공부 더 한다고 해서 반드시 목표한 곳에 합격할 수 있는 게 아니라는 불확실성은 1년 늦어져서 생기는 갖가지 불이익(대학생활, 군대, 취업 시)이 그에 큰 몫을 한다.

일단 n수를 결심한 것은 심사숙고 끝에 내린 결정이라 믿는다. 그렇다면 이미 시작한 것, 그 기분을 완화하는 마음가짐을 가지는 것이 좋다. 사법고시든 행정고시든 고시 준비하는 사람들도 1년 만에 붙는 경우는 잘 없다. 요즘 취업재수는 흔한 일이며, 공무원 시험을 준비하는 수험생들도 합격까지 몇 년씩 걸리는 경우가 있다. 세기의 천재로 불리는 아인슈타인도 재수를 했다. 일상에서 매일 누르는 집 현관 비밀번호도 틀려서 다시 누르는 경우도 있다. 하고 싶은 말은, 어느 분야든 무슨 일을 하든지 한두 번 실패하는 일은 흔한 일이라는 것이다. '내 친구는 그냥 현역 때 의대, 서울대 가던데'라고 비교하지 말자. 대학을 조금 늦게 진학한다고 해서, 실패한 인생은 아니다. 단지 기나긴 인생에서 잠시 삐끗했을 뿐이다. 모의고사든, 수능이든, 앞으로 남은 모든 일에 대해서, 언제나 '일승일패는 병가지상사'라는 마음으로 살았으면 좋겠다. 승패병가지상사, 즉 이기고 지는 것은 늘 있는 일이라는 뜻이다. 한 번의 실수 정도는 누구나 저지르는 것이니 기죽지 말라는 뜻이다.

편안한 마음으로 재수생활에 임하기 위해 운동을 주기적으로 해주자. 가급적이면 야외에서 하는 것이 좋다. 집에서 10분 스트레칭 해놓고 다했다고 하는 건 아무런 의미가 없다. 30분 정도 유산소운동으로 땀을 흘리는 것을 추천한다. 낮에 햇볕을 받으면서 하는 것이 좋고, 운동하러 가면서 음악을 듣는 것도 좋다. 굳이 모든 취미생활을 다 버리고 공부만 해야 한다는 생각도 버리자.

가급적이면 SNS는 줄이자. SNS는 꼭 수험생활이 아니어도 남들의 생활과 자꾸 비교하게 만드는 역할을 한다. 수험생활을 하다 보면, 원하지 않아도 자신의 처지를 남들과 비교하는 순간이 온다. 이제 막 대학에 입학한 친구들이 MT 가고 놀러간 사진들을 올려놓으면 그 친구들과 멀어진 듯한 기분도 들고, '난 여기서 뭐하는 거지'라는 생각도 든다. 설상가상으로 올해 실패하면 아무런 보상도 받지 못할 거란 불안감이 엄습하면서 더더욱 가슴이 답답해진다. SNS를 끊자.

일주일 일정 중 하루는 대놓고 쉬는 날을 만들어보자. 나는 매주 수요일을 비웠는데, 식사 시간 이후 1시부터 5시 정도까지는 아무런 일정이 없었다. 주중에 밀린 피로를 풀기 위해 낮잠도 잤고, 소파에 누워서 핸드폰도 보고, 노래도 듣고, 축구도 봤다. 혼자 동전 노래방에도 갔다 오고 자전거를 타고 동네를 산책하기도 했다. 자전거를 타고 동네를 돌다 보면, 어렸을 적 생각도 나고 바람 쐬면서 기분이 상쾌해지는 기분이 든다. 하지만 중요한 점은, 5시 이후 공부하기로 한 시간에는 반드시 딴짓하지 않고 공부에만 집중해야 한다는 것이다. 다음 날 계획에 지장을 줘서도 안 된다. 회복하기가 굉장히 어렵기 때문이다. 잘 조절이 안 되면 '다른 데 시간을 많이 썼기 때문에 급하다'며 스스로에게 위기감을 좀 조성해주는 것이 필요하다. 마인드 컨트롤은 굉장히 중요하다.

075

건강관리

★★★★★　　체력이 떨어지면 집중력도 떨어진다

나는 일주일에 3번 정도 운동을 했다. 아침 기상 시간은 7시 정도였고, 이때 공원에 나가 줄넘기를 했다. 그리고 집에 돌아오면 주로 8시 20분 정도였는데, 밥을 먹고 독서실에 갔다. 독서실은 9시에 문을 열어서 일찍 일어나도 할 일이 아무것도 없기 때문에 생각해낸 방법이다. 운동을 하지 않는 날은 주로 인쇄해야 할 것들을 미리 해두거나 영어 듣기 같은 자투리 공부를 했다. 운동은 꾸준히 해주는 것이 좋다. 주변에서 '운동하는 시간이 아깝다. 그 시간에 차라리 공부해라'고 하는 사람이 있다면 공부 안 해본 사람이니까 무시해도 좋다. 운동은 사실 수험생들에게 선택이라기보단 '필수'다. 300일 가까운 시간을 앉아 있는데 체력이 안 떨어질 수가 있을까? 체력이 떨어지면 집중력이 떨어지는 것은 두말할 필요도 없다.

일찍 자야 한다는 것은 굳이 말해주지 않아도 알 것이다. 최소한 6시간 자야 한다고 하는데 나는 잠이 많은 편이라 그보다 좀 많게 6시간 30분~7시간 정도 잤다. 그렇게 자도 잠이 많아서 매일 피곤했다. 정말로 중요한 건데, 절대로 자려고 누워서 핸드폰을 봐서는 안 된다. 눈이 급격히 피로해져서 다음 날까지 영향을 준다. 누구나 아는 사실이지만 눈은 쉬는 시간이 없다. 잠에서 깬 이후 하루 동안에는 눈을 감는 경우가 거의 없기 때문이다. 안구에 있는 근육도 쉬어주지 않으면 피로가 계속 쌓일 수밖에 없다. 눈이 피로하면 공부하는 데 방해가 되며, 이런 습관이 이어지면 눈이 나빠지는 것은 물론이고 두통까지 유발한다. 핸드폰을 보는 동안 눈을 깜빡이는 횟수가 무의식적으로 줄어들게 돼 건조해지고 당연히 안구가 피로해진다. 자기로 했다면, 핸드폰은 멀리 치우도록 하자.

식습관도 중요한 문제이다. 움직이는 것만큼이나 먹는 것에서 체력이 영향을 많이 받기 때문이다. 하루 세 끼 다 먹도록 하며, 이 중 절대로 놓쳐서는 안 될 것은 아침식사다. 아침식사를 허투루 먹으면 아침에 피로감이 심하고, 체력이 떨어진 상태에서는 거의 잠으로 시간을 보내게 된다. 피로감은 하루 종일 지속되며, 결국 자는 시간을 늘리지 않는 이상 며칠 동안 고생하게 될 것이다. 이는 체력이 전반적으로 떨어지는 생활을 하는 수험생이기 때문에 일어나는 현상이므로 아침식사는 거르지 않도록 한다.

튀긴 음식, 기름진 음식, 육류는 소화하는 데 시간이 오래 걸리고, 앉아 있으면 더부룩한 기분이 들어 공부하는 데 굉장히 방해가 된다. 무엇이든지 과한 것은 부족한 것만 못하다. 돼지고기나 소고기 같은 단백질은 공부로 에너지를 많이 쓰는 수험생들에게 꼭 필요한 음식들이다. 그러나 과식은 금물이다. 살이 찌는 것은 물론 더부룩한 속 때문에 공부하는 데 방해가 될 수 있다. 또 기름진 음식을 먹으면 소화하느라 뇌의 인지 능력이 다소 방해받는다고 한다. 결국 소화하는 데 시간을 허비하거나 집중력을 약화시킨다. 체력은 적당히 먹고 움직이는 것으로 늘려야지 무조건 많이 먹는 게 능사는 아니라는 점을 기억하자.

076

재수 때 연애하면 망하나요?

★★★★★ 피할 수 없다면 학업을 이어나갈 수 있는
전략적인 방법을 마련하라

재수할 때 연애한다고 무조건 그해 입시를 망치는 것은 아니다. 나 역시 연애를 했고, 결론적으로 재수에 성공했기에 속설처럼 이를 일 반화시킬 수는 없다. 그러나 주위를 보면 실패하는 사례가 많다. 아무 리 마음을 강하게 먹는다고 해도 극소수 사람들을 제외한 나머지 학 생들은 힘든 재수생활에서 부담을 느끼는 것이 사실이다. 또한, 막 20 대가 된 친구들이 많기 때문에 넘치는 혈기를 주체하지 못하는 경우 도 많다. 이 때문에 보통 재수 학원에서도 한 반에 한 커플씩은 생겨 나기 마련이다.

연애가 그해 입시를 좌우하는 순간은 6월 모의고사와 9월 모의고 사 직후이다. 2월부터 6월까지 공부해서 모의고사를 치면, 대부분 현 역 때보다 오른 점수나 등급을 받게 된다. 이때 자만하는 학생들이 많 이 생겨나고, 기대려고 시작한 연애에 '올인'하는 사람들이 생겨난다. 9월은 보통 체력적인 한계를 느끼거나 공부가 하기 싫어지는 때이다. 그러다 보니 공부량을 줄이고 하고 싶은 연애를 해버리곤 한다. 이렇게 되면 실패하는 것이 당연하다. 재수생에게 절대적인 양의 문제를 푸는 것은 중요하다. 사설 모의고사, 평가원 모의고사, 기출 문제를 가리지 않 고 최대한 많이 풀어야 새로운 유형 문제가 나왔을 때 당황하지 않을 수 있다. 그런데 이때 문제를 풀어야 하는 시간을 연애를 하는 시간으로 허비한다면, 성공은 보장할 수 없다.

재수생의 연애는 어떠한가. 필자는 연애 상대가 대학생이었는데, 재수생 신분 특성상 자유롭게 연애를 할 수 없었다. 그래서 전적으로 의지하는 형태가 돼 오히려 상대방을 힘들게 한다는 느낌을 받았다. 재수생끼리 하는 연애는 쌍방이 정말로 힘들거나 상대방이 필요한 순간 서로를 잘 챙겨주지 못할 수 있다. 이 경우에도 연애다운 연애는 하지 못한 채 서로를 힘들게 할 수 있다.

그럼에도 연애를 한다면 어떻게 해야 하는가? 감정을 잘 조절할 수 있는 사람들은 연애를 통해서 시너지 효과를 낼 수 있다. 다시 말해 누군가를 좋아하더라도 거기에 너무 빠지지 않고, 다시 제자리로 돌아올 수 있는 사람들에게는 연애를 추천한다. 또 연애를 한다면 계속해서 말을 이어나가야 하는 문자 메시지를 주고받기보다는 전화를 하거나 짧게 만나는 것을 추천한다. 이것을 동기부여 삼아 공부를 해라. 보통 아침 7시에 등원해서 밤 10시에 끝나면 체력적으로 부친다. 이 이후로는 공부를 하는 것보다는 좋아하는 사람과 대화를 나누는 게 좋다. 또한, 강남 대성학원은 주말 자습을 하루 3개 시간으로 쪼개어(주말은 토, 일 이틀이니까 6개) 진행하는데 이 기준을 참고해 4개에서 5개 시간은 공부를 하고 하나 정도 비워서 이성 친구를 만나는 게 좋다. 이렇게 만나면 공부는 공부대로 열심히 할 수 있고, 관계도 애틋해진다.

결론적으로, 연애해서 재수에 실패한다는 것은 지나친 일반화의 오류지만, 추천하지는 않는다. 다만, 연애를 하게 된다면 학업을 이어 나갈 수 있는 방법을 찾아서 하면 좋겠다.

077

재수할 때 많이 놀아요?

★★★★★　　열심히 달리되
　　　　　　처음부터 전속력으로 달리지는 마라

　재수할 때는 기본적으로 공부만 하는 것이 좋다. 일단 하루를 공부로 채우고 거기서 필요한 부분을 잠깐씩 빼서 쓰는 식이다. 그렇다고 쉬는 시간을 무시해서는 안 된다. 하루에 40분~1시간 정도는 쉬는 시간을 반드시 만들자. 그중 식사 시간을 제외하고 쉬는 시간은 1시간 정도였다. 종종 수험생들이 쉬는 시간이 아깝다고 잠을 억지로 참거나, 밥 먹는 시간마저 단어장을 보면서 공부하는데, 다 부질없는 짓이다. 공부를 많이 해야 한다는 압박감에 쉬는 시간마저 과도하게 공부에 투자하는 것은 바람직하지 않다. 나의 경험을 돌이켜보면, 1학년 때부터 급식실에 줄 서서 기다리는 시간까지 단어장이든 뭐든 가져와 읽어봤다. 그러나 괜히 눈치만 보이고 생색내는 느낌이라 별로 집중도 안 돼서 나중에는 안 보게 됐다. 쉬는 것도 중요하다. 쉬는 것에 수험생들이 너무 압박받거나 쫓기는 느낌을 받지 않았으면 좋겠다.

정말 공부만 하는 사람들도 있긴 있다. 하지만 필자를 포함한 대부분 학생들이 공부만 하는 것은 아니다. 아니, 사실 공부만 할 수는 없다. 재수·반수는 장기 레이스이다. 그만큼 체력과 정신력 관리가 굉장히 중요하다. 그래서 많은 재수생들이 재수생활을 본격적으로 시작하는 2월부터 공부에만 전념하지는 않는다. 여름방학, 그리고 9월쯤 지칠 것을 대비해 처음에는 살살 뛰면서 끝까지 체력을 비축한다. 필자의 경우에는 1학기, 즉 6월 중순까지는 타 대학교에서 대학생활을 즐기다가 6월 중순부터 재수 학원에 들어가 공부한 경우여서 재수생들에 비해 바빴다. 그래서 6, 7월까지는 일요일 하루만 쉬고 공부했다. 특히나 처음 시작했을 때는 오랜만에 열어보는 EBS 교재들이 아직도 풀린다는 재미에 더더욱 공부에만 몰두했다.

공부에 몰두하다가도 반수생에게 찾아오는 공통적인 고민거리는 정신력이다. 한 학기 동안 대학생활하며 즐겨 마시던 술이 그립고, 대학 친구들마저 그리워지기 마련이다. 그래서 후반으로 갈수록 체력도 조금씩 약해질뿐더러 갖가지 유혹 때문에 정신적으로도 매우 힘들었다. 그럴 때마다 하던 공부를 잠시 접어두고 휴식을 취했다. 하지만 너무 오래 쉬다가 다시 교실로 들어가게 되면 '내가 지금 뭘 하고 온 거지'라는 자괴감이 들 수 있으니 적당히 제어하는 법을 터득해야 한다.

재수·반수 생활에서 가장 중요한 것은 체력이다. 멋모르고 무조건 성공하겠다는 마음에 처음부터 전속력으로 달렸다가는 제풀에 지치기 마련이다. 자신만의 휴식 방법을 찾아 천천히 그리고 안정적으로 재수·반수라는 길고도 짧은 마라톤을 완주하자.

'A journey of thousand miles begins with a single step.' 천리 길도 한 걸음부터 가라는 말도 있잖은가.

078

재수생의 공부량 VS 현역의 공부량

★★★★★ 　재수, 반수, 현역의 차이가 아닌 개인의 차

개인마다 체감하는 공부량의 차이는 다르겠지만, 재수할 때의 공부량이 현역 때 공부량보다 많은 경우가 대부분이다. 일단 현역 때는 수능 공부에 필요 없는 수업을 들어야 하는 경우가 많다. 현역 때는 내신 성적에도 신경을 써야 하기 때문에 자신이 수능 과목으로 선택하지 않은 과목에 대한 수업도 들어야 하기 때문이다. 예를 들어, 필자는 생활과 윤리 그리고 사회문화를 선택했는데 내신 성적을 잘 받기 위해 한국지리 수업도 열심히 들어야만 했다. 하지만 재수나 반수를 할 때에는 자신이 선택한 과목만 공부할 수 있기 때문에 훨씬 효율적이다. 또한 현역 때는 친구들과 함께 생활하다 보니 함께 노는 시간이 상대적으로 많다. 하지만 재수·반수 시절에는 학교에 안 가기 때문에 현역 때 학교에서 보냈던 시간이 전부 자신만의 시간으로 전환된다. 특히 재수 학원을 다니면 그런 시간까지 철저히 관리하기 때문에 공부할 수 있는 시간이 더 많아진다.

조금 더 구체적으로 설명하자면, 재수할 때의 공부와 현역 때의 공부는 아래의 차이가 있다. 우선, 현역 때는 수능을 처음 치르는 것이기

때문에, 국어, 수학, 영어, 사회탐구, 과학탐구, 그리고 문과인 경우 제 2외국어를 골고루 공부해야 한다. 물론 재수나 반수를 할 때도 모든 과목을 공부해야 하지만, 이때는 현역 때 자신이 취약했던 과목에 더 더욱 집중할 수 있다. 특히 첫 수능에서 유독 망친 과목이 있다면 재수 하면서 더 많은 비중을 두고 공부할 것이다.

또한, 재수·반수를 하면서 자신만의 공부 스타일을 만들어나갈 수 있다. 독학 재수의 경우 자신이 편한 시간대에 맞춰 공부하면서 자신에게 맞는 효율적인 공부를 할 수 있고, 재수 학원의 경우에도 다양한 커리큘럼을 준비하기 때문이다. 재수·반수를 고민하는 학생이 있다면 자신에게 맞는 방식을 선택해 수험생활을 시작하기 바란다. 예를 들어, 누군가 짠 것에 구속되는 것이 싫고 자기 제어에 자신 있는 사람들은 독학 재수, 고등학생 때의 생활을 그대로 이어가고 싶은 학생은 재수 정규반, 수능 시간표에 맞춰서 공부하고 싶은 학생은 주말 서울대반 혹은 야간반에 입학하는 것을 추천한다.

같은 재수생·반수생이라고 해도 모두 상황이 같은 것은 아니다. 나는 현역 때 사회탐구 과목으로 사회문화와 한국지리로 선택했으나, 반수를 시작하면서 서울대에 가기 위해 한국사를 시작했기 때문에 공부를 조금 더 많이 해야 했다. 수능까지 남은 기간이 5달 정도밖에 안 남은데다 새로운 과목을 준비하려니 공부량이 대폭 늘었다. 이처럼 현역, 재수를 막론하고 모든 수험생의 상황은 다 다르다. 따라서 공부량은 학생 개개인의 공부 스타일이나 경험에 따라 다르게 느껴지는 것이므로 재수와 현역의 공부량 차이를 명확하게 말할 수는 없다.

079

재수, 현역 성적 달라지나요?

★★★★★ 절박함을 가지고 개념부터 차근히 훑어보면
달라질 수 있다

현역 때와 비교해 재수 때 성적이 달라지기는 한다. 물론 플러스가 될 수도 있고 마이너스가 될 수도 있다. 이를 결정하는 가장 중요한 요인은 바로 '절박함'이다. 현역 때는 공부를 소홀히 했는데, 재수할 때만큼은 절박하게 공부한다면 분명 성적이 오를 것이다. 반면 재수하면서도 현역 때와 별반 다를 거 없이 절박해지지 않는다면 성적에 변화가 없거나 오히려 악화될 수도 있다. 이 절박함은 고등학교 3학년 때도 크게 작용한다. 실제로 1, 2학년 때 공부에 큰 두각을 드러내지 못했던 친구가 고등학교 3학년이 돼 자신이 처한 상황에 경각심을 느끼면서 성적이 급상승한 것을 봤다. 고등학교 3학년 때 만약 절박함이 없어서 재수·반수를 하게 됐다면, 당연히 재수·반수를 할 때에는 그 절박함을 느껴야 한다. '이번에도 실패하면 끝이다'라는 마음이 있으면 저절로 자신의 취약점을 찾아내어 보완하고, 꾸준히 다른 과목들도 공부하게 될 것이다.

한마디만 덧붙이자면, 공부를 하면 성적은 오르기 마련이다. 고등학교 3학년 학생 중 몇 명은 왜 성적이 오르지 않느냐고 투덜대는데, 그건 그 과목을 제대로 공부하지 않았기 때문이다. 나 역시 현역 때는 EBS 문제집을 풀고 학원 숙제를 다하면 그 과목 공부를 다한 것이라

250

고 생각했는데, 재수하면서 단순히 많은 문제를 푸는 것보다 본질적으로 그 과목의 원리와 기본 개념부터 차근차근 이해하는 것이 더 중요하다는 것을 깨달았다. 예를 들어, 학생들은 그저 근의 공식인 문제를 풀기 위해 외우고, 필요할 때마다 숫자를 대입해 답을 구한다. 하지만 그렇게 하다 보면 어느 순간 중요할 때 이 공식이 생각이 나지 않을 때가 있고, 그럴 경우 매우 난처해질 것이다. 일례로 나는 근의 공식을 처음 봤을 때 이차방정식으로부터 이 공식을 유도하는 과정을 먼저 이해했고, 그러다 보니 근의 공식이 생각나지 않거나 확실하지 않을 때 이차방정식을 세워서 손쉽게 풀어낼 수 있었다. 이렇게 원리를 먼저 보고 나면 그 뒤의 결과는 자연스럽게 외워진다. 혹시 현역 때 유독 심하게 망친 과목이 있다면 재수·반수를 할 때 그 과목의 개념부터 차근차근 보는 것을 추천한다. 그리고 그 개념을 훑어봤다고 안도하지 말고 자신만의 방법으로 정리하며 자기 것으로 만들어야 한다. 그렇게 하면 어느새 현역 때와 달리 일취월장한 실력에 놀라는 자신을 볼 수 있을 것이다.

그리고 재수할 때 수업을 잘 활용하면 성적을 올릴 수 있다. 무조건 모든 선생님들의 수업에 귀를 기울이라는 것은 아니다. 사실 그렇게 하기는 쉽지 않다. 여러 선생님의 수업을 들어본 후에, 자신에게 가장 잘 맞는 선생님을 찾게 되면 그 수업은 꼭 잘 들어야 한다. 왜냐하면 선생님들은 개념부터 차근차근 설명해줄 뿐 아니라, 여러 해 입시를 거치면서 평가원의 출제 경향, 그리고 문제 유형 등을 계속해서 연구했기 때문이다.

이와 같이 절박함을 갖고 수박 겉핥기식 공부에서 벗어나, 자기에게 잘 맞는 선생님의 수업을 잘 활용한다면 현역 때보다 훨씬 좋은 성적을 얻을 수 있을 것이다. 그러니 지금 자신이 어떤 공부를 하고 있는지 잘 성찰해 더 밝은 미래를 얻기 바란다.

080

독학 재수도 성공할 수 있나요?

★★★★★　확고한 목표가 단호한 결의가 있다면
성공할 수 있다

재수생 대부분은 현역 수능 때 평상시보다 성적이 잘 나오지 않았고, 다시 시험을 봤을 때 이전의 성적보다 약간이라도 더 높은 성적을 기대할 수 있는 사람이다. 그렇기 때문에 치밀한 자기 관리가 이뤄진 재수생은 대부분 성공적으로 수험생활을 끝마치곤 한다. 하지만 이런 핑크빛 재수 신화 속에서 배제된 친구들이 있다. 바로 독학 재수생들이다.

독학 재수는 성공하기가 정말 어렵다. 이유는 '자기 관리'에 있다. 많은 사람들은 재수 학원의 강점으로 강사들의 뛰어난 강의력과 우수한 교재를 꼽는다. 심지어 혹자는 애초에 잘하는 친구들만 모아 놓았으니 좋은 실적이 나는 것이 아니냐고 묻는다. 하지만 재수 학원을 다니는 것의 가장 큰 메리트는 철저한 '생활 관리'이다. 아침에 깨워주고, 쉬는 시간과 자습 시간을 제어해주는 생활 관리 시스템이 있기 때문에 재수 학원이 매년 만점자를 배출하는 등 좋은 성과를 거둘 수 있는 것이다.

하지만 독학 재수는 다르다. 독학 재수를 결심한 순간부터 자신은 혼자다. 아무도 자신을 신경 쓰지 않고, 아무도 떨어진 점수에 대해 왈가왈부하지 않는다. 다르게 말하면 독학 재수는 학원에서 얻을 수 있는 모든 요소들을 전부 다 배제한 채로 본인이 스스로 모든 것을 준비해야 한다는 이야기이기도 하다. 물론 장점도 있다. 독학 재수는 비용이 적게 들고, 정말 쉬어야 할 때 쉬거나 개인적인 시간을 마련할 수 있는 등, 본인에게 주어진 시간을 융통성 있게 활용할 수 있다는 장점을 가지고 있다. 하지만 재수 성공의 가장 큰 요인은 자기 관리라는 사실을 명심해야 한다. 만약 수능 전까지 자기 관리를 철저히 하지 않는다면, 현역 때 받은 성적을 그대로 받거나 오히려 더 낮은 성적을 받을 수도 있다. 자기 관리가 굉장히 중요한 이유는 수능 시험의 특성에서 찾을 수 있다. 수능은 지능검사가 아니기 때문에, 준비하는 과정, 시험 당시의 컨디션 등으로 점수가 급격하게 달라질 수 있다. 예컨대 한 문제 틀리는 것만으로 등수가 수천 등씩 떨어지는 수학A에서 흔들리지 않고 좋은 성적을 거두기 위해서는 수험생활 전반에 걸쳐 철저하게 자기 관리를 해야 한다.

나는 재수해서 고려대 기계공학부와 경찰대에 합격했다. 한 줄로 정리되는 간단한 결과지만, 이 결과를 얻기까지 피나는 노력이 필요했다. 나 역시 독학 재수생이기 때문이었다. 따라서 앞서 말한 독학 재수의 모든 단점들을 감안해야 했다. 정말 힘들었다. 위로가 필요한 순간에, 자꾸만 마음이 안일해지는 순간에, 의지할 선생님이 내게는 없었다. 떨어진 모의고사 점수를 보고 정확한 지침을 제시하는 멘토도 없었다. 1년 동안 긴 재수생활을 관리하는 것은 온전히 나의 몫이었다. 하지만 이 모든 독학 재수의 단점과, 재수 학원을 다니는 것의 장점을 알고 있었음에도 독학 재수를 결심했고, 끝마쳤다. 확고한 목표와 단호한 결의가 있었기에 결국 독학 재수의 단점을 뿌리치고 철저한 자기 관리를 할 수 있었고, 이는 결국 독학 재수의 성공으로 이어졌다.

기억해라. 독학 재수는 분명 힘들다. 그럼에도 독학 재수를 결심하는 것은, 유연한 시간 관리 등 독학 재수만이 가져다 줄 수 있는 장점 때문일 것이다. 하지만 명심해라. 독학 재수의 장점은 분명 재수 학원 학생들이 얻을 수 없는 달콤한 것이지만, 이를 맛보기 위해서는 독학 재수의 단점을 극복해야 한다. 그냥 '대학 잘 가고 싶다. 아 수능 망쳐서 다시 봐야 되네.' 하는 생각으로 다시 시험을 봤다면 나 역시 성적이 훨씬 낮게 나왔을 것이다. 이 악물고 버텨라. 안일한 오늘로 인해 울부짖을 미래를 생각해라. 단호한 결의를 통한 철저한 자기 관리만이 독학 재수를 성공으로 이끄는 유일한 방법이다.

081

재수생에게 3학년 내신의 중요성은?

★★★★★　3학년 2학기 내신,
　　　　　끝까지 포기하지 말아야 할 이유

사실 재수를 하지 않는 이상 3학년 2학기 내신은 쓰일 일이 없다.

수시 접수는 9월 초 정도에 실시하므로, 현역은 3학년 1학기 성적까지만 반영된다. 3학년 때는 대부분 자신이 재수하게 될 것이라고 생각하지 않으므로, 3학년 2학기 내신을 굳이 준비하지 않는 학생들이 많다. 필자 역시 이와 같은 이유로 3학년 2학기 내신을 포기한 학생 중 한 명이었다. 성적표에 9등급만 2개 찍혔으니 말 다했다.

결론부터 말하겠다. 섣부르게 3학년 2학기 내신을 포기하지 마라. 3학년 2학기 내신은 애초에 선생님들도 쉽게 출제하고, 학생들도 공부를 좀처럼 하지 않기 때문에 최소한의 노력으로도 좋은 내신 등급을 받을 수 있다. 아주 조그마한 노력만으로 재수생활에 도움이 될 수 있는 큰 무기를 마련할 수 있는 것이다.

쓸데없지 않느냐고? 왜 3학년 2학기 내신이 도움이 되냐고? 학생부 전형에 대해 학생들이 흔히 잘못 알고 있는 것은, 대학이 수시 모집에서 재수생을 그냥 싫어한다는 것이다. 물론 재수생 수시 모집 합격비율이 현역에 비해 현저히 낮긴 하다. 하지만 이는 재수생들 대부분이 이미 현역 때, 학생부 전형에서 떨어진 사람들, 즉, 희망 대학에게 합격할 만한 역량이 없다고, 이미 한 번 걸러진 사람들이기 때문이다. 이 때문에 재수생들의 탈락 원인을 나이로 단정 짓고 2학기 내신을 포기하는 것은 옳은 선택이 아니다. 재수생의 나이와 합격률은 어쩌다 맞아 떨어진 상관관계에 있는 것이지, 정작 합격률과 인과관계가 있는 것은 재수생의 역량인 것이다.

기억해라. 대학은 똑똑한 학생을 좋아하지, 어린 학생을 좋아하는 것이 아니다. 재수생이 학생부 전형을 통과할 만한 충분한 역량이 있다고 판단한다면, 대학은 그 학생을 무조건 합격시킨다. 실제로 정말 많은 재수생들이 학생부 전형을 통해 희망 대학에 합격했다. 이 중에는 경제학과에 지원했다가, 재수 때 철학과에 지원해 합격한 학생도 있고 심지어 현역 때와 같은 대학, 같은 학과에 지원했음에도, 급격히 상승한 3학년 2학기 내신 성적 때문에 합격을 거머쥔 학생도 있다. 본인이 학생부 전형에서 충분한 역량을 발휘할 수 있다고 판단된다면, 그 사람은 당연히 승산이 있으며, 오히려 높은 3학년 2학기 내신으로 인해 현역 때보다 좋은 성과를 거둘 수도 있는 것이다.

　명심해라. 재수생이 학생부 전형에서 나이가 한 살 더 많다는 이유로 100% 탈락하지는 않는다. 이 때문에 막연한 생각으로 3학년 2학기 내신을 포기한다면, 이는 재수생활을 하면서 가장 큰 후회 중 하나로 남을 것이다.

한울 재수 선배들의 일과 시간표

● **독학재수 | 고려대 | 사이버국방학과**

	시간	일정
오전	6:40 ~ 7:00	기상
	7:00 ~ 9:00	운동, 밀린 공부 계획, 아침식사
	9:00 ~ 10:10	국어 기출 문제 분석
	10:30 ~ 12:00	수학 교과서 개념공부(30분), 기출 문제 분석(1시간)
	9월 이후	모의고사
	12:00 ~ 1:00	점심식사
오후	1:00 ~ 1:30	영어 듣기
	1:30 ~ 2:30	영어 연계 교재·일반 문제집
	2:50 ~ 5:00	수학 I , 수학II 연계 교재·일반 문제집
	5:00 ~ 6:00	물리 I
	6:00 ~ 7:00	저녁식사
저녁	7:00 ~ 8:30	화학II
	8:30 ~ 10:30	수학 기하와 벡터, 적분과 통계 연계 교재·일반 문제집
	10:40 ~ 12:00	수학 틀린 문제 오답 정리와 다시 풀기

물리1과 화학2는 정해진 시간에 진도를 정해놓고 공부했다. 기본적으로 개념 공부▶기출 문제 ▶연계 교재▶인터넷 강의 교재 순서대로 진행했고, 한 바퀴가 다 돌면 기출 문제를 15분 ~20분 안에 시간을 정해놓고 최대한 빠르고 신속하게 처음 보는 문제처럼 다시 푸는 시간을 가진 뒤 일반 교재를 구해서 풀었다. 9월 이후엔 물리는 기출 문제 다시 풀기 20분, 일반 문제집 30분, 오답노트 다시 보기를 10분 정도로 분배했고 화학은 기출 문제 30분, 일반 문제집 50분, 오답노트 다시 보기를 10분 정도로 분배했다. 9월 이후엔 오전에 수능 수학 시

간에 맞춰 사설 모의고사 문제를 풀었고, 틀린 문제를 정리해서 야간시간에 다시 풀었다.

- **반수 | 고려대 | 경영학과**

	수업시간표(월~금)		자습시간표(토, 일, 공휴일)
등원	7시 50분까지	등원	7시 50분까지
자습 1교시	08:00~09:50	1교시	08:00~09:50
자습 2교시	10:00~12:00	2교시	10:00~12:00
점심식사	12:00~13:10	점심식사	12:00~13:10
자습 3교시	13:10~14:30	3교시	13:10~14:30
자습 4교시	14:40~16:00	4교시	14:40~16:00
담임 시간	16:00~16:20	5교시	16:10~18:00
1교시	16:20~17:10	저녁식사	18:00~19:00
2교시	17:20~18:10	6교시	19:00~20:30
저녁식사	18:10~19:10	7교시	20:40~22:00
3교시	19:10~20:00		
4교시	20:10~21:00		
5교시	21:10~22:00		

반수했을 때 딱히 일과표 같은 것은 짜지 않고 학원 일과표에 맞춰 그날 할 일만 적어놓았다.

- **재수 | 연세대 | 의예과**

	월~금	
	시간	**일정**
오전	6:20	기상
	6:20 ~ 7:30	아침식사 및 등원
	7:30 ~ 8:00	아침 자습
	8:00 ~ 4:00	학원 일과
오후	4:10 ~ 5:50	제1자습
저녁	7:10 ~ 8:30	제2자습
	8:40 ~ 10:00	제3자습
	10:40	귀가
	10:50 ~ 11:30	자체 자습, 자유 시간
	11:30 ~ 12:00	취침

	토, 일, 공휴일	
	시간	**일정**
오전	6:20	기상
	6:20 ~ 7:30	아침식사 및 등원
	7:30 ~ 8:00	아침 자습
	8:00 ~ 12:00	제1자습
오후	1:10 ~ 6:00	제2자습
서녁	6:00 ~ 7:10	지녁식시 및 휴식
	7:10 ~ 10:00	제3자습
	10:40	귀가
	10:50 ~ 11:30	자유 시간
	11:40	취침

단, 토요일, 일요일 합쳐서 6개의 자습 시간 중 6월 이전에는 평균 4개, 그 이후에는 5개 시간에 출석했다.

082

재수생에게는 정시만이 답인가요?

★★★★★　　정해진 답은 없다

'고려대, 서강대 정시 모집 폐지 및 축소 발표'

위는 저자진 중 재수 멤버들의 진학 결과와 서울 유명 2개 대학의 정시 모집 관련 핫 이슈에 관한 내용이다. 뜬금없다고 생각되겠지만, 이 내용은 '재수생에게 정시만이 답이냐'는 질문에 대한 답변과 연결된다. 대입제도를 보면 나날이 학생부 전형이 확대되고 있는 추세이다. 전체 모집 인원 중 수시가 차지하는 비율이 60~70%인 것을 보면, 입시의 주인은 더 이상 정시가 아닌 수시임을 알 수 있다.

이는 재수생에게도 예외는 아니다. 정시를 버리라는 말이 아니다. 여러분에게 주어진 다른 많은 기회를 제 손으로 내던지지 말라는 것이다. 넓어진 문을 옆에 두고 좁은 문으로만 가려고 하는 것은 입시뿐만 아니라 그 어떤 분야에서도 어리석은 전략이다. 본인이 원하는 대학을 가고 싶다면 한번 영리하게 생각해보자.

하지만 여전히 '어차피 수시 넣어도 떨어지는 것 아니야? 그래도 재수생은 정시를 중점적으로 공부해야 될 것 같은데……' 하는 의구심이 계속 남아 있을 수 있다. 재수생들이 주로 주력하는 전형이 정시, 또는 수시 중에서도 논술인 것은 맞다. 학생부 전형 자체가 대개 고교

생활 동안 활동한 내용만을 반영하기 때문에, 재수 기간 동안 재수생들이 차별화된 전략을 세우기 힘든 것도 사실이다. 하지만 문제는 학생들이 부딪쳐보지도 않은 채, 이와 같은 이유로 스스로 불합격할 거라 속단하고, 지원조차 하지 않는다는 것이다.

여기서 주목해야 할 것은 '지원조차 안 해봤다는 것'이다. 남의 말만 듣지 말고, 자기 마음대로 생각하지 말고, 제대로 준비한 후 지원이나 해보고 이야기하자. 수시 지원을 한다고 해서 정시 지원이 불가한 것도 아니다. 또한 생각보다 재수생들이 논술 이외의 수시 모집에서 성공을 거둔 사례가 많다.

그렇다면 재수 기간 동안 어떤 대입 전략을 가져야 하는가? 수능은 옛날보다 쉽게 출제되고 있고, 수시 전형이 대입에서 차지하는 비율 또한 예전에 비해 훨씬 커졌다. '수능 올인'은 정말 옛날이야기가 돼버린 것이다. 현역은 물론이거니와, 재수생 역시 수시와 정시 모두를 놓치지 말고 준비해야 한다.

083

재수·반수 학원 선택 시
무엇을 고려해야 하나요?

★★★★★ 이동 시간을 잡느냐, 장학금을 잡느냐

재수나 반수는 대부분 학생들이 종일 공부하여 목적을 이루려는 중요한 시기이다. 대표적으로는 지리적 이점, 장학금 여부, 그리고 외부 평판 등을 고려해야 한다. 지리적 이점은 재수생활에 무척이나 중요하다. 집에서 가까우면 가까울수록 더 많은 시간을 확보할 수 있고, 이는 수면 보충이나 공부를 더 하는 데에 쓰일 수 있다. 예를 들면, 강남 대성학원이나 하이퍼학원은 강남3구에 가깝게 위치하고 있고, 신촌 메가스터디는 마포에 가깝게 위치하므로 근처 거주자에게 추천한다.

경제적 상황에 따라 장학금의 수혜 여부로 학원을 정할 수도 있다. 강남 대성학원의 경우에는 장학금 지원이 전혀 없다. 매달 100만 원에 육박하는 교육비에 식비나 교통비를 합치면 부담은 가중될 수밖에 없다. 그러나 노량진 대성학원이나 송파 대성학원에서는 성적만 뒷받침해준다면 전액이나 반액 장학금을 받으며 공부할 수 있다. 재정적인 부담을 0에 가깝게 만들고 심리적으로 공부에만 집중할 수 있는 상황을 만들 수도 있는 것이다. 만약 재정적인 어려움이 없거나, 본인의 기존 실력보다 높은 대학이나 최상위권의 대학 진학을 목표로 하는 수험생이라면 외부 평판이나 실적 또한 고려하는 것이 좋다. 물론 학원의 실적이 자신의 실적과 직접적으로 연계된다는 보장은 없지만 평판이 좋은 곳일수록 실력 있는 학생들이 몰리기 마련이므로 서로를 의식하여 동기부여가 될 수 있다.

위의 항목을 포함한 모든 것을 전체적으로 고려한 후에 학원을 선택하는 것이 중요하다. 아무리 남들이 좋다고 하고 장학금을 많이 주는 학원이라도 자신에게 맞지 않으면 그 학원은 당사자에게 좋은 학원이 아니다. 그러므로 학원 선생님, 부모님과 충분한 상담을 하고 스스로 정보를 찾으며 결정하는 것이 좋다.

3

수험생활 및
입시 방향

수험생활

공부 습관

084

이침형 공부 습관 VS 저녁형 공부 습관

★★★★★　　'언제'가 중요한 것이 아니다

　들어가기에 앞서 아침형 공부 습관과 저녁형 공부 습관을 둘러싼 논란은 상당히 흥미롭다. 정해진 답이 없기 때문이다. 우선 아침형 공부 습관과 저녁형 공부 습관은 학업성적과 뚜렷한 상관관계가 없다. 쉽게 말해 공부를 잘하는 학생이라고 해서 모두 다 아침형 공부 습관을 가지고 있지는 않다는 것이다. 흔히 생각하는 '우등생=아침형 공부'는 항상 성립하지 않는다. '아침형 공부 습관을 가지자' 혹은 '저녁형 공부 습관을 가져야 한다'와 같이 답변하지는 않겠다. 이 글에서 강조하고 싶은 것은 딱 2가지이다. 첫 번째는, 아침이냐 저녁이냐, 시간은 중요하지 않다는 것이다. 언제 공부하느냐가 아니라 공부를 하느냐,

하지 않느냐가 핵심이다. 두 번째로는 공부 습관의 중요성이다. 아침형 혹은 저녁형 공부가 아닌, 아침형 혹은 저녁형 공부 습관이라고 질문한 것에도 이유가 있다. 한 번하고 끝나는 것이 아닌 공부 습관을 형성하는 것이 중요하다.

많은 사람들이 아침형 공부 습관을 강조하는 이유는 3가지이다. 감성적으로 변하는 밤에 비하여 덜 감상적이라는 것이 장점이다. 실제로 밤 12시를 지나 새벽이 되면 감성이 폭발하는 경우가 있다. 오죽하면 '새벽 감성'이라는 말까지 있겠는가. 개인차가 존재하겠지만, 아침이 논리적이고 이성적인 사고를 하기에 최적인 경우가 많다. 이 밖의 현실적인 이유로는 시험을 아침에 본다는 점을 들 수 있다. 즉, 당신이 그동안 해온 공부가 결실을 맺는 시간은 '아침'이라는 것이다. 그뿐 아니라 학교 수업도 아침에 시작한다. 습관의 중요성을 다시 강조하고 싶은 것인지도 모른다. 이왕 공부할 거면, 평소 아침에 두뇌를 쓰고 아침에 공부하는 습관을 들여야 시험에서도 최대 역량을 발휘할 수 있다는 뜻이다.

요즘 인터넷에서 유행하는 글에서 한 남자는 이렇게 말한다. "제 경험상 아침형 인간과 저녁형 인간의 유일한 차이점은 일찍 일어나는 사람들이 단지 지나치게 우쭐댄다는 정도입니다." 이것을 공부에 적용시키자면, 공부하는 데 있어서 저녁형 인간이나 아침형 인간이나 별반 차이가 없다는 것이다. 모든 학생은 각자 저마다의 생활 패턴이 있다. 아침에 일찍 일어나서 공부하는 게 집중이 잘 되는 학생들이 있는 반면, 오전에는 푹 자고 해가 지고 난 후에야 비로소 집중이 잘 되는 학생들도 있다. 전자에게는 아침이 공부하기에 최적의 시간이겠지만,

후자에게는 저녁이 공부하기에 최적인 시간인 것이다. 이처럼 각자 집중이 잘 되는 시간이 다른 만큼, 공부하기에 가장 적절한 시간도 다를 수밖에 없다.

나는 완벽한 저녁형 인간이었음에도 불구하고, 고등학생이라면 일찍 일어나야 할 것만 같아 3학년 때는 매일 6시에 일어났다. 커피를 마시면 잠이 쉽게 깨는 체질이라서 아침에는 커피를 마시며 공부했다. 그러다 보니 가끔씩 야간 자율학습 시간에는 엎드려 자고, 또 새벽까지 공부하고 아침에는 피곤해하는 악순환에 빠지곤 했다. 아침형 인간이라는 프레임에 사로잡혀 이렇게 비효율적인 생활을 하기보다는, 자신의 공부 스타일에 맞는 시간을 활용하는 게 정답이다.

아침형 공부 습관과 저녁형 공부 습관 중 하나를 골라야 할까? '꼭 둘 중 하나를 골라서 실천하자'는 말을 하고 싶진 않다. 수험생활에서 가장 중요한 것은 공부를 하는 것이다. 그날 계획한 공부를 그날에 끝내는 것이 중요하다. '언제'가 중요한 것이 아니다. 본인이 집중이 잘 되는 시간을 찾아서, 규칙적인 공부 습관을 가지는 것이 중요하다. 수험생활을 하면서 '아침형 인간이 되어야 해'와 같은 강박에 시달리기보단, '나에게 맞는' 시간대와 공부 습관을 찾아보는 것이 더 현명한 선택이라고 말해주고 싶다.

085

공부할 때 노래를 들어도 되나요?

★★★★★ 자신에게 맞게 활용하라

'공부할 때 음악을 들어도 되는가?'라는 질문은 누구나 한 번쯤 속 시원한 답변을 기다렸을 주제이다. 이 질문에 대한 답을 한마디로 정리 하자면 '개인 차이'라고 할 수 있다. 여러 학생들 이야기를 들어본 결 과, 음악과 학업 능력 사이 뚜렷한 상관관계는 존재한다고 보기 어렵다. 음악을 들으며 공부한다고 성적이 좋지 않은 것도 아니고, 음악을 듣지 않는다고 해서 꼭 우등생이 된다는 보장도 없다. 실제로 서울대, 연세 대, 고려대에 진학한 수험생 중, 공부할 때마다 음악을 빼먹지 않고 들 은 친구들이 있는가 하면, 음악을 절대 듣지 않은 친구들도 있다.

우선, 음악을 들어도 괜찮다는 측에서는 어떤 이야기를 할까? 첫 번째로는 왠지 모를 뿌듯함을 들 수 있다. MP3 플레이어를 보면, 재 생 목록이 있다. 음악을 틀고 공부하다 보면, 나도 모르는 사이에 목 록이 한 바퀴 돌아 있다. 음악을 틀더라도 노래에 집중하지 않으면 자 기도 모르는 사이에 훌쩍 시간이 지나버린 경험이 있을 것이다. 이때 밀려오는 이유 모를 성취감. 공부할 때 음악을 들어도 된다는 이유 중 가장 재미있는 이유라고 생각한다.

두 번째로 오히려 음악을 듣는 것이 공부에 도움이 되는 경우가 있다는 점을 들 수 있다. 잠이 올 때 음악을 들으면서라도 잠을 이기는 것이 더 좋을 수도 있고, 주변이 시끄러워 집중이 잘 되지 않을 때 음악을 듣는 것이 집중을 도와줄 수도 있다. 공부하면서 들어도 괜찮은 음악으로는 뉴에이지나 클래식 장르가 있다. 물론 개인차가 있겠지만, 호소력이 짙은 발라드처럼 감성적인 가사가 많은 경우에는 집중을 방해할 수도 있으니 피할 것을 추천한다.

참고로 나는 공부할 때 프리템포FreeTEMPO, DJ 오카와리Okawari 같은 뉴에이지 장르나 이루마, 류이치 사카모토Ryuichi Sakamoto 등의 피아노 음악을 주로 들었고, 모차르트나 쇼팽 같은 클래식도 즐겨 들었다.

음악을 틀고 공부하지 말라는 입장에서는 무슨 말을 할까? 가장 큰 이유로는 집중에 방해가 되기 때문이다. 음악을 들으며 무엇을 한다는 것은 뇌가 멀티태스킹을 한다는 의미이다. 그래서 보통 지루하고 단순한 행동을 반복할 때 음악을 듣는다. 예를 들어 운전을 할 때나 버스나 지하철에 가만히 앉아 있는 통학 시간 또는 단순 공정이 반복되는 공장에서 작업을 할 때가 그렇다. 그러나 공부는 지루하고 단순히 반복되는 행동이 아니다. 공부는 역동적이고 자기주도적으로 정보와 콘텐츠를 인지, 흡수하고 활용하는 정신 활동이다. 따라서 음악을 들으며 공부하는 것은 비효율적일 수밖에 없다. 만약 자신이 1시간 동안 학습할 수 있는 양이 100이라고 했을 때, 그중 자신의 것으로 만들 수 있는 것은 대략 80 정도라고 생각해보자. 그렇다면 음악을 들으며 공부하는 것은 그 80에서 5나 10을 깎아먹는 것이다. 자신이 음악을 듣지 않고 공부했을 때 습득하고 암기할 수 있었던 사항을 음악을 듣느라 놓칠 수도 있다.

그 밖에도 시험과 최대한 동일한 환경에서 공부해야 한다는 이유가 있다. 음악을 들으면서 시험을 보지는 않는다. 만약 계속 음악을 들으며 공부한다면 음악 없이 문제를 풀어야 하는 시험 현장에 적응하지 못할 수 있다. 즉, 장기적 관점에서 봤을 때 음악은 집중에 악영향을 끼칠 수 있다는 것이다. 주변 환경이 시끄럽다고 음악에 의존하지 말고, 음악 없이 집중하는 연습이 필요하다.

음악을 들으며 공부하는 것이 본인에게 좋은 것인지 나쁜 것인지 판단하는 것은 온전히 수험생 자신의 몫이다. 위 글들은 당신에게 조언하는 역할 그 이상, 그 이하도 하지 않는다. 자신에게 맞는 방향, 도움이 되는 방향으로 현명하게 음악을 활용하길 바란다.

086

자투리 시간을 어떻게 활용해야 하나요?

★★★★★　자투리 시간,
힘을 비축하는 소중한 하프타임

이 땅 위의 모든 수험생들이 스터디플래너를 쓸 때, 가장 흔히 하는 고민이 있다. 바로 예상치 못한 변수로 생긴 애매한 시간들이다. 집중해서 공부하기에는 짧고, 그렇다고 놀아버리기에는 아까운 20분 남짓의 애매한 시간 조각들, 흔히 이를 자투리 시간이라고 부른다. 자투리 시간을 활용하는 방법에는 크게 2가지가 있다. 바로 자투리 시간을 공부에 투자하는 것과, 공부 외적인 것에 투자하는 것이다.

먼저, 자투리 시간을 공부에 투자하는 방법에 대해 이야기해보자. 쉬는 시간 10분, 시끄러운 와중에도 이어폰을 끼고 공부에 열중하는 친구도 있다. 버스에서 단어장을 들고 영어 단어를 외우는 친구도 있다. 20분 남짓한 시간이라도 성적 향상의 거름이 될 수 있는 시간이다. 자투리 시간의 구체적인 예시로는 통학 시간, 쉬는 시간, 20분 남짓한 점심시간 등이 있다. 이 시간에 할 수 있는 대표적인 공부는 간단한 계산 문제, 단어 암기, 또는 복습이다. 전체적으로 분위기가 산만한 쉬는 시간에는 기계적으로 풀 수 있는 수학 문제집을 펴서 몇 문제라도 계산하는 것을 추천한다. 또한 평소에 생소하게 느꼈던 단어들을 뜻과 함께 메모장에 적어뒀다 지하철이나 버스에서 꺼내 외우는 방식도 효과적이다. 모든 방법들 중에서도 가장 추천하고 싶은 활용 방법은 복습이다. 책을 직접 펴서 다시 한 번 읽어보는 것도 좋지만, 추천하는 방법은 복습해야 할 내용을 머릿속에서 한 번 돌려보는 것이다. 머릿속으로 내용의 구성과 조직도를 그려보는 훈련은 효과가 상당하다. 머릿속으로 내용을 복습하는 단계가 조금 발전되면 할 수 있는 것이 '선생님 놀이'이다. 실제로 친구 중 한 명은 집이 멀어 부모님 자가용으로 통학했는데, 집에 가는 20분 남짓 한 시간 동안 어머니에게 그날 배운 내용을 설명했다고 한다. 나중에 되돌아보니 그렇게 자신도 모르게 복습했던 것이 많은 도움이 됐다고 한다.

두 번째 자투리 시간 활용법은 공부 외적인 곳에 투자하는 것이다.

물론 자투리 시간의 장점을 늘여놓자면 한도 끝도 없다. 하루 10분 자투리 시간을 활용하여 여러 개의 자격증을 취득한 사람의 이야기가 책으로 나오기도 할 정도이다. 그러나 한편으로는 자투리 시간을 아예 공부 외적인 것에 투자하는 것도 나쁘지 않다. 물론 "자투리 시간을 활용하여 놀아라!"는 말을 하는 것이 아니다. 지금의 공부를 끝내고 다음의 공부로 넘어가기 전 잠시 휴식을 취하자는 말이다. 크게 3가지 방법이 있다. 먼저 통학하는 10분 남짓한 시간 동안 음악을 들으면서 걷는 것은 스트레스를 해소하는 좋은 방법이다. 다음으로는 '쪽잠'이 있다. 바닥난 체력에게 5분의 쪽잠만큼 귀중한 선물은 없다. 마지막으로 하루 동안 공부 계획을 되돌아보는 시간으로 활용하자. 애초 계획했던 것만큼 공부를 했는지, 자투리 시간이 끝나면 무엇을 해야 하는지 등을 점검하고 확인하는 시간으로 활용하는 방법도 추천한다.

자투리 시간을 활용하는 것은 입시에서 중요하다. 자투리 시간은 단순히 노는 시간이 아니라, 공부를 하기 위한 준비 과정이다. 자투리 시간에 공부를 하는 것도 좋고, 다음 공부를 위한 하프타임으로 이 시간을 활용하는 것도 좋다. 하프타임은 경기의 전반과 후반 사이의 쉬는 시간을 의미한다. 이 시간에 선수들은 단순히 힘을 비축하는 것뿐만 아니라, 전반전에 뛴 내용을 바탕으로 후반전에 대한 계획을 짠다. 자투리 시간은 노는 시간도 아니고, 그렇다고 무조건 공부해야 하는 시간도 아니다. 나름대로 본인에게 맞는 계획을 세워 활용해야 하는 소중한 시간이다. 이것을 염두에 두고 계획을 세우길 바란다.

087

하루에 한 과목만 파라
VS 모든 과목을 하루에 나누어 봐라

★★★★★　　자신에게 맞는 스터디플랜을 짜라

스터디플래너를 작성하는 것은 쉽지 않다. 언제, 무엇을, 얼마만큼 해야 할지 정하는 것부터 어려운 경우가 있다. 공부를 계획하는 방법에는 2가지 종류가 있다. 바로 하루에 한 과목만 집중적으로 공부하는 것과 모든 과목을 고르게 나누어 매일 공부하는 것이다. 예를 들어, A, B, C, D, E 5가지 과목을 각각 5시간씩 공부해야 한다고 생각해보자. 전자의 방법은 월요일에 A과목을 5시간, 화요일에 B과목을 5시간 공부하는 식으로 하루에 한 과목씩 각각 5시간 동안 공부해 매일 한 과목씩 끝내는 방법이다. 후자의 방법은 A과목 1시간, B과목 1시간, C과목 1시간, D과목 1시간, E과목 1시간 이렇게 5시간씩 공부하는 것을 월, 화, 수, 목, 금 5일간 반복하는 것이다. 2가지 방법 모두 장단점이 있다. 이 둘 중 하나를 선택해 본인에게 적용하기 앞서 본인의 공부 성향과 공부해야 할 과목의 특성을 파악해야 한다.

하루에 여러 과목을 매일매일 하는 것을 선호하는 입장부터 살펴보자. 하루에 여러 과목을 골고루 공부하는 것을 추천하는 데에는 3가지 이유가 있다. 먼저 하루에 한 과목만 하면 집중력이 떨어질 가능성이 매우 높다. 공부를 시작한 지 얼마 되지 않은 시간에는 인지하지 못하겠지만, 한 과목을 대여섯 시간씩 공부하다 보면 뒤로 갈수록 피로함이 밀려온다. 특히나 본인이 좋아하지 않는 과목을 하루 종일 한다고 생각해보자. 얼마나 지루할까. 흥미가 별로 없는 과목과 좋아하는 과목을 적절한 비율로 섞어가며 공부해야 주의 환기가 가능하다.

두 번째로, 하루에 한 과목만 학습하면 그 과목을 다시 공부하기까지 시간이 길어져 기억에 잘 남지 않는다. 단기 기억이 장기 기억으로 넘어가려면 어느 정도 시간이 필요하다. 하루에 한 과목씩 공부하면 과목당 4~5일, 혹은 길게는 일주일 간격으로 공부하게 된다. 반면에 하루에 여러 과목을 조금씩이라도 골고루 공부하게 되면, 같은 정보를 더 자주 접할 수 있어서 학습 효과가 높아진다. 실제로 헤르만 에빙하우스Hermann Ebbinghaus의 망각곡선에 따르면, 같은 내용을 다음 날 복습하는지의 여부에 따른 기억률 감퇴 차이는 상당하다.

세 번째로, 하루에 한 과목만 공부하겠다는 것은 무계획이나 다름없다. 계획을 잡는 습관은 여느 시험에서나 중요하다. 한 과목씩 공부하는 것은 장기적으로 무계획이 될 가능성이 크다. 마감 시간, 즉 데드라인을 설정하는 것은 어떤 일을 하든지 매우 중요하다. 그러나 '오늘은 A과목만 끝내야지'라고 마음먹는 것은 학습의 데드라인을 모호하게 만든다.

이제껏 역설한 위험성에도 불구하고, 하루에 한 과목만 파는 것은 엄청난 위력을 가지고 있다. 공부는 몰입이 중요한데, 하루에 한 과목만 공부하는 것이 몰입을 가능케 한다. 이는 특정 과목에 대한 기본 바탕이 부족할 때 효과적이다. 우리 뇌는 자신이 공부하고 있는 내용에 따라 뇌의 구조를 정렬한다. 다시 말해, 2시간 동안 국어 공부하다가 2시간 동안 수학 공부하는 것은 쉽게 말해 2시간마다 뇌를 리모델링하는 것과 비슷하다. 진득하게 한 과목을 파고들어, 하루 종일 자신이 배운 공부에 푹 빠져 있는 것이 2시간마다 뇌를 리모델링시키는 것보다 좋다. 이런 과정 속에서 기존에는 하지 못했던 새로운 생각이 떠오른다. 또한 나무와 숲을 모두 보게 되고 한층 더 높은 사고 단계로 나아갈 수 있다.

하루에 한 과목을 파는 것과 여러 과목을 하루에 골고루 공부하는 것은 모두 나름의 장단점을 가지고 있다. 하루에 여러 과목을 골고루 공부하면 주의 환기를 통해 집중력을 유지할 수 있고, 반복을 통해 단기 기억을 장기 기억으로 저장할 수 있다. 하지만 그만큼 깊이 있는 공부가 불가능하다는 단점이 있다. 하루에 한 과목만 공부하면 그 과목에 몰입할 수 있고, 이를 통해 더 깊은 이해를 할 수 있다. 하지만 시간 분배가 모호해지고 데드라인 설정이 상당히 느슨해지는 단점이 있다. 그러니 무엇보다도 학습자 본인의 성향과 과목별 특성을 모두 고려하여 스터디 플랜을 세우는 것이 중요하다.

088

수면 시간 줄여라
VS 수면 시간은 줄이지 마라

★★★★★ 적절한 수면은 낭비가 아닌 투자다

수면 시간에 대한 고민을 하기에 앞서, 본인에게 가장 적합한 수면 패턴을 먼저 파악해야 한다. 무작정 많은 시간을 자는 것이 아니라, 최적화된 수면 패턴에 맞는 시간을 잠에 투자해야 한다. 잠은 시간 낭비가 아닌, 또 다른 종류의 투자이다. 가장 적절한 수면 패턴 조건은 간단하다. 잠을 자고 난 후, 우리가 수능을 응시하는 시간이자 학교에서 많은 활동이 이루어지는, 오전 8시에서 오후 4시 사이에 낮잠을 자지 않아도 일상생활에 피로하지 않는 정도의 수면이 그 조건이다. 따라서 본인의 적절한 수면 시간을 찾아야 한다. 무턱대고 '잠을 줄여야지'라고 무리하는 것보다는 '나에게 가장 잘 맞는 수면 패턴을 찾자'라고 마음먹자. 잠을 무조건 줄여야 하는 낭비의 대상이 아닌, 적절한 시간을 투자해야 하는 대상으로 인지하자.

최적화된 수면 시간을 강조하는 데에는 또 다른 이유가 있다. 수면 시간을 줄이는 것은 지름길이 아니라, 에움길이기 때문이다. 수면 부족은 총체적인 능률 저하를 일으킨다. 적절한 수면을 취해야 다음 날 체력과 컨디션이 유지되고, 그것을 원동력으로 하루의 공부를 끝마칠 수 있다. 수면 시간을 줄여가며 무리하게 공부한 탓에 다음 날 피로로 흐트러진 신체 리듬과 마치지 못한 공부의 양을 생각해보면, 밤잠을 줄여가며 무리하는 것은 미련한 짓이라는 결론을 얻을 수 있다. 아직까지 "자는 시간 줄여서 공부 시간 늘릴래요." 말하는 수험생이 있다면, 깨어 있는 동안 자신이 얼마나 많은 시간을 낭비하는지 생각해보자.

지금까지 왜 자신에게 최적화된 수면 패턴을 가져야 하는지, 무작정 잠을 줄이는 것이 얼마나 위험한지에 대해 역설했다. 간혹 이 말뜻을 잘못 이해하는 학생이 있다. '나는 하루에 10시간을 자야 피곤하지 않아'라고 생각하며 단순히 잠이 많은 것을 합리화하는 친구들이 있다.

2학년 수업 시간, 아직까지 기억나는 선생님의 말씀이 있다. 오전 9시, 1교시였을까, 하도 많은 학생들이 수업 시간에 졸자, 선생님께서는 "얘들아, 잠은 잘수록 더 졸리다"라고 하셨다. 잠을 잘수록 더 졸리다? 오히려 몸이 개운하지 않을까 의심했다. 선생님 뜻은 8시간만 숙면을 취해도 되는 사람이 조금씩 잠자는 시간을 늘려가다 보면, 어느새 8시간이 아닌 10시간으로 수면 패턴이 굳어진다는 의미였다. 당시에는 이해하지 못했지만, 대학생이 된 다음 선생님 말뜻을 이해할 수 있었다. 수면 패턴은 인위적인 노력으로 조절할 수 있으며, 별다른 노력을 하지 않고 잠이 오는 대로 누워 자면 수면 시간은 늘어난다는 것을.

수면 시간을 조절할 때 엄청난 노력과 의지가 필요한 것은 아니다. 기억해야 할 것은 단 2가지이다. 규칙적인 취침 시간과 10분.

수면 시간을 조절할 때 규칙적인 취침 시간은 매우 중요하다. 자는 시각을 일정하게 유지하지 않으면 같은 시간을 자도 다음 날 컨디션이 들쭉날쭉하기 때문에 수면 시간을 조정하는 것이 의미가 없어진다. 규칙적인 취침 시간을 지키면서 기상 시간을 일주일에 하루씩 10분만 당긴다면, 일주일에 1시간 이상의 시간을 줄일 수 있다. 하루에 10분씩 매일 줄이는 것이 힘들다면, 반복을 이용하자. 평소 12시에 잠들어 7시에 기상하는 편이라면, 월요일에는 6시 50분, 화요일에도 6시 50분, 수요일에는 6시 40분에 기상하려고 노력하자. 반복된 행동이 21일간 이어지면 습관이 될 수 있다.

기억해라. 수면 시간은 낭비가 아닌, 투자이다. 따라서 자신에게 적합한 수면 패턴을 찾는 것이 중요하다. 자신의 패턴을 넘어서는 무리한 공부는 능률이 저하되는 비효율을 부르기 때문이다. 하지만 과도하게 긴 수면 시간을 자신만의 수면 패턴이라고 합리화하지 않도록 주의해야 한다. 매일 10분씩 기상 시간을 당기는 연습을 통해 대부분 수험생에게 적당한 6~7시간이라는 수면 시간을 가질 수 있다. 최소 시간으로 최적의 몸 상태를 유지할 수 있는 수면 패턴을 찾는 것도 중요하지만, 무엇이든 과유불급임을 잊지 말자. 마라톤과 같은 긴 수험생활 내내 끌고 갈 수 있는 수면 습관을 가지는 것이 중요하다.

089

3학년 때 공부 시작하면 늦는다 VS 늦지 않다

★★★★★　늦었다고 생각했을 땐 정말 늦었다

안타깝지만, 늦었다. 42.195km 풀코스 마라톤을 A와 B가 뛴다고 가정하자. A는 달리기 속도가 느리지만, 성실한 노력파이다. B는 A가 자기보다 달리기 속도가 훨씬 느리다는 것을 알고 있다. 'A가 30km 정도 갔을 때 출발해야지.' 마음먹고 늑장을 부린다. 과연 B는 A를 앞지를 수 있을까? 앞지르기는커녕, 중간에 지쳐 쓰러지지 않을까 싶다. 공부도 마찬가지다. 입시, 특히 대입에서 가장 중요한 것은 지속성이다. 실력이 부족하더라도 '끈기 있게, 끊임없이' 공부하는 것이 입시에서 만족스러운 결과를 거두는 최선의 방법이다. 그러니 중학생 때부터, 혹은 고등학교 1, 2학년 때부터 열심히 공부한 학생들이, 1년 바짝 공부한 학생들보다 훨씬 앞서 있다고 말할 수밖에 없다.

먼저 1, 2학년 독자라면, '3학년 때 공부 시작해도 늦지 않다'는 말은 '살포시' 무시하면 된다. 물론 간혹 늦게 공부를 시작해도 만족할 만한 입시 성적을 거둔 대역전극이 펼쳐지기도 한다. 전교 꼴등이었는데 1년 동안 미친 듯이 공부해서 전교 1등이 됐고, 서울대에 갔다. 이건 드라마에서나 나올 법한 이야기이다. 본인이 드라마 주인공이라는 보장이 있을까? '나도 2년만 놀고 3학년 때부터 공부 시작해야지'라고 생각한다면 큰 실수이다. '3학년 때 저렇게 힘들게 공부하지 않으려면 지금부터 공부해야겠구나'라고 생각하는 게 바람직하다. 끈기와 지속성은 학생에게 가장 필요한 덕목이다. 사람은 그리 쉽게 변하지 않기 때문이다. 놀던 습관이 몸에 밴 학생은 갑자기 집중한다고 해도, 꾸준히 공부하던 학생보다 집중하는 것이 힘들다. 몇 년간 PC방으로, 카페로 친구들과 놀러 다니는 생활에 익숙해져 있는데 3학년이 됐다고 해서 바뀔 수 있을까? 지금 당장 시작하라. 구체적인 팁을 주자면, 일단 1, 2학년 내신에 집중하자. 이미 여러 차례 이야기했지만, 수시는 단기간에 준비할 수 있는 전형이 아니다. 수시는 1학년 때부터 착실히 공부한 학생들만 얻을 수 있는 특권이라고 생각하면 된다. 수시를 염두에 두지 않더라도 3학년 수험생들이 가장 많이 하는 말이 "1, 2학년 내신 때 미리 미리 할 걸"이다. 내신 공부가 수능 공부의 기초가 되는 경우가 많기 때문이다.

3학년 독자라면, 냉철하게 본인의 상황을 파악하자. 3학년 때 공부를 시작한다는 것은 남들이 마라톤 코스 3/4 지점에 가 있을 때 출발하는 것이나 다름없다. 이들에게 해주고 싶은 말은 '비록 늦었지만,

기본 개념 위주로 차근차근 접근하라'이다. 조급한 마음에 제대로 개념을 쌓지 않고 처음부터 문제 풀이나 심화 개념에 접근한다면 나중에 분명 한계가 온다. 앞서 이야기한 것처럼 과속해서 뛰다가 지쳐 쓰러지는 것이다. 기본 개념을 탄탄히 하며 다양한 문제 풀이를 병행해 열심히 공부한다면, 정말 운 좋게 만족스러운 결과가 나올 수도 있다. 그러나 때로는 재수를 해야 할 수도 있다. 급할수록 돌아가라는 말이 있다. 절망하지 말자. 그렇다고 나태해지지는 말자. '재수 때 열심히 하고, 3학년 때 놀아야지.' 마음먹는다면, 미련한 짓이다. 지금 현재에 충실하자.

여기까지 읽었음에도 '나는 1년 동안 남들이 하는 3년치 공부를 다 해야지. 내 의지는 엄청나니깐.' 하고 여유롭게 생각한다면, 뭐 좋다. 그러나 남들은 본인을 비웃을 것이다. '지금까지 한 것도 없는데, 뭘 하겠다고.' 그렇다면 세상에 증명해 보이자. 늦었지만, 할 수 있다고 증명하라. 그리고 당장 시작하라.

3학년 때 시작해도 늦지 않다는 답변을 기대했다면, 미안하지만 큰 오산이다. 본인에게 주어진 1년이라는 시간을 남들의 4~5배 이상 알차게 활용할 수 있다면 불가능은 없다. 1, 2학년 학생이라면, 지금 당장 내신 공부를 시작하라고 조언한다. 3학년 학생이라면, 급할수록 돌아가라는 말을 하고 싶다. 급할수록 기본으로, 핵심 개념 위주로 학습하자. 이번 질문에 대한 답변으로 엄청난 것을 기대했다면, 그런 건 없다. 누가 퍼뜨렸는지는 모르겠지만 3학년 때 공부하는 것은 늦다. 정말 늦었다. 유명 코미디언의 말이 생각난다. '늦었다고 생각할 때는 정말 늦었다.' 그러니 지금 당장 시작하라.

090

탐구 과목 공부를 3학년 때
시작해도 되나요?

★★★★★ 미리 할 걸 후회 말고 미리미리 준비하자

1, 2학년 때는 주요 과목 위주로 공부하고, 탐구 과목은 3학년 때부터 시작해도 무방하다는 속설은 여전히 논란거리이다. 1, 2학년 때부터 미리미리 학습하는 것이 좋다는 의견과 탐구 과목은 3학년 때 시작하는 것도 무방하다는 의견으로 갈린다. 물론 가장 중요한 것은 수험생 본인의 상황이다. 주요 과목인 국영수의 기본기와 성적을 고려해 판단해야 한다. 또한 과학탐구인지 사회탐구인지 그리고 구체적으로 어떤 과목을 선택할 것인지 또한 고려해야 한다. 과학탐구 혹은 사회탐구 내에서도 과목별 난이도 편차가 크고 선택자 편중 현상이 심하기 때문이다. 이 책에 쓰여 있는 조언들도 중요하지만, 수험생의 판단이 우선해야 한다.

탐구 과목 또한 국영수와 같이 미리 미리 준비해야 한다. 이 책을 읽고 있는 1, 2학년 학생들에게 '탐구 과목=3학년 때'와 같은 말은 정말 터무니없는 소리라고 말해주고 싶다. 단지 탐구 과목을 공부하기 싫다는 투정에 지나지 않는다. 대부분 고등학교에서 1, 2학년 내신 시험 과목에 탐구 과목이 포함된다. 다시 말하면 1, 2학년 내신 시험 준비를 하며 수능 때 어떤 과목을 선택하면 되는지 미리 고민해볼 수 있다. 이런 상황에서 '탐구=3학년'을 외치는 것은 단지 지금 당장 공부하기 싫다며 미루는 것에 지나지 않는다. 따라서 평소에 미리 미리, 일주일에 하루, 혹은 이틀을 탐구 과목에 투자하자. 일부 과목은 학습량이 수학, 영어와 같이 많고, 실력을 올리기 힘든 경우도 있다. 결정적으로 3학년 때 여유롭게 탐구 과목에만 집중할 수 있는 상황이 주어지지 않는다.

이토록 강력히 이야기했으나, 3학년이 돼서야 탐구 과목 공부를 시작하는 학생들이 분명히 있을 것이다. 이과, 문과 계열을 바꿨을 수도 있고, 같은 계열 안에서도 수능 선택 과목을 바꿨을 수 있다. 3학년 때 탐구 과목 공부를 시작한 학생을 위한 현실적인 조언이 있다. 먼저 본인의 상황을 냉철히 분석하자. 본인의 내신 성적과 모의고사 성적을 통해, 국어, 수학, 영어, 탐구 과목에 대한 현실 진단이 선행돼야 한다. 탐구 과목 선택 시, 과목의 특성 및 학습량을 고려하자. 일부 탐구 과목의 경우, 절대적인 학습량이 적고 암기 위주인 과목이 있다. 어떤 과목을 볼지 결정했다면, 탐구 과목에 2학년 겨울방학과 3학년 여름방학을 '올인'해라.

'탐구 과목 공부는 3학년 때 해야지.' 마음먹는 것은 상당 부분 위험한 발상이다. 1, 2학년 학생이라면, 내신 시험을 준비한다는 느낌으로 탐구 과목을 미리미리 공부하자. 다시 말하지만 3학년이 가장 많이 하는 후회는 '1, 2학년 때 미리 할 걸'이다.

계열을 바꾸거나, 탐구 선택 과목을 바꾼 경우는 대학의 모집 요강과 탐구 과목의 특성 그리고 난이도를 고려할 것을 추천한다.

아직까지도 '난 3학년 때 탐구 과목 공부를 시작할 거야. 그래도 성공할 거야'라고 생각하는 친구가 있는지 모르겠다. 이번 속설에 대한 답변을 보고도 그런 생각이 든다면, 어찌할 방도가 없다. 본인이 성공할 수 있다고, 절대 후회하지 않을 것이라고 굳게 믿는다면 세상에 증명해라. 늦게 시작해도 할 수 있다고. 그 대신 선택에 대한 책임도 본인이 질 수 있어야 한다.

091

자습 VS 인터넷 강의 VS 학원

★★★★★　　3가지 모두를 활용해야 효과는 극대화된다

질문에 대한 답변에 앞서 x-y평면을 그려보자. x축은 학습 스케줄을 나타내고, y축은 학습의 효율성을 나타낸다. x축의 양의 방향은 강제성을, 음의 방향은 자율성을 의미한다. 다시 말하면 x축의 양의 방향으로 갈수록 강제적인 학습 일정을, 음의 방향으로 갈수록 자율적인 학습 일정을 의미한다. y축의 양의 방향으로 갈수록 학습의 효율성은 커진다. 자, 그럼 이제 이 평면 위에 자습과 인터넷 강의, 그리고 학원을 올려보자. 먼저 자습은 자율성이 가장 큰 특징이다. 학습자에 따라 자습의 효율성이 극대화되거나 크게 감소할 수 있다. 인터넷 강의는 자습과 비슷하게 자율성이 그 특징이다. 효율적인 학습이 가능한 것은 인터넷 강의의 가장 큰 강점이다. 마지막으로 학원은 학습 일정에 강제성이 있다는 것이 특징이다. 학원에 따라 학습의 효율성은 천차만별이다. x-y좌표로 한눈에 자습, 인터넷 강의, 학원의 특징을 알아봤다.

수험생은 위와 같은 공부 방법들의 장단점과 본인의 성향을 고려

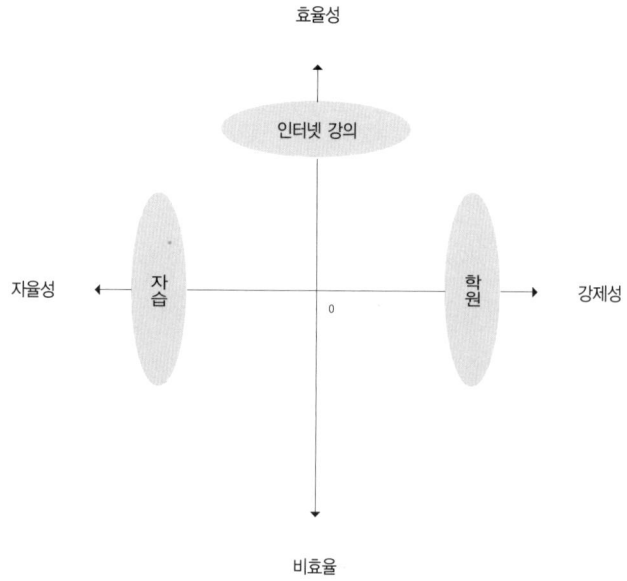

해야 한다. 먼저 자습은 자율적인 시간 분배가 가능한 것이 가장 큰 장점이자 가장 큰 단점으로 작용할 수 있다. 대부분 대한민국 고등학생이라면, 학교 자습실에서 공부를 하지 않고, 친구와 수다를 떨며 놀아본 적이 있을 것이다. 가장 자율적인 학습 방법인 만큼, 자신을 잘 컨트롤하는 것이 중요하다. 인터넷 강의는 자신이 공부를 하고 있다는 착각에 빠질 가능성이 가장 크다. 인터넷 강의도 강의이다. 따라서 강의를 듣고 난 뒤, 본인 스스로 암기, 문제 풀이, 오답 분석 등의 과정을 거쳐 복습을 하는 것이 필요하다. 마지막으로 학원은 '자신이 왜 학원에 다니는지 모르면서 당연하다는 듯이' 학원에 가는 사태가 일어날 수 있다. 자칫하면, 타성에 젖어 수동적인 학습을 할 수 있다.

자습, 인터넷 강의, 학원에 대한 수험생의 가장 바람직한 마음가짐은 이들이 서로 상보적인 관계라는 사실을 인지하는 것이다. 그리고 항상 본인이 자습, 인터넷 강의, 학원 중 왜 이 공부 방법을 선택했는지 생각해봐야 한다. 수험생 본인의 효율적인 학습을 위해 자습, 인터넷 강의, 학원의 3가지 도구를 쓰임에 맞게 적절히 활용하라.

3가지를 적절히 활용하는 데에는 크게 2가지 방법이 있다. 인터넷과 학원 강의를 병행하다 자습을 하는 경우와 자습을 하며 공부하다가 필요에 따라 인터넷 강의를 듣고 학원에 가는 경우이다. 전자의 경우, 인터넷 및 학원 강의를 통해 수강 과목에 대한 전반적인 접근법, 효율적인 공부 방법을 학습한 뒤, 이를 바탕으로 스스로 학습하는 것이다. 무엇을 어떻게 공부해야 하는지 인터넷과 학원 강의를 통해 알고 있다면, 자습의 효과를 극대화할 수 있다. 후자의 경우는 반대로 학교 수업을 바탕으로 자습을 시행하다가, 자신의 취약점을 발견한 후 이를 해결하기 위해 인터넷과 학원 강의를 활용한다. 자습을 통해, 자신의 공부 성향과 자신의 취약점 및 강점을 파악한다면, 이 또한 매우 효과적이다.

여기까지 읽은 수험생에게 꼭 하고 싶은 말이 있다. 학원 혹은 인터넷 강의 2가시만으로 대입을 순비하는 것은 매우 위험한 발상이다. 자기 스스로 계획한 공부는 인터넷 강의나 학원 선생님이 내준 숙제와는 느낌이 다르다. 자습을 통해 배워가는 것이 생각보다 많다. 3학년이 되면 자습을 하는 비율이 높아지는 데에는 이유가 있을 것이다.

자습, 인터넷 강의, 학원은 각각의 특징과 장단점이 있으며, 상보적인 관계이다. 필요에 따라 활용해야 한다. 인터넷 강의와 학원이 아무리 좋다고 해도 자신만의 복습 시간, 암기, 문제 풀이, 오답 확인 등의 자습 시간이 없다면, 그 효과를 극대화하기 힘들다. 선 인터넷 및 학원 강의, 후 자습 혹은 선 자습, 후 인터넷 및 학원 강의와 같이 3가지 요소를 섞어라.

092

도움이 안 되는 수업 시간에는 어떻게 해야 하나요?

★★★★★   수업 시간에 자는 것은 절대 피하라

정말 많은 학생들이 던지는 질문이고, 동시에 매우 안타까운 질문이기도 하다. 옳지 않은 질문이다. 현직 중·고등학교 선생님께서 보신다면, 매우 언짢아하실 질문이다.

우선 수업 시간의 의미에 대해 생각해보자. 수업 시간에 배우는 과목은 교육청이 중·고등학생들은 꼭 배워야 한다고 판단한 과목들이다. 다시 말하자면, 어떤 과목이 필수 이수 과목으로 배정된 것에는 나름대로 교육과정상 중요한 이유가 있다는 것이다.

하지만 이는 정말 이상적인 이야기이고, 실제로 많은 학생들은 본인들이 듣고 있는 수업 중 다수가 전혀 도움이 되지 않는다고 이야기하고 있다. 그렇다면 학생들이 말하는 도움이 안 되는 수업이란 무엇인지한 번 생각해보자. 보통 학생들이 '수업이 도움이 되지 않는다.' 말하는 데에는 크게 3가지 경우가 있다. 첫째, 그 수업에서 가르치는 과목이 본인의 수능 응시 과목이 아닌 경우. 둘째, 잘 맞지 않는 교수법 등으로 인해, 수업에 집중하기 힘들고, 무슨 말인지 이해하기 힘든 경우. 셋째, 단순히 내신 시험을 위해 공부하기 싫어서 핑계처럼 던지는 경우. 도움이 안 되는 수업에 대해 고민하고 있는 학생이라면 반드시 본인이 세 번째 경우에 해당되지 않는지 자가 진단해봐야 한다. 혹시 공부하지 않기 위해 수업 시간이 도움되지 않는다고 자기합리화를 하고 있는 것은 아니었는가?

이제 문제는 앞선 2가지 경우다. 서울대, 고려대, 연세대에 진학한 필자들 역시 중·고등학생이었던 시절이 있었고, 독자들과 비슷한 고민을 했던 경험이 있었다. 공부할 시간이 부족하고, 심리적으로 불안한 시기이다 보니, 모든 정규 수업에 최선의 노력을 쏟아야 한다고 말할 수는 없다. 단, 그 시간에 자는 것만 피해라. 대학생이 돼 되돌아보니 아무리 도움이 안 되는 수업일지라도 잠을 자지 않으려고 했던 노력이 결국 입시를 준비하는 데에 큰 도움이 됐던 것 같다. 도움이 되지 않는다는 판단에 수업 시간에 반복적으로 조는 습관이 생기면, 끈기 있게 몰입하는 연습이 필요한 시점에 그 습관을 고치기 힘들다. 잠을 자지 않는 연습을 하는 것만으로도 입시를 준비하는 데에 큰 도움을 받을 수 있다.

그렇다면 수업 시간에 잠을 자는 대신에 무엇을 하는 것이 좋을까? 필자의 경험을 되돌아보면 도움이 안 되는 수업 시간에는 반복적인 인지 활동을 활용한 공부를 하는 것을 추천한다. 그 시간에 영어 단어를 암기한다거나 수능에 자주 출제되는 사자성어, 관용어 혹은 선택지에 자주 등장하는 어휘를 암기하는 것을 추천한다.

093

하루에 몇 시간 공부해야
서연고(SKY) 가나요?

★★★★★ 학습한 내용을 막힘없이 설명할 수 있을 때
공부가 끝난 것이다

'의미 없는 질문이다.' '정해진 것은 없다.' '사람마다 다르다.' '어리석은 질문이다.' 서울대, 연세대, 고려대 재학생들에게 물어봤을 때 돌아온 답변이다. 이 질문에 대한 명확한 답변이 궁금한 수험생들의 마음을 모르는 것은 아니다. 그러나 자신의 누적 공부량을 정확히 계산한 사람은 극히 드물고, 혹 있다고 해도 모든 학생에게 일반화된 기준을 적용할 수는 없다. 우리 저자진은 정확한 수치는 알려주지 못하기에, 대략적인 추정치를 제시하기로 했다. 수험생의 궁금증을 풀어보기 위해 몇 가지 가정들을 바탕으로 간단한 계산을 해보자.

먼저, 《아웃라이어》라는 책을 통해 유명해진 '1만 시간의 법칙'이 국어, 수학, 영어, 탐구 2과목에 대해 성립한다고 가정하자. 그리고 학생이 수시 전형이 아닌 정시 전형만을 준비하고 있다고 생각해보자. 총 5가지의 과목에 대해 '1만 시간의 법칙'을 적용하면, 5과목을 완벽히 숙지해 성공적인 대입을 치르기까지 5만 시간이 필요하다는 계산이 나온다. 하루에 12시간씩, 즉 하루의 절반을 공부에 투자해 1년을 공부한다고 하면, 365×12=4,380시간이다. 명절, 공휴일, 슬럼프 등등의 시간을 빼고 나면, 알짜배기 4,000시간이 남는다고 생각하자. 4,000시간×12년=48,000시간으로, 5만 시간에 근접한다. 다시 이야기하면, 초등학교 1학년부터 고등학교 3학년까지 매일 12시간씩 공부해야 국어, 수학, 영어, 탐구 과목, 총 5과목을 마스터할 수 있다는 추론이 가능하다. 이제는 한국사까지 필수 응시 과목으로 지정됐으니, 실질적인 공부 시간은 정말 빠듯하다는 결론이 나온다. 간단한 계산만으로도 상당한 시간이 소요된다는 것을 실감하지 않는가? 그러니 집중이 안 되는 날이면, 오늘 자신의 태업으로 인해 전체 5만 시간 중 한 부분을 채우지 못하게 되는 것이다.

　그러나 너무 이 법칙에 얽매이지는 않았으면 한다. 앞서 이야기한 가정은 어디까지나 가정에 불과하다. 생각보다 훨씬 더 많은 공부 시간이 필요하다는 것을 보여주기 위한 극단적 예시이다. 또한 학년이 올라감에 따라 실질적인 공부 시간이 증가해, 고등학생 때는 하루에 16시간 정도 스스로 학습할 수 있는 여건이 마련된다. 따라서 어린 시절 12시간씩 치열하게 선행 학습을 하지 않았다고 비관하지는 말도록 하자. 더 나아가서, 고등학교 3학년에게 주어진 1시간과 중학생 또는 초등학생에게 주어진 1시간은 다르다. 나이와 환경에 따라 집중력과 몰입의 차이가 생기기 때문이다. 계산 과정에서 이를 구별하지 않았으므로 오차가 생길 수 있다.

　하지만 결정적으로 대입에 영향을 주는 요소에는 공부한 시간뿐만 아니라 공부의 질, 입시 전략, 그리고 운 등 다양한 요소가 있음을 기억해라. 수험생의 편의를 위해 대략적 공부 시간 척도를 제시해줬지만, 공부 시간만큼이나 '영양가 있는 공부를 했는지', '다양한 전형에 대해 알아보며 입시 전략을 세웠는지'가 매우 중요하다. 그리고 가장 중요한 것은 실질적인 공부량이다. 공부 시간과 공부량을 동일시하는 실수를 저지르지 마라. 정말 엄청난 착각이다. 공부의 세계에는 하수, 중수, 고수가 있다. 이들의 차이점은 뭘까? 하루에 몇 시간 공부해야 소위 SKY라고 하는 서울대, 연세대, 고려대에 갈 수 있냐고 묻는 수험생에게 이들의 차이점을 말해주고 싶다. 하수는 공부 시간을 다 채우면, 공부를 다했다고 생각한다. 중수는 목표 공부량을 모두 완료하면, 공부를 다했다고 생각한다. 하지만 고수는 자신이 오늘 공부한 내용에 대해 더 이상 의문점이 생기지 않을 때, 비로소 공부를 다했다고 생각한다. 학습한 내용에 대해 궁금한 것이 없을 때, 타인에게 학습한 내용을 완벽하게, 막힘없이 설명할 수 있을 때 비로소 공부가 끝난 것이다.

앞서 말했듯이, 서울대, 연세대, 고려대 재학생들도 몇 시간 공부해야 본인의 학교에 입학할 수 있는지 모른다. 확실한 것은 수험생 여러분의 생각보다 훨씬 많은 시간을 공부에 투자해야 하며, 물리적인 시간이 여러분의 입시 성패를 결정짓는 유일한 요소가 아니라는 것이다. 몇 시간을 공부해야 하는지에 얽매이지 마라. 가장 중요한 것은 공부를 하는 것이다. 수능을 잘 보기 위해 필수적으로 해야 할 공부를 모두 하는 것이 대학으로 가는 유일한 방법임을 기억해라.

094

정시에 올인해야 하나요?

★★★★★ 　수시, 끝날 때까지는 끝난 게 아니다

여기 똑같이 고려대에 입학한 A와 B가 있다. A는 평소 모의고사에서 안정적으로 상위권 성적을 유지하는 학생이었다. 하지만 희망 학과와 관련 있는 교내 및 외부 활동이 전혀 없었다. 이 때문에 자연스럽게 정시 위주의 입시 전략을 선택했다. 하지만 A는 수시 원서 6장 중 1장을 보험이란 이름 아래, 수능 시험 이후 응시하는 고려대 논술 전형에 썼고, 놀랍게도 이는 A를 입시 실패에서 건져낸 최고의 선택이 됐다. 수능 당일 A는 긴장한 탓에 수능 시험에서 평소에 비해 형편없이 낮은 점수를 받았기 때문이었다. A는 다행히도 보험차 신청했던 논술 전형을 통해 고려대에 입학할 수 있었다.

B는 2학년 때까지 만족스럽지 못한 내신 성적을 받았던 학생이었다. 본인의 내신과, 각종 대학의 수시 전형을 고민한 끝에 '정시 올인'이라는 배수진 전략을 선택했다. 압도적인 공부량에 비례해 B의 모의고사 성적은 급격히 상승했다. '정시 올인'을 외쳤던 B였기에 수시 6장의 카드를 1장도 쓰지 않았다. 수능 당일, B는 만족스러운 성적을 거뒀고, 그 결과 정시 모집을 통해 고려대에 입학할 수 있었다.

위의 A와 B는 실제 입시 사례의 주인공들이다. A는 '정시 올인'의 위험성을, B는 '정시 올인'의 쾌거를 단적으로 보여준다. 아직도 매해 많은 3학년 학생들이 '정시 올인'을 외치곤 한다. 답변에 앞서, 먼저

'정시 올인'의 의미를 짚고 넘어가자. '정시 올인'이란 수시 카드를 전혀 사용하지 않은 채, 대입을 통과하는 수단으로 오로지 11월 수능만을 활용한다는 뜻이다. 즉, 수시에서 큰 비중을 차지하는 내신 공부보다는 수능에 최적화된 공부만을 1년, 또는 2년 동안 하겠다는 의미이다. 굉장히 단순해 보인다. 다양한 전형이 난무하는 수시를 전혀 고려하지 않고, 수능 공부에만 집중할 수 있어, 남들보다 시간을 효율적으로 활용하는 것처럼 보인다. 그러나 다양한 입학 전형이 존재하고, 특히 정시 모집 인원이 점점 줄어들고 수시 모집 인원이 확대되는 상황임에도, '정시 올인'을 감행해야 할까? 한 가지에 모든 역량을 집중하는 정시 올인이 현명한 행동인지, 단순한 도박인지, 스스로 생각해보자.

먼저 '정시 올인'에 반대하는 입장에는 크게 3가지 이유가 있다. 첫째, 수능 시험은 변수가 많다. 수능 당일 컨디션이 우리의 예상과 다를 수 있다. 당일 수능 컨디션에 따라 성적이 많이 좌지우지 된다. 심지어 수능 당일, 누가 내 옆자리에 앉았느냐에 따라 시험 성적이 달라질 수 있다. 다시 말하면, 정시 결과가 100% 내 실력대로, 내 예상대로 나오지 않는다는 이야기다. 그리고 과목별 난이도가 해마다 바뀌기 때문에 수능 응시 연도에 따라 성적 편차가 크게 발생한다. 즉, 시험에서 운이 무시할 수 없는 요인으로 작용한다.

둘째, 1, 2학년 수험생이 '정시 올인'을 외친다면, 이는 내신 공부를 하지 않기 위한 핑계일 뿐이다. 1, 2학년 학생들은 아직 시간이 많다. 3학년까지 내신 성적을 충분히 끌어올릴 수 있는 여지가 있다. 그럼에도 불구하고 정시에 올인하겠다는 것은 학교 수업 시간에, 시험 기간에 공부를 덜하기 위한 자기합리화는 아닐지 다시 한 번 생각해봐야 한다. 현행 입학사정관제도에서는 절대적인 내신 수치뿐만 아니라, 지원 학생의 내신이 상승 곡선을 보였는지, 어느 과목에서 특히 강점을 보이는지를 종합적으로 판단하는 정량 평가가 아닌 정성 평가를 시행하고 있다. 이에 대한 대비를 탄탄하게 한다면, 내신 수치가 조금 낮더라도, 수시에서 좋은 성적을 거둘 수 있을 것이다. 섣부른 수시 포기는 입시 패망으로 가는 지름길이 될 수 있다.

셋째, 3학년 학생이 '정시 올인'을 생각하고 있다면, 끝날 때까지 끝난 것이 아니라고 말해주고 싶다. 1, 2학년 학생과 마찬가지로 3학년 학생 역시 아직 해볼 만하다. 수시 학생부 전형에서 3학년 내신 비중은 크다. 1, 2학년 내신 성적이 좋지 않아 수시 지원을 포기하려는 학생이 있다면, 본인이 원하는 대학의 수시 전형 정보를 확인해보자. 3학년 내신 반영 비율이 크다면, 아직 늦지 않았다. 내신 성적이 상승할 수 있음을 보여주자. 앞서 말했듯이, 대학은 더 이상 내신이라는 하나의 척도를 통해 학생들을 단편적으로 판단하지 않고 학생의 발전 가능성, 성실성 등 다양한 척도를 활용해 학생들을 평가하고 있다. '정시 준비하기도 바쁜데 어떻게 수시까지 생각하는가?' 고민이라면 이렇게 말해주고 싶다. 3학년 때는 대부분 수능 연계 교재로 수업을 하기 때문에, 수시 모집을 위한 내신 공부와 정시 모집을 위한 수능 공부가 별달리 구분되지 않는다. 내신 시험 준비를 하는 것이 정시 전형을 대비하는 데에 효과적일 수도 있고, 정시 대비를 하는 것이 내신 시험에 도움을 주기도 한다. 3학년이라고 해서 수시 준비에 크게 부담을 느낄 필요는 없다는 것이다.

'정시 올인'은 분명 많은 수험생들의 고민거리이다. 복잡한 입시 제도 속에서 적지 않은 학생들이 '정시 올인' 전략 채택을 고민한다. '정시 올인'은 수험생이 본인의 역량을 수능 하나에만 집중해, 효율적으로 공부할 수 있다는 엄청난 장점을 가지고 있기 때문이다. 하지만 기억해야 할 것은 수능 난이도가 들쭉날쭉한 현실에서 '정시 올인'은 불가능하진 않지만 위험한 전략이라는 것이다.

정리하겠다. 만약 1, 2학년 학생들이 '정시 올인'을 운운한다면, 지금 당장 내신 시험 준비부터 시작하자. 3학년 역시 마찬가지다. 수시를 버리는 것이 맞는지 끝까지 고민해라. 현행 입시제도에서 '정시 올인'은 정말 최후의 보루가 돼야 한다.

095

수능 시간표에 맞춰서 공부해야 하나요?

★★★★★　　실전처럼 연습하라

연습은 실전처럼, 실전은 연습처럼. 어찌 보면, 시험 스케줄에 맞춰 공부하는 것은 시험을 대비하는 가장 기본적이면서도 이상적인 방법이다. 시험을 잘 보기 위해서는 2가지가 필요하다. 탄탄한 기본기와 실전 연습. 이때 무턱대고 실전 감각을 다지기보다는 기본기를 쌓고 부족한 부분을 채워가는 식의 공부가 더 중요하다. 과목별로 우선순위를 정하고, 자신이 취약한 과목에 더 많은 시간을 투자해야 한다.

여러분이 해야 할 일은 간단하다. 수능 시험 전까지 모든 과목의 성적을 고르게 향상시키는 것이다. 과목별로 들여야 하는 노력과 시간의 정도가 다를 수 있다. 이 상황에서 융통성 없이 수능 시험 시간표에만 맞춰 공부를 하는 것은 비효율적이다.

하지만 실전 연습을 소홀히 하라는 말은 아니다. 수험생활 내내 수능 시간표에 맞춰 공부할 필요는 없지만 실전 감각을 기르기 위해 일주일에 한 번씩 실전처럼 연습하는 것을 추천한다. 필자의 경우 일주일에 한 번은 꼭 아침 일찍 도서관에 가서 수능 시간표대로 모의고사 문제를 풀고 실전처럼 연습했다. 모의고사 풀이가 끝나면 채점 후 오답 점검을 했다. 모의고사를 볼 때 시간이 남거나 시간이 부족하더라도 수능 시간표에 맞추는 것이 중요하다. 시간이 남는다고 검토하지 않았다가 틀린 문제는 수능에서도 틀릴 가능성이 있다.

당부하고 싶은 말이 있다. 갑자기 컨디션이 나쁘다는 이유로 평소 실전 연습을 게을리 하지 마라. 수능 당일 내 자신의 컨디션이 최상일지, 최악일지는 아무도 모른다. 이 연습의 궁극적인 목적은 수능 당일 어떤 상황이 닥쳐도 페이스를 잃지 않고 문제를 풀 수 있는 능력을 기르는 것이다. 만약 수능 당일에 컨디션이 안 좋으면 곧바로 수능 응시를 포기하겠는가? 일주일에 한 번, 그날만큼은 '내가 정말 수능 현장에서 수능을 보는구나' 라는 생각을 가지고 연습해보기를 바란다.

096

3월 모의고사 = 수능?

★★★★★ 거짓 시험에 자만하지도
의기소침해 하지도 마라

비참한 3학년 3월 성적표를 받아 든 당신. 그리고 그런 당신에게 3월 성적이 수능까지 간다며 위협하는 담임선생님. 한 가지는 확실하다. 이런 말에 흔들릴 정신력의 소유자라면, 당신은 대한민국 입시제도하에서 절대로 성공할 수 없다. 모의고사는 모의고사고, 그 결과는 당신이 생각하기 나름이다. 모의고사 결과를 접한 당신이 생각해야 하는 방향은 딱 2가지이다. '모의고사는 모의고사이다.' 그리고 '나한테 도움이 되는 방향으로 생각하자.'

3월 모의고사가 생각보다 잘 나온 경우에 당신은 어떤 마음가짐을 가져야 할까? 자만하지 않는 것이 가장 중요하다. 3학년 3월 모의고사와 수능 시험은 범위와 출제기관이 다른, 전혀 별개의 시험이다. 일단 시험의 범위 자체가 다르다. 수학과 탐구 과목에서 특히 차이를 체감할 수 있다. 고등학교 교과과정이 모두 포함돼 출제되는 수능과 달리, 3월 모의고사는 1, 2학년 때 배웠던 내용을 중심으로 출제된다. 더구나, 3월에는 수능 연계 교재가 모두 출시되기 전이다. 시험의 난이도뿐만 아니라 내용 자체에서도 많은 차이를 보인다. 범위 자체의 차이는 결국 연계의 정도(체감 정도 포함)의 차이로 이어진다. 3월 모의고사는 서울시 교육청이 주관하고 문제를 만들지만, 수능은 한국교육과정

평가원이 주관해 출제한다. 출제자에 따라, 문제의 스타일과 방향이 달라진다. 시험의 출제진과 출제 기간 등을 고려해봤을 때, 3학년 3월 모의고사와 수능은 시험의 범위와 성격이 전혀 다른 시험이다. 마지막으로 3월 모의고사와 수능 사이 결정적인 차이는 응시자이다. 재수생, 반수생을 비롯한 n수생 등 많은 학생들이 수능에 응시한다. 처음 수능을 응시하는 3학년 학생들에게 하루라도, 한 달이라도, 1년이라도 더 공부한 수험생들은 위협적이다. 마지막으로 모의고사와 수능은 분위기가 다르다. 모의고사에서는 실수하거나, 그날의 컨디션이 좋지 않아도, 치명적인 결과가 뒤따르지 않는다. 따라서 좀 더 편안한 마음으로 시험을 볼 수 있지만, 수능은 그렇지 않다. 수능 시험장에 앉아 있는 사람들도, 감독관도 다르다. 낯선 분위기에 수험생은 긴장하기 쉽다. 더구나 모의고사와 달리, 수능은 1년을 기다려야만 한다는 사실 자체가 수험생에게는 큰 부담감으로 다가올 수 있다. 모의고사 성적이 잘 나왔다면 좋은 기분만 즐기도록 하자. 세상이 알아주는 것은 수능 점수뿐이라는 것을 기억하고 자만하지 말 것을 추천한다.

모의고사 성적이 만족스럽지 않다면 무슨 생각을 가지는 것이 좋을까. 그런 당신에게 말하고 싶은 것은 단 한 가지이다. "괜찮다." 모의고사와 수능은 전혀 다른 시험이기 때문에 성적이 크게 변하기도 한다. 3월에 비해 수능 시험 성적이 낮을 수도, 반대로 높을 수도 있다. 중요한 건 마음가짐과 노력이다. 속설에 벌써부터 마음이 흔들린다면, 자신의 마음을 다시 정리할 필요가 있다. 3월 모의고사가 보여주는 것은 단지 1, 2학년 과정을 마치고 3학년이 된 자신의 모습이지 수능 시험장에서의 모습이라고 절대 말할 수 없다. 3월과 11월 사이 240여일의 시간이 만들어낼 수 있는 변화는 예측할 수 없기 때문이다. 3월 모의고사를 본 뒤에 해야 할 일은 간단하다. 3월 모의고사에 비해, 수능 시험 당일 긍정적인 변화를 이끌어 내면 된다.

3학년 3월 모의고사와 수능 성적이 같다는 말이 자주 들리곤 하지만, 모의고사와 수능 시험은 근본적으로 다르다. 출제 범위도 다르고 응시자 수도 다르고, 출제기관도 다르다. 모의고사를 대하는 올바른 마음가짐은 일희일비하지 않는 것이다. 모의라는 말은 거짓을 의미한다. 모의고사, 즉 거짓 시험이라는 뜻이다. 거짓 시험 하나에 들떠서 자만하거나 의기소침해 하는 것은 바람직하지 않다. 3월과 11월 사이, 수험생 본인의 노력에 따라 그 결과는 얼마든지 바뀔 수 있다.

097

집중력을 어떻게 높일 수 있을까요?

★★★★★　　뇌를 속이고, 몰입으로 이끌라

3학년이 되면, 절대적인 공부 시간 자체가 늘어나기는 한다. 하지만 공부 시간이 늘어난다고 해도 늘어난 그 시간에 온전히 집중할 수 있을까? 공부하는 시간이 많다고 꼭 그 시간에 공부하는 양이 더 많아지는 것은 아니다. 핵심은 집중이다. 집중력이 높다면 12시간을 공부하는 학생보다 8시간을 공부한 학생의 공부량이 더 많을 수도 있다는 것이다. 남들은 하루를 24시간으로 쓸 때, 24시간을 48시간처럼 사용하는 사람도 있다. 어떻게 하면 시간을 효율적으로 사용할 수 있을까? 지금 당장 적용 가능한 방법을 알려주겠다.

우리는 가끔 "시간이 어떻게 가는지 모르겠어"라고 말한다. 친구와 정신없이 수다를 떨거나, 미친 듯이 컴퓨터 게임을 하고 난 뒤 보통 경험한다. 이는 우리 뇌가 몰입을 했기 때문이다. 몰입의 상태에서는 2시간에 걸쳐 할 수 있는 인지적 활동을 1시간 만에 해낼 수 있다. 몰입에 이르는 방법은 사실 쉽지 않다. 자신이 원하는 상황에, 정확히 몰입하기도 쉽지 않다. 그렇다면, 여기서 가장 현실적인 조언은 오전 8시~오후 4시 8시간 중에 단 1시간이라도 몰입할 수 있도록 연습하는 것이다. 구체적인 방법은 어렵지 않다. '딱, 5분만 공부하고 그만해야지'라고 생각해보자. 뭔가 부담이 줄지 않는가? '딱 5분만' 세상에 교과서와 나밖에 존재하지 않는 것처럼 집중하자. 지금 5분이 오늘 하루 종일 공부할 수 있는 유일한 시간이라고 극단적인 가정을 하는 것도 좋다. 만약 5분 동안, '이게 마지막'이라는 마음가짐으로 임했다면, 그냥 흘려보냈을 5분과 비교했을 때, 그 결과물이 다를 것이다. 그렇다면 다음 과정은, 바로 이 5분을 2세트, 3세트, 4세트로 늘려가는 것이다. '5분만 공부해야지'를 4번만 반복하면 20분이다. 뇌를 속이는 것이 뇌를 몰입으로 이끄는 방법 중에 하나이다. 통으로 20분을 집중하는 것이 아닌 5분씩 4번 집중하는 것을 성공적으로 마쳤다면, 이제 당신은 뇌를 몰입으로 유도하는 가장 기본적인 방법을 배운 것이다. 몰입이라는 경지에 오른다면 48시간 같은 24시간, 1년 같은 한 달을 보내는 것이 불가능하지 않다.

몰입도 있는 학습을 추천한다. 현실적으로 학습의 밀도를 높이는 방법은 '5분만' 미친 듯이 집중하는 것이다. 지금 주어진 5분이 수능 전에 공부할 수 있는 유일한 시간이라고 상상하자. 이와 함께, 기본에 충실해 개념과 문제 풀이를 통한 확인을 반복한다면, 정말 화살과 같이 날아가는 수험 기간을 알차게 보낼 수 있다.

연애

098

연애, 해도 되나요?

★★★★★ 　 본능을 따랐다면 결과에 책임을 져라

누군가를 좋아하는 감정이 생기는 것은 지극히 자연스럽다. 하지만 학생으로서 그런 본능을 그대로 따랐다가는 자칫 입시를 망쳐버릴 수도 있다는 불안감도 있을 것이다. '대학 가면 애인 생겨!', '학생이 연애 같은 것에 신경 쓸 때냐?'와 같은 말을 한 번쯤 들어본 경험이 있을 것이다. 연애를 하고 싶은 당신, 좋아하는데 어쩌라는 것인가 하는 생각이 들 수도 있을 것이다. 하지만 마음 한편으로는 이렇게 아무런 생각 없이 연애했다가 공부에 신경을 못 쓰게 돼버릴까 걱정이 되기도 할 것이다. 연애를 하면 정말 입시를 망치게 될까?

먼저, 연애는 사치라고 생각하는 저자진들의 이야기를 들어보자.

적어도 대입을 앞둔 수험생에게 연애는 '사치'라고 표현할 수 있다. 웬만한 시간과 노력을 쏟아부을 수 있는 상황이 아니라면, 애초에 시작하지 말자. 시간이 부족한 상황에서 시간을 분산하는 것은 효율성이 낮다. 이도 저도 아닌, 뭐 하나 제대로 한 것 없게 되는 결과를 이끌어낼 수 있다. 물론 연애라는 것을 효율성의 개념으로 바라보는 것이 문제일 수 있다. 또한 연애의 과정 중 정량할 수 없는, 눈에 보이지 않는 심리적, 정신적 플러스 요인들을 간과한 허점도 존재한다. 그러나 주어진 시간이 지극히 제한적인 수험생의 특수한 상황을 고려했을 때, 연애를 사치라고 칭하는 것도 무리가 아니다.

반면 학창 시절 연애를 '균형'의 문제라고 생각하는 입장도 있다.

연애를 입시의 장애물로 보는 시각이 많지만, 꼭 그런 것은 아니다. 연애를 한다고 대학을 못 간다는 법도, 재수를 한다는 법도 없다. 연애라는 것이 어떤 결과를 초래할지는 아무도 모른다. 그렇기 때문에, 더더욱 학업과 연애를 병행하는 것에 신중해야 할 필요가 있다. 연애란 것에는 필연적으로 어느 정도의 감정 소모가 뒤따른다. 사이가 좋을 때에는 너무 행복하고 머릿속에 상대방이 가득 차서 책에 쓰인 글씨가 눈에 들어오지 않을 수 있고, 사이가 나쁠 때에는 자신의 감정이 주체 되지 않아 집중이 안 될 수 있다. 연애를 고민하고 있는 자신이 알아야 할 것은 당신은 '학생'이라는 점이다. 당신의 목표는 무엇인가? 성공적인 입시인가? 학창 시절의 행복한 연애인가? 자신의 목표를 위해서 들여야 하는 시간과 노력을 모두 세밀하게 따져보자. 2마리 토끼를 동시에 잡는 것은 언제나 많은 노력과 스트레스를 동반한다. 2마리 토끼를 모두 잡을 자신이 없다면, 그 순간부터 연애와 학업의 균형이 무너진 것이다. 자신에게 더 중요한 것을 해라.

마지막으로 수험생활 중에 연애하는 것을 긍정적으로 보는 입장도 있다. 연애를 한다는 것은 인간관계 중 하나인 연인 관계를 고등학생의 신분에서 미리 경험하는 것일 뿐이다. 10대의 연애와 20대의 연애는 다르다. 아마 20대 중·후반의 연애와 30대의 연애도 다를 것이다. 시기마다 연애의 풋풋함과 순수함은 다르다. 그리고 그 시기가 지나면 다시는 느낄 수 없다. 사춘기 이후 이성에 눈을 뜨는 것은 지극히 자연스러운 현상이다. 연애, 하려면 해라. 그 자체를 막을 필요는 없다. 그렇지만 연애를 할 것이라면 모든 연애 과정과 그 결과에 대한 '책임'을 져야한다.

입시와 연애에 관해 몇 가지 현실적인 팁을 주고자 한다. 필자의 친구 중 1학년 때부터 3학년 때까지 이성 교제를 하며 줄곧 전교권 성적을 유지해온 친구가 있다. 하루는 그 친구의 다이어리를 보고 깜짝 놀랐다. 공부 계획뿐만 아니라 이성 친구와의 계획까지 모두 꼼꼼하게 적혀 있었고 그 친구는 본인의 계획을 흐트러짐 없이 실행했다. 놀다가도 공부할 시간이 되면 무서울 만큼 단칼에 공부모드로 전환했다. 또한 평일에는 이성 친구와 함께 보내는 시간을 저녁식사 시간과 독서실에서 집까지 가는 귀갓길로 한정시켰다. 집이 가까워서 가능한 일이기도 했지만 주로 식사 시간을 활용해 데이트를 했다. 주말에는 3~4시간 정도 함께 놀러 다니기도 했다. 물론 3학년이 됐을 때는 더욱 독해졌다. 2주에 한 번 만날 정도로 자제력이 뛰어난 친구였고, 떨어져 있는 시간에는 대단한 집중력을 뽑아냈다.

그러나 연애도 사람마다 하기 나름이다. 어쩌면 연애를 통해서 피곤하고 초췌한 정신과 신체를 회복하고 다시금 정진할 수 있는 기회를 만들 수 있을지도 모른다. 그렇다면, 성공적인 입시와 행복한 연애라는 2마리 토끼를 모두 잡으려면 어떻게 연애하는 것이 좋을까?

매일, 조금씩

학기 초에는 매일 통화하는 것이 좋다. 한 반에 많게는 60명이 넘는 곳에서 공부하고자 하면, 확실히 양계장에 갇힌 닭처럼 비실거리기 딱 좋다. 엄격하게 자기 관리를 하는 습관이 들지 않았을 때 이런 환경 속에서 공부하는 것은 매우 힘들다. 그때, 이성 친구와의 연락은 습관을 잡는 데에 도움이 된다. 힘든 생활 속에서 휴식처가 되기도 하고, 목표를 이루겠다는 각오를 다지는 데에도 도움이 된다.

가끔씩, 오래

수험 기간 중반에는 가끔씩 오래 만나는 것이 좋다. 습관이 들면, 하루는 굉장히 빡빡하고 길지만 일주일이나 한 달은 짧게 느껴진다. 하루가 반복되기 때문에 발생하는 현상이다. 이 흐름에 대해 잦은 만남이나 연락은 방해만 될 뿐이다. 이때부터는, 연애를 보상처럼 생각해야 한다. 2주일에 한 번 정도, 토요일과 일요일을 모두 포함해서 빡빡하게 공부하고 난 다음 이성 친구를 만나자. 애틋한 감정과 함께 다음 2주일을 달릴 수 있게 해주는 페이스 메이커가 될 것이다.

친구라고 생각하기

수능이 다가오는 9월 정도에는 설렘을 잊자. 편안함도, 설렘도 연애에서 빠질 수 없는 부분이지만 9월 정도면 감정의 작은 동요도 큰 변화를 일으킬 수 있다. 점점 긴장되는 순간인 만큼 작은 일로도 우울해하고, 긴장하는 일들이 많다. 이때 설렘은 여태까지 쌓아온 노력들이 한순간에 무너질 수 있는 변수이다. 차라리 뜨거운 우정을 가진 친구라고 생각하자. 상대의 태도에 자신이 변하지 않게 끊임없이 세뇌하는 것이 중요하다.

마음 떨어트리기

10월이 되면 연락을 하지 말자. 연애를 하라고 해놓고선 이러한 말을 하는 것이 이해가 되지 않을 수도 있다. 또한, 약 50일 정도 연락을 하지 않는 것이 불가능해 보일지도 모른다. 그러나 10월로 넘어가면 그때부터는 자기 자신과의 싸움이다. 외부의 모든 요소로부터 독립적으로 변해야 하며, 끊임없는 자기 비교와 단련을 통해 수능을 준비해야 하는 마지막 과정이다. 너무 걱정하지 말자. 군대를 가도 100일 위로 휴가를 가기 전까지는 연락도 하기 힘들다. 남자든 여자든 자신이 군대에 갔다고 생각하고 마음속으로만 응원해주자.

연애를 글로 배운 것처럼 쓰는 것이 이상하기도 하지만, 종합해보면 연애는 '기다림'이 빠질 수 없다. 사실 연애라는 단어는 그리움과 사랑이 합쳐진 것이다. 그리움을 통해 관계가 애틋해지고, 사랑을 통해 관계가 돈독해진다. 조금 진지하게 상대를 생각하고 있다면, 수험 기간 동안 연애를 하는 것도 장려하는 바이다.

■■
진학 시 고려 사항

099

부모님과 진로 희망이 다를 때, 어떻게 해야 하나요?

★★★★★　　결과로 증명하고 설득하라

수험 기간은 부모님과 갈등이 잦은 시기이다. 특히 진로에 대한 시로 다른 생각은 수험생과 부모님 모두를 힘들게 한다. 부모님께서 의견을 존중해주지 않아 자신도 서운하고, 부모님도 진심 어린 충고를 자식이 듣지 않아 그 나름대로 서운하다. 어떻게 하는 것이 좋을까. 어떻게 하면 이 충돌을 원만하게 해결할 수 있을까?

우선, 중요한 것은 다름을 인정하는 태도이다. 다름을 인정한 뒤에는, 서로 설득과 타협의 과정을 거치면 된다. 한 개인의 인생을 좌지우지하는 진로 희망을 결정하는 데에 있어, 부모님 또는 자신의 의견 중 하나만을 고집하는 것은 매우 위험한 행동이다. 그렇다고 부모님의 선택과 결정에 온전히 따르는 것 또한 문제가 있다. 따라서, 자신의 진로 희망에 대해 당당히 부모님께 말씀드리고, 부모님과 논의해보자. 진지함을 보인다면, 부모님께서도 건설적인 조언을 아끼지 않으실 것이다. 처음부터 똑같은 것은 없다. 서로 맞춰가는 과정이다.

먼저 자신의 진로 희망을 명확히 하고, 본인의 꿈을 이루기 위한 과정들을 나열해보자. 단순히 꿈만을 생각하는 것이 아니라, 그 꿈에 다가가기 위한 단계들을 구체화해야 한다. 쉽게 말해 마지막부터 생각하면 된다. 자신이 이루고 싶은 마지막 모습을 그려보자. 그리고 그 모습을 위한 중간 과정을 쭉 적어보자. 그리고 그 과정에서 필요한 부모님의 지원이나 본인이 해야 하는 행동을 함께 적자. 여기까지 하고 부모님을 설득해보자. 아니면 부모님과 함께 본인의 꿈 포트폴리오를 수정해보자. 자녀가 이렇게까지 알아보고 고심했다는 것을 부모님께 보여드리고, 실천하면 된다. 만약 부모님이 설득당하지 않았다면 실망하지 말고 일단 해보자. 본인의 계획 리스트 중 가장 처음 단계를 일단 저질러보자. 일단 억지로 첫 단추부터 끼워보고 부모님을 설득하자.

반드시, 계획한 그 무언가를 성취해야만 한다. 어른은 결과에 민감하다. 그냥 말로만 부모님을 설득하려고 하지 말고 '결과'로 증명해라. 부모님이 원하는 꿈이 아닌 너 자신이 원하는 꿈을 향해 나아가도 아무 문제가 없다는 것을, 스스로 꿈을 향해 나아갈 수 있다는 것을.

만약 본인이 설정한 로드맵을 실행하는 데에 어려움이 있다면, 스스로 설정한 꿈에 대해 다시 고려해보자. 그만큼 자신도 준비가 돼 있지 않은 것이고, 그렇다면 부모님을 설득하기는 당연히 더 어렵다.

100

문과 VS 이과

★★★★★　　수학에 대한 선호도를 파악하라

나는 계열을 선택할 때 그렇게 큰 고민을 하지 않았다. 중학교 때부터 자연계열에 가기로 마음을 먹었고 고등학교 2학년 때 계열을 선택할 때 별 고민 없이 자연계열을 선택했다. 자연계열을 선택한 이유는 단순했다. 수학이 재미있었고, 다른 과목에 비해 성적도 잘 나왔기 때문이었다. 내 주위 친구들 역시 거의 대부분은 수학을 기준으로 계열을 선택하는 친구들이 많았다. 대부분 수학을 좋아하면 자연계, 수학을 싫어하면 인문계를 갔다.

물론 '수학이 뭐 대수냐, 꿈을 위해서라면 노력해서 극복할 수 있다'라고 생각하는 사람들도 있다. 그들은 확고한 꿈이 있다면 수학 역량에 구애받지 않고, 자신의 목표에 따라 계열을 선택할 수 있다고 말한다. 하지만 수학을 과소평가해서는 안 된다. 자연계열 수능 수학 범위는 인문계열 범위의 3배이다. 수능이 다소 쉬워진 지금도 많은 자연계열 학생들이 아직도 수학에서 장벽을 넘지 못하고 끝내 인문계열로 전향하고 있다. 수학에 대한 선호도 및 적성의 적합 여부는 분명 계열을 선택하는 데에 큰 영향을 준다. 물론 본인의 꿈과 진로도 중요하지만, 본인의 수학적 역량이 자연계열 커리큘럼을 따라가기에 많이 부족하다고 판단된다면, 현실을 직시하고 인문계열 전향을 진지하게 고려해봐야 한다.

예전부터 가장 좋아하는 과목을 물어보는 질문을 들었을 때 내 선택은 언제나 국어였다. 어릴 때부터 독서를 좋아해서 그런지, 국어는 하나의 공부이기보다는 친구 같은 존재였다. 물론 영어나 제2외국어 같은 언어 공부를 대체로 선호하기도 했고, 다양한 사회탐구 과목 역시 잘 맞는다고 생각했다.

그러나 고등학교에 입학하고 첫 시험을 봤을 때 영어보다 수학 성적이 좋았고, 한국사보다 화학1의 성적이 높았다. 그래서 잠시 자연계 진학을 고민했다. 하지만 단순히 성적이 잘 나온다는 이유만으로 진로를 고르고 싶지는 않았다. 비록 첫 시험에서는 자연계열 과목 성적이 더 잘 나왔지만, 국어와 사회 과목을 더 선호했기 때문에 인문계열을 선택하게 됐다.

계열 선택에 있어서 단순히 성적과 취업 가능성만 고려하기보다는 자신의 꿈은 무엇인지, 좋아하는 과목은 어떤 것인지 먼저 살펴보기 바란다.

101

정시, 수시 지원 시 고민

★★★★★　　타인의 혀가 아닌
　　　　　　자신의 심장을 믿어라

대학 입시는 지금까지 해왔던 공부가 결실을 맺는 것이다. 전형과

학과 그리고 학교 선택은 지금까지 한 공부만큼, 혹은 그보다 더 큰 영향을 준다. 대부분 학생들도 그것을 인식하고 있기 때문에 고등학교 기간 중 수시나 정시 지원 때 가장 큰 고민을 한다. 실제로 많은 학생들이 걱정하는 고민에 대해서만 이야기해보자.

수시 전형에 지원할 때가 되면 평소보다 수능을 잘 봐서, 수시 전형에서 소위 말하는 '납치'를 당하지 않을까 걱정하는 학생들이 있다. 수시 전형에 합격하면, 정시 성적과는 관계없이, 무조건 입학을 해야 하기 때문에 이런 걱정을 하는 것은 매우 자연스러운 일이다. 심지어 수능 만점자가 정시가 아닌 수시 전형으로 입학하는 사례도 있었다. 물론 수시 전형에서 평소 본인 성적보다 높은 곳에 지원했다면 걱정거리가 줄어든다. 자신의 실력을 정확히 파악한다면, 납치에 대해 고민할 필요가 없을 것이다. 그러나 수시 상향 지원이 말은 쉽지만 '평소보다 수능을 못 보는 경우'를 생각하면 딜레마가 아닐 수 없다.

또 많이들 걱정하는 것 중 하나는 수시 전형 결과가 수능보다 일찍 나오는 경우이나. 만약 수시 전형에서 떨어지면, 큰 심리적 부담감에 빠질 수 있다. 9, 10월이 되면 기나긴 입시가 이제 곧 끝난다는 기대감과 1년 동안 열심히 공부한 피로가 합쳐져서 전보다 집중력이 떨어진다. 보통 이 시기에 수시 전형 결과 발표가 나는데, 이때는 본인은 물론 친구의 수시 결과에도 집중력이 쉽게 흩어진다.

수시 전형에 지원할 때에 또 하는 고민 중 하나는, 같은 학교, 같은 과일지라도 어떤 전형을 노리는 것이 유리한지 모른다는 것이다. 본인이 지원하고자 하는 전형에 대한 정보를 통해 반영 비율 등을 파악하다고 해도, 지원 경쟁자의 상황을 알 수 없기 때문에, 여러 전형 사이에서 고민하게 된다.

수시 전형 카드 6장을 모두 쓰든, 하나도 쓰지 않고 정시 위주 전략을 세우든, 수시 상향 지원을 하든, 적정 지원 혹은 안정 지원을 하든 그 누구도 "이것이 정답이다!" 알려주지 않는다. 모든 최종 결정은 본인이 해야 한다. 마치 기업의 대표가 사활을 걸고 결단을 내리는 것과 같이. 여기서 중요한 점은 후회를 하더라도, 남 탓을 하는 후회는 하지 말자는 것이다. 남들이 어떻게 말하든지 본인의 선택이 가장 중요하다. 남들은 지금까지 데이터를 가지고 합격, 불합격을 예단하고 있는 것이다. 하지만 뚜껑을 열어볼 때까지 모르는 것이 입시다. 컨설팅 업체, 학교 선생님, 학원 선생님의 예측이 빗나가는 경우도 적지 않다. 물론 이들을 비난하는 것이 아니다. 그 누구도 신이 아니고서는 정확히 맞출 수 없는 것이 입시 결과이다. 입시가 끝난 후 적어도 "아, 엄마 때문에, 아 선생님 때문에 재수하게 생겼잖아요." 불평하진 말자. 입시가 끝나고 나면 여러분은 청소년이 아닌 성인이다. 성인은 본인 스스로 책임을 지는 법을 배워가는 단계이다. 재수를 하게 되더라도 남 탓이 아닌 내 탓을 하자.

102

어떤 전공을 선택해야 할까요?

★★★★★　　뜻밖에 찾아온 수능 만점

자신의 꿈이 확고하다면 이런 고민을 할 필요가 없다. 만약 정말로 하고 싶은 것이 있다면 그 길로 가면 된다. 하지만 나는 그렇지 않았다. 계열을 선택할 때조차 꿈에 대해서 확고한 생각을 갖고 있지 않았다. 그래서 진로를 고려해 선택했다기보다는 그냥 수학과 과학을 좋아한다는 이유로 자연계열을 선택했다.

자연계열을 선택하고 나서, 의대에 갈지 말지 결정하는 것이 가장 어려웠다. 원래 수능을 보기 전까지는 당연히 의대는 못 갈 것이라고 생각해서 공대에 가기로 마음먹었다. 수능을 보고 나서 내 의지대로 과를 선택할 수 있는 상황이 되고 나서야 진로에 관해 고민했다.

나는 의대를 특별히 싫어하거나 공대가 엄청나게 가고 싶어서 공대를 선택한 것이 아니다. 물론 피 보는 것을 그렇게 달가워하지 않기도 했지만, 필자가 공대를 선택한 결정적인 이유는 공대를 간다면 후에 마음이 바뀌더라도 가고 싶은 진로를 향해서 갈 수 있다고 생각했기 때문이다. 만약 의대를 선택하게 되면 다른 길을 선택할 수 있는 폭이 좁지만, 공대는 그렇지 않을 것이라 생각했다.

공대에서도 컴퓨터공학부를 선택한 데에는 친구의 영향이 컸다. 그 친구를 만나기 전까지는 내 진로에 대해 많은 고민을 하지 않았다. 그 친구는 애초에 게임 개발에 관심을 가진 친구였다. 그 친구와 아무 생각 없이 하던 시시콜콜한 게임 이야기가 컴퓨터공학도라는 꿈을 불어넣어줬다. 그렇게 그 친구와 게임에 대해서 이야기를 하다 보니 자연스럽게 컴퓨터공학부에 관심을 갖게 됐고, C언어를 비롯한 컴퓨터 공부를 미리 해보기도 했다. 그것을 계기로 서울대학교 컴퓨터공학부를 선택했다. 나의 선택을 두고 탁월하다고 말할 수 있을지는 잘 모르겠다. 그러나 후회하지는 않는다.

★★★★★   양자택일이 아닌, 양자택이

나는 어렸을 때부터 진로가 확실했다. 언어에 흥미가 많고, 국제 문제에 관심이 많아, 어렸을 때부터 쭉 외교관이 되고 싶었다. 따라서 내 지인들은 내가 불어불문학과에 진학하게 됐다는 사실을 듣고 많이들 놀랐다. 어렸을 때부터 확고했던 외교관이라는 꿈과 프랑스어는 전혀 관련이 없어 보이기 때문이다.

입시가 끝나고 내게는 2개의 선택권이 있었다. 타 대학교 국제학부와 고려대 불어불문학과였다. 앞으로 진로와 미래를 생각해봤을 때 전공 선택에 대한 고민을 하지 않을 수 없었다. 2가지 선택 모두 나름 장단점이 있었고, 짧은 시간 안에 등록 여부를 결정해야 했기 때문에, 이 시기가 입시 기간 동안 가장 머리가 아픈 시기였다.

각 전공이 가지고 있는 장점들을 살펴보자면 다음과 같았다.

국제학부에 가면 진로와 정확히 일치하는 방향의 공부를 할 수 있었다. 또한 관심이 있던 '비선진국 교육' 분야에 대한 국제적인 상황과 향후 모습에 대한 강의를 들을 수 있었다. 외국인 교수님이 진행하는 전공 강의들은 언어 능력을 향상시키는 데에 큰 도움이 될 수 있었다. 특히 탄탄하게 짜인 국제학부 커리큘럼은, 국제사회에 대한 전반적인 공부를 하는 데 도움이 될 것 같았다. 그 커리큘럼을 따라가면 원하는 진로도 쉽게 준비할 수 있을 것 같았다. 뿐만 아니라, 경제적인 측면에서도 국제학부가 가지는 장점은 컸다. 장학금제도가 매우 잘 돼 있는 학과인 만큼, 등록금 걱정 없이 대학생활을 할 수 있다는 것이 큰 메리트였다. 마지막으로 졸업 후 향후 방향에 있어서 학문의 활용도가 불어불문학과보다 컸다. 다시 말해 학부생 때 배운 여러 지식과 졸업장이, 취업을 하거나 사회에 나가 새로운 일을 하게 될 때에도 상대적으로 도움이 더 될 것 같았다.

　반면, 불어불문학과는 기초적인 공부가 가능했다. 진로와 정확히 일치하지 않아 보일 수 있지만, 외교관이라는 꿈에 매우 도움이 되는 기초 학문을 배울 수 있었다. 즉, 불어불문학도 희망 진로에 도움이 되는 전공이었던 것이다. 처음 불어불문학과를 지원할 때에도 '기초 학문을 배우자'라는 마음으로 지원했기 때문에, 사실 뜬금없는 학과 선택을 감행했던 것은 아니었다. 다음으로 불어불문학은 생각보다 활용도가 훨씬 높을 것이라고 생각했다. 프랑스어, 즉 언어는 소통의 범위를 넓혀줄 수 있는 최고의 도구이다. 위에서 말했듯이, 나는 교육, 그 중에서도 특히 '비선진국'의 '기초 교육'에 관심이 많은데, 비선진국이 가지고 있는 치명적 단점이 바로 소통의 어려움이다. 선진국의 목소리가 비선진국의 목소리보다 큰 현 국제사회에서 다양한 언어를 구사해 여러 목소리를 대변할 수 있다면, 아마 원하는 진로에 더 가까이 갈 수 있지 않을까 생각했다.

　이런 비교 끝에 결국 고려대 불어불문학과에 진학하게 됐다. 하지만 그렇다고 해서 타 학교의 국제학부를 진학해 얻을 수 있는 장점들을 모두 포기하고 싶지는 않았다. 따라서 고려대가 제공하는 많은 프로그램과 전공을 찾아봤고, 이중 전공제도를 활용해 진로와 직접적으로 관련이 있는 분야에 대해서 본 전공과 함께 공부하고자 했다.

독자들에게 전공 선택 시 꼭 말해주고 싶은 것은, 한쪽으로 결정을 끝냈다고 해서 다른 쪽을 완전히 포기하지 말라는 것이다. 둘의 장점을 최대한 살릴 수 있는 방법을 찾아보면 분명히 길은 열려 있다. 현재 내가 재학 중인 고려대를 포함한 많은 학교들이 다양한 전공 제도를 가지고 있다. 이를 적극 활용하라. 직접적인 관련이 없는 전공이라도, 활용할 방법이 있다고 생각하면, 도전해보라. 나 역시 그 도전을 후회하지 않는다.

입시가 가는 방향

103

앞으로 입시제도는 어떻게 변화할까요?

★★★★★　이준식 장관 '물수능' 유지 방침……
　　　　　'학생부종합 무게'

이 부총리는 수능에 대해 "물수능(쉬운 수능) 기조를 유지하는 것이 좋다고 생각한다"는 입장을 25일 가진 출입기자단 간담회에서 밝혔다. 이 부총리는 "쉬운 수능은 한두 문제로 등급이 갈리는 문제가 있긴 하나, 수능에 매달리는 풍조는 바람직하지 않다"며 쉬운 수능 유지 의견의 배경을 설명했다.

이 부총리는 현 교육의 문제점으로 '교과 성적 위주 교육'을 거론했다. 이 부총리는 "한국 학생들이 수학·과학 성취도는 OECD 국가 중 1위지만 학생 행복도는 꼴찌"라며 "모두가 수학과 영어를 잘해야 하는 것은 아니다"라고 말했다. "공부만 잘하면 되는 사회 분위기에서는 정상적인 교육이 이뤄진다 보기 어렵다"며 "교과목 성적이 우수하다고 우수한 것이 아니라는 인식의 전환이 있어야 한다"고도 덧붙였다.

이 부총리는 "(쉬운 수능이 유지되면) 학력 저하를 우려하지만 지식의 습득보다 아이디어 창출·도전 정신이 중요하다"며 "교과 성적 상승보다는 새로운 아이디어를 구현해나갈 수 있도록 교육하는 것이 더 중요하다고 생각한다"고 말했다. 더하여 "대학에서 학과 성적이 우수한 학생보다 창의성 있는 학생들을 면접, 입학사정관제로 뽑아 제대로 교육하도록 해야 한다"는 의견도 덧붙였다.

이 부총리의 발언은 그간의 쉬운 수능 기조에 힘을 실어주는 발언으로 평가된다. 수능 출제기관인 한국교육과정평가원이 별도 기관으로 존재하긴 하나 교육부 수장의 발언은 아무래도 출제 방향에 영향을 미칠 수밖에 없기 때문이다. 올해 11월12일 치뤄지는 2017학년 수능 역시 다수의 만점자가 배출되는 시험이 될 전망이다.

지난해 수능이 다소 변별력을 갖춘 탓에 난이도가 있는 것이 아니냐는 의견도 있으나, 실질은 쉬운 수능의 범주로 평가된다. 6, 9월 모평에서 이어져온 난이도에 비해 상대적으로 어려웠던 점이 작용한 것으로 실제 난이도는 그다지 높지 않았다는 것이 중론이기 때문이다. 수험생들이 6, 9월 모평을 통해 예측해온 난이도에 비해 어렵게 출제된 점이 변별력을 다소 확보하게 만들었을 뿐, 절대적인 난이도는 높지 않았다는 이야기다. 실제 2002학년 수능부터 2011학년 수능까지 단 1명에 불과했던 수능 만점자가 2012학년 30명, 2013학년 6명, 2014학년 33명, 2015학년 29명, 지난해 2016학년 16명으로 계속해서 명맥이 끊이지 않고 배출되고 있는 점은 최근의 쉬운 수능 기조를 반증한다.

이 부총리가 현 교육의 문제점으로 '교과성적 위주 교육'을 거론하며, 창의성 있는 인재 선발의 통로로 면접 전형과 입학사정관제 전형을 거론함에 따라 현 대입의 중심축인 학생부 종합 전형에 더욱 무게가 실릴 것으로 관측된다. 학생부 위주 전형으로 통틀어 분류되기도 하나 선발의 무게가 교과에 실려 있는 학생부 교과 전형의 비중은 줄고, 학생부 종합 전형의 비중이 늘어날 수 있다는 분석이다. 대입 전형 시행 계획 상으로는 2017학년 학생부 교과는 39.72%(14만 1,292명), 학생부 종합은 20.27%(7만 2,101명) 수준으로 학생부 교과 선발 인원이 우위를 점하고 있다. 다만, 학생부 종합 전형은 전문 인력인 입학사정관의 확대가 전제되는 전형이란 점에서 당장의 변화는 일어나지 않을 것으로 풀이된다.

한편, 이 부총리는 공교육 정상화의 일환으로 일반고를 일류학교로 자리매김하게끔 해야 한다는 의견도 제기했다. 이 부총리는 "현재 특목고가 1류, 일반고가 2류처럼 여겨지는데, 일반고도 1류로 여겨질 수 있도록 공교육을 정상화해야 한다"며 "현재 일반고에서 과학, 예체능 위주로 특정 과목을 지정해서 교육하고 있다"고 설명하고, "국어, 영어, 수학에 재능 있는 학생도 별도 수업할 수 있는 여건을 만들어 더 잘할 수 있게 만들어주는 게 필요하다"고 주장했다.

이 부총리가 거론한 과학, 예체능 위주의 교육을 제공하는 일반고는 과학중점학교, 예술중점학교, 체육중점학교 등 특정 교과목의 교과편성 비중을 높인 학교들이다. 국영수의 편성비중을 늘리는 것이 이 부총리의 교과성적 위주 교육 반대의견과 상충되는 점을 고려하면 적절치 못한 사례가 제시된 것으로 평가되는 이유다. 향후 교육부가 어떤 방향으로 국영수 관련 별도 여건을 제공할지에 시선이 쏠림과 동시에 교육 비전문가인 부총리가 문제의 핵심을 짚지 못한다는 의견도 제기된다. 일반고와 특목고의 수준 차이는 학생 선발부터 차이를 보이고 있기 때문에 주요 교과 별도 수업 여건 제공으로 해결될 수 없다고 풀이되기 때문이다. 한 교육 전문가는 "학생 선발부터 다른 일반고와 특목고의 차이를 국영수 수업 여건 제공으로 해결할 수 있다고 보는 것은 어불성설"이라며 "부총리 겸 장관 선임 당시 우려된 대로 구조개혁에는 탁월할 수 있으나, 교육 전반에 깜깜이 수준으로 명확한 방향성이 없는 모습"이라고 평가했다.

2016. 1. 25 〈베리타스알파〉 226호 중에서.

104

학생부 종합 전형의 시행 과정과
변화를 알려주세요

★★★★★ 2017 학생부 종합 전형,
상위 15개 대학 1만 3,584명 선발

서울대 2,407명(76.75%) 압도……

연세대 437명(12.82%)과 극명 대조

2008학년 대입부터 입학사정관 전형으로 도입된 학생부 종합 전형은 2010학년부터 본격화, 2015학년엔 정부지침으로 확대일로에 있다. 종합 전형은 전국적으로 2014학년 수시에서 4만 6,932명(12.4%), 2015학년 수시에서 5만 9,284명(15.7%), 2016학년 수시에선 6만 7,631명(18.5%)을 선발, 모집인원과 비율 모두 증가추세다. 2016학년의 경우 전국 198개 대학의 84%에 해당하는 167개 대학이 종합 전형을 실시했다.

여전히 스펙 중심 심화 중심의 전형으로 일반고 출신에 불리한 귀족 전형이란 이미지가 덧씌워져 있지만, 종합 전형은 양이 아닌 질 중심, 결과가 아닌 과정 중심의 평가다. 내신 성적의 추이와 과정에서의 성장 과정까지 모든 서류를 종합해 수험생을 그려보고 성장 가능성이 있다면 합격으로 이어진다. 광복 이후 18차례나 변경된 대입은 종합 전형 이전까진 정량 평가에 의존하면서 우수인재, 즉 성적 상위권 수험생 확보를 위한 대학 중심적 선발이었던 대입은 종합 전형의 등장으로 고교에 새 바람을 불러일으키고 있다. 학교의 역량이 곧 실적으로 이어지면서 고교 단위 내에서의 부단한 노력이 이어지는 것은 물론 고교-대학 간 연계를 통한 간극 좁히기와 오류 줄이기에 한창이다. 가장 최근만 해도 7일 대구에서 시작된 서울대의 전국 5개 권역 '사교육 포럼'은 물론, 7일 부산에서 있었던 경희대, 고려대, 서울여대, 숙명여대, 연세대, 중앙대, 한국외대, 한양대의 상위권 8개교의 '공교육·대입정보 포럼' 역시 같은 일환이다.

 수시 100% 종합 전형을 운영하는 서울대의 경우 특목·자사고에 유리한 선형이라는 편견 속에 교육 특구를 중심으로 한 일반고들이 광역 단위 자사고로 대거 전환하면서 일반고 실적하락이 2013학년 일어나 '팩트 모르는 우려'가 있긴 했지만, 일반고들은 변화에 서서히 적응하는 상황이다. 일반고의 합격 비중은 늘고 있다.

 일반고 수준에 머물고 있는 자공고를 일반고에 포함, 일반고의 수시 최초합격자 기준의 인원과 비중을 살펴보면 2014학년 1,323명(49.29%), 2015학년 1,294명(53.73%), 2016학년 1,334명(54.45%)로 최근 3개년 매년 증가세다. 2015학년에 합격 인원이 줄어든 것은 서울대가 당시 국감 이후 수시 규모를 줄이면서 일어난 일로, 비중은 오히려 늘어난 결과다. 반면 영재·자사·특목고의 합격 비중은 줄어든 상황이다. 특목고 가운데 특수성이 있는 예고·체고·특성화고를 제외, 과고·외고·국제고만 고려한 결과를 보면 2014학년 1,156명(43.07%)에서 2015학년

897명(37.26%)로 급감한 이후 2016학년에도 915명(37.34%)으로 비슷한 수준이다. 일반고의 실적 상승 기조가 뚜렷한 셈이다. 물론 일반고의 고교 수 대비 자사·영재·특목고의 수가 현저히 적은 측면이 있지만, 교육 인프라와 선발 체제의 차이를 감안하면 충분히 긍정적 변화라 생각해볼 수 있다.

서울대가 지균과 기균을 통해 일반고에 문호를 연 점 역시 주목할 필요가 있다. 지균의 경우 일반고는 2014학년 654명(93.56%), 2015학년 525명(93.75%), 2016학년 560명(93.80%)로 자사·영재·특목고의 2014학년 45명(6.44%), 2015학년 35명(6.25%), 2016학년 37명(6.20%)을 압도한다. 기균 역시 일반고는 2014학년 129명(84.86%), 2015학년 150명(90.91%), 2016학년 135명(82.32%)로 자사·영재·특목고의 2014학년 19명(12.51%), 2015학년 7명(4.25%), 2016학년 23명(14.035)을 압도한다.

서울대뿐 아니라 상위 15개 대학들의 종합 전형은 확대일로다. 2017 전형계획(정원내, 특성화고졸 제외) 기준, 대학별 종합 전형 선발 인원 및 비중은 선발 인원이 많은 순서로 ▲서울대 2,407명(수시 정시 합산, 전체의 76.75%) ▲경희대 1,560명(32.46%) ▲중앙대 1,231명(28.16%) ▲성균관대 1,162명(32.91%) ▲고려대 1,140명(29.77%) ▲건국대 1,038명(34.47%) ▲한양대 958명(33.56%) ▲한국외대 698명(20.67%) ▲이화여대 665명(20.11%) ▲서강대 601명(37.30%) ▲동국대 572명(21.19%) ▲서울시립대 470명(27.36%) ▲연세대 437명(12.82%) ▲숙명여대 356명(16.16%)

▲홍익대 289명(11.54%)이다. 서울대의 선발 인원이 압도하는 가운데 경희대 중앙대 성균관대 고려대 건국대가 1천명을 넘긴 상태다.

연세대가 홍익대 숙명여대에 이어 세 번째로 적은 인원을 선발하는 점은 학교 규모와 명성 대비, 종합 전형에 소극적임을 알 수 있다. 학교가 정량평가의 학생부 교과 논술 수능보다 정성 평가의 종합 전형을 얼마나 가치 있게 여기는지는 전체 선발 인원 대비 종합 전형 인원의 비중을 통해 알 수 있다. 종합 전형 선발 비중으론 ▲서울대 76.75% ▲서강대 37.30% ▲건국대 34.47% ▲한양대 33.56% ▲성균관대 32.91% ▲경희대 32.46% ▲고려대 29.77% ▲중앙대 28.16% ▲서울시립대 27.36% ▲동국대 21.19% ▲한국외대 20.67% ▲이화여대 20.11% ▲숙명여대 16.16% ▲연세대 12.82% ▲홍익대 11.54%의 순이다.

한편 고려대의 경우 수능 영어에 절대 평가가 도입, 수능의 변별력 약화가 예고된 2018학년에 전체 모집 인원의 50%를 종합 전형을 통해 선발한다고 밝힌 바 있다. 논술을 폐지하고 정시를 15%로 축소하는 대신 학교장추천 전형이던 고교추천 전형을 모집인원의 50%까지 확대, 종합 전형을 강화한다. 서울대의 사교육 포럼에서 고교 교사들의 '잦은 전형 변화'로 질타의 직접 대상이 되긴 했지만, 고려대의 50% 종합 전형 비중은 서울대 76.75%의 비중과 함께 종합 전형의 대세가 상위권 대입을 빠르게 재편할 전망을 가능케 한다. 고려대에서 촉발된 종합 전형이 타 상위권 대학의 전형설계에도 영향을 미칠 것이란 전망이다. 최상위권 입시는 서울대 고대 VS 연세대의 구도가 뚜렷해질 가능성이 높다. 업계의 한 전문가는 "서울대와 고대가 학생부 종합을 중심으로 재학생 일반고에 문호를 개방하는 반면 반사이익을 노린 연대가 이미 많이 선발하는 특기자를 더 확대하고 재수생을 겨냥한 논술 정시를 늘릴 가능성도 있다. 고교 교육 정상화 사업을 거의 무시해온 연대가 실익을 좇는다면 서울대 고대 VS 연대의 구도로 나뉘게 된다"고 전망했다.

2016. 1. 14 〈베리타스알파〉 225호 중에서.

일반고의 활동이 특목고·자사고에 비해서 크게 밀리거나 다르지 않나요?

★★★★★ 일반고 VS 특목·자사고,

학생부 종합 스펙 차이점?

2016 학생부 종합 전형 지원예정 7,600명 수험생의

비교과 스펙 분석결과……

1~2등급 VS 5등급 이하, '수상 실적' 4배 이상 가장 큰 차이

일반고 VS 특목·자사고, 소논문수 이외에는 차이 미미

봉사활동 시간은 일반고가 특목·자사고 다소 앞서

9일부터 시작되는 대입 수시 전형 원서 접수와 맞물려 교육평가전문기관 유웨이중앙교육(대표 유영산)이 운영하는 유웨이닷컴이 올해 신설

한 서비스인 '학생부 종합 지수' 이용 수험생 7,600명의 총 5학기(고 1~3학년 1학기) 동안의 비교과 스펙을 성적 등급대별과 학교 유형별(일반고 VS 특목·자사고)로 나눠 분석한 결과가 눈길을 끈다.

성적대별로 살펴보면 가장 큰 차이를 보는 스펙은 '수상 실적'으로 나타났다. 1~2등급 수험생 '수상 실적' 17.5건에 비해 3~4등급은 7.4건, 5등급 이하는 4.3건으로 나타나 1~2등급과 5등급 이하가 4배이상의 차이를 보였다. 'R&E 소논문수'는 1~2등급은 0.5건, 3~4등급은 0.3건, 5등급 이하는 0.2건으로 나타났다. '임원(학급, 전교, 동아리) 학기수'는 1~2등급은 2.9학기, 2~4등급은 2.2학기, 5등급 이하는 1.5학기로 나타났다. '독서량'은 1~2등급은 22.8권, 3~4등급은 17.1권, 5등급 이하는 12.5권으로 나타났다. '봉사활동 시간'의 경우도 성적이 우수한 수험생이 더 많았다. 1~2등급은 117.4시간, 3~4등급은 103.5시간, 5등급 이하는 95시간이라고 기재했다. '학기당 평균 동아리' 수는 1~2등급은 1.4개, 3~4등급은 1.2개, 5등급 이하는 1.1개로 비교적 비슷했다.

일반고와 특목·자사고를 나눠서 분석한 결과, 'R&E 소논문'에서 가장 큰 격차를 보였다. 일반고는 0.4건인데 비해 특목·자사고는 0.9건으로 2배 이상 차이가 났다. 나머지 항목에서는 '봉사활동 시간'을 제외하고 대체로 특목·자사고 수험생이 우수했지만, 큰 차이를 보이지 않았다. '임원(학급, 전교, 동아리) 학기수'는 일반고는 2.4학기, 특목·자사고는 2.5학기로 나타났다. '수상 실적'은 일반고 12.1건, 특목·자사고는 12.3건, '학기당 평균 동아리'는 일반고 특목·자사고 모두 1.3개로 동일했다. '수상 실적'과 '동아리 참여 수'는 특목·자사고가 일반고에 비해 월등히 많을 것으로 예상하였지만, 이번 분석 결과로는 비슷한 것으로 나타났다. '독서량'은 일반고 18.8권, 특목·자사고 22.5권으로 특목·자사고가 다소 많았다. 유일하게 일반고가 우수한 항목은 '봉사활동 시간'으로 일반고가 110.5시간인 데 비해 특목·자사고는 104.3시간으로 다소 적었다.

이만기 유웨이중앙교육 평가이사는 "이번 분석은 학생부 종합 전형에 지원하고자 하는 수험생의 막막한 지원 전략에 바람직한 가이드라인을 제시하기 위해 마련했다"며 "이번 분석을 통해 알 수 있듯 일반고와 특목·자사고의 비교과 스펙 차이가 크지 않은 만큼 일반고 수험생도 적극적으로 학생부종합전형을 지원할 필요가 있다"고 조언했다.

한편 이번 분석 결과는 유웨이닷컴 '학생부 종합 지수' 서비스가 학생부 종합 전형에 지원 예정인 수험생을 대상으로 한 서비스인 만큼 전체 수험생의 비교과 스펙보다는 우수할 것으로 보인다.

2015. 9. 9 〈베리타스알파〉 중에서.

106

제가 원하는 대학교는 ××대인데
이 과가 수능 정시 성적으로 보았을 때
○○대보다 높아요
제가 수능으로 갈 수 있는 최대 대학이
○○대인데 학생부 종합 전형으로
××과를 지원하면 떨어지겠죠?

★★★★★　　학생부 종합, "정시적 관점 학교 서열 벗어나야"

2016학년 수시 학생부 종합 전형으로는 172개 대학이 6만 7,923명을 선발한다. 2016학년에 수시모집으로 선발하는 전체 인원 27.9%에 해당할 만큼 수시 전형의 중심축을 형성하고 있다.

학생부 종합 전형은 학생부에 실린 총체적인 내용을 평가하는 전형인 만큼 가장 중요한 점검 사항은 비교과의 영향력을 판단하는 것이다. 일반적으로 학생부 종합 전형에서 학생부는 엄밀한 의미로는 '서류'의 한 종류이다. 이종서 이투스청솔 교육평가연구소장은 "학생부 종합 전형은 대학마다 자신의 인재상이나 특성에 맞게 전형 계획을 세운 경우가 많기 때문에 '학생부 내에 교과 성적'을 중시하는 흐름과 '학생부의 교과 성적과 비교과활동의 연계'를 보다 중시하는 경향으로 나뉘어지는 경우가 많다. 일반적으로 '교과 중시형'은 1단계 전형에서 교과 중심으로 몇 배수를 선발하고 2단계 전형에서 비교과 활동이나 면접을 중심으로 학생을 선발한다. 반면 비교과의 영향력이 더 크게 작용하는 전형도 있다"며 "학생부 종합 전형을 지원할 때는 지원 학생들의 일반적인 교과 성적대와 비교과의 영향력이 교과 내신 성적을 어느 정도 극복할 수 있는지를 판단하는 것이 가장 중요한 지원 전략"이라고 조언했다. 이 소장의 조언으로 학생부 종합 전형 합격으로 가는 길을 알아본다.

일반적으로 각 대학이 원하는 인재상은 매우 유사성을 지니는 경우가 많다. 하지만 각 전형의 특성이나 학과의 특성에 따라 원하는 인재상의 방향은 일정한 차이를 보인다. 예를 들어 동일한 추천제 전형이라 하더라도 학교장추천을 요구하는 경우와 자기추천이 동일한 특성을 드러내기는 어렵다. 학교장추천을 요구하는 경우는 이미 각 학교에서 학교생활 충실도 및 성실성을 갖춘 학생을 요구하는 경우가 많기 때문이다. 하지만 자기추천자 전형의 경우, 자신이 지원하려는 학과와 연관된 활동과 열정 등이 매우 중요한 항목이 될 수밖에 없다. 물론 학교장추천이라고 해서 전공과의 연관성을 배제한다는 것은 아니다. 하지만 이미 전형의 특성상 지원자의 층이 다를 수밖에 없는 구조를 전제하고 있다고 보는 것이 타당하다.

예를 들어 어느 대학이 '글로벌 리더의 소양'이라는 인재상을 요구할 때 이것이 의미하는 것이 무엇인지 구체적인 고민을 해볼 필요가 있다. 단순하게 글로벌 리더의 소양을 갖췄다는 것을 '어학 능력' 정도로 이해하는 것은 바람직한 접근이 될 수가 없다. 오히려 '글로벌 리더로서의 소양'이란 '이질적이며 낯선 환경에 대한 적응 능력 즉 문화적 환경의 대처 능력', '다른 문화나 가치에 대한 수용 및 관용의 태도', '생각이 다른 사람에 대한 소통 능력' 등을 더욱 중요한 요소로 접근해볼 수도 있다. 따라서 각 대학이 원하는 인재상을 파악할 때는 이것이 갖는 의미와 구체적인 모습이나 지향성이 무엇인지를 중심으로 고민하는 자세가 필요하다. 그렇지 않으면 대단히 실적 중심, 활동 중심만으로 나열되는 접근을 하게 되어 실제 학생의 활동이나 가치가 오히려 저평가될 수도 있다는 사실을 잊지 말아야 한다.

★★★★★ 학생부 교과 성적의 평가 방식을
이해할 수 있어야

대부분의 수험생들은 학생의 특기나 적성, 잠재 능력을 중시하므로 서류 평가에서 활동 경력이나 수상 실적 등의 요소들만 강조되는 것으로 흔히 생각한다. 하지만 서류 평가에서는 학생부를 포함하여 여러 가지 활동상황이 종합적으로 평가되며, 당연히 학생의 평소 생활 태도와 잠재 가능성 등을 평가하는 데 학생부 교과 성적도 중요한 요소로 작용한다. 따라서 입학사정관 전형이라고 해서 학생부 교과 성적을 무시해도 된다고 생각해서는 안 되며, 좋은 교과 성적을 유지할 수 있도록 최대한 성실히 노력해야 한다.

출결이나 봉사활동, 임원 경력이나 동아리활동 등 학생부 비교과 요소들도 성실히 관리해두어야 한다. 특히 봉사활동은 시간의 많고 적음보다는 그 경험이 지니는 내용과 의미가 더욱 중요하게 평가된다는 사실을 염두에 두어야 한다. 따라서 무조건 시간만 많이 쌓으려 하기보다는 자신의 사고와 가치관의 형성에 영향을 끼칠 수 있는 남다르고 의미 있는 경험을 해보는 것이 중요하다. 그리고 모집단위의 특성에 알맞은 잠재력과 소질을 지닌 학생을 선발하겠다는 취지에서 실시되고 있으므로, 지원하려는 모집단위의 전공과 관련된 활동을 꾸준히 해가는 것도 중요하다. 아무래도 전공과 관련된 계획과 목표 의식이 뚜렷하고, 필요한 자질과 능력을 계발하려고 일관되게 노력해온 학생이 좋은 평가를 받게 마련이기 때문이다.

즉, 학생부 종합 전형에서 학생부 교과 성적을 산정하는 방식은 '정량적인 방식'과 '정성적 방식'으로 분류된다. 일반적으로 1단계 전형에서 학생부 교과 성적을 중심으로 몇 배수를 선발하는 경우에는 '정량적 방식'으로 선발하는 경우가 많다. 하지만 1단계부터 서류로 평가할 경우에는 각 대학들이 '정량적 방식'과 '정성적 방식'을 혼용하는 경우도 많다. 그러나 각 대학들은 1단계 전형에서 서류로 평가할 경우, 학생부의 교과 성적으로 어떻게 평가하는지 구체적인 평가 방식을 공개하지 않는 경우가 대부분이다. 따라서 합불 자료에 나타나고 있는 주요 교과 중심의 정량적 방식만으로(등급, 환산점수 등) 합격과 불합격을 구분하는 것은 어떻게 보면 올바른 접근 방식이 될 수가 없다.

또한 학생부 교과 성적을 서류로 평가할 때 '학업 능력'이라는 보다 큰 범주 속에서 평가하는 경우가 많다. '학업 능력'이란 반드시 학생부 내의 교과 성적만을 의미한다고 볼 수는 없다. 예를 들어 학생부의 교과 중 '영어 교과' 성적이 3.5등급이지만 다수의 교내 영어경시대회, 영어토론대회에서 수상한 학생이 있다고 가정해보자. 우리는 이 학생에 대해 단순히 영어 학업 능력이 떨어진다고 평가하기는 매우 어렵다.

오히려 영어 내신 성적은 낮지만, 영어 말하기·듣기·쓰기 역량은 뛰어난 학생일 수 있다고 평가할 것이다. 이런 측면에서 학교생활 충실도를 강화하고자 했던 대입 간소화 방안으로 인해 2015학년도 수시 전형부터는 영어 공인 성적을 중심으로 대외 수상 실적을 학생부에 기재하거나 소개서, 추천서 등에도 기재할 수 없도록 한 것이다.

또한 '정량적 방식'에 익숙한 학생들이나 학부모들은 단순하게 '자연계열은 국영수과, 인문계열은 국영수사'라고 생각한다. 하지만 학생부 종합 전형에서는 전공과의 연관성을 고려하거나 학교생활 충실도, 인성과 활동이라는 측면까지 고려하여 학생을 평가하기 때문에 단순히 '주요 교과 중심'으로 합격의 유무를 판단하기는 매우 어려운 요소를 갖고 있다. 따라서 학생부 종합 전형을 지원할 때는 주요 교과의 성적만이 아니라 해당 학과와의 연관성이 높은 학업 능력을 평가받을 수 있는 비교과활동, 전공과의 연관성이 높은 과목이 어떤 과목 등인지도 총체적으로 접근하여 지원 여부를 검토할 수 있어야 한다.

★★★★★　　활동의 자기주도성·일관성·확장성이 당락 결정

학생부 종합 전형은 객관적인 지표로 드러나는 성적이 아니라, 학생의 환경이나 의지, 생활 태도와 인성, 열정과 잠재력 등을 고려한 종합 평가로 학생을 선발한다. 따라서 학생부뿐만 아니라 자기소개서, 추천서, 활동보고서, 활동실적에 대한 증빙자료 등에 대한 서류 평가가 중요하게 반영되며, 학생에 대한 심층면접이 중요한 평가 방법으로 활용된다. 학생부 교과 성적도 서류 평가의 한 요소로 반영되는

데, 단지 수치로 확인되는 정량적인 성적만이 아니라 모집단위와 관련된 교과의 성적 분포, 학년별 성적의 변화, 교과와 관련된 비교과 활동실적, 환경 등의 요인들이 함께 고려되어 평가가 이루어진다.

이처럼 학생부 종합 전형에서는 서류 평가가 중요하게 작용한다. 그러나 입학사정관 전형이 대입 간소화 정책에 따라 학생부 종합 전형으로 변화되면서 '학교생활기록부'의 역할이 그 어느 때보다도 중요해졌다. 대회, 어학성적 등을 포함한 교외활동을 일절 학교생활기록부에 기록하지 못하게 하고 학생부를 중심으로 학생의 잠재력과 열정을 평가해야 하기 때문이다.

대부분의 대학이 서류 평가만으로 1단계 전형을 실시해 모집인원의 일정 배수를 선발한 뒤에 심층면접으로 최종 합격자를 가리는 방식으로 전형을 실시하고 있다. 서류 평가는 매우 심층적이고 세밀하게 진행되기 때문에 대학에서 중요하게 평가하거나 요구하는 내용이 무엇인지 파악하여 미리 관련 서류와 증빙자료 등을 꼼꼼하게 준비해 두어야 한다. 자기소개서, 각종 교내외의 활동상황 등을 증명할 수 있는 서류도 챙겨두어야 한다. 그 밖에 자신의 특기 상황이나 적성, 잠재력 등을 나타낼 수 있는 자료도 미리 점검하는 것이 좋다.

★★★★★　　　서류─구체적이고 진실되게 기술,

면접─예상 질문으로 실전 훈련처럼 준비

학생부의 교사 평가나 추천서 등도 중요하게 평가되는데, 특히 추천서는 구체적인 경험에 근거해 최대한 자세하게 기술되어야 좋은 평가를 받는다. 필요할 경우 입학사정관들이 직접 추천인을 만나 사실 여부를 확인하기도 하므로 사실에 근거하지 않거나 틀에 박힌 일반적인 표현은 삼가야 한다. 자기소개서도 마찬가지이다. 서류 평가에서는 진실성, 신뢰성에 관한 심사가 무엇보다 중요하게 여겨진다는 사실을 꼭 염두에 두어야 한다. 그리고 수상 실적 등의 활동 상황을 단순히 나열하는 식으로 기술하는 것도 피해야 한다. 무엇을 얼마나 많이 했느냐보다 왜, 어떻게 했으며, 그것에서 어떤 의미를 이끌어냈는지가 더욱 중요하기 때문이다.

학생부 종합 전형에서는 면접이 최종 당락을 결정하는 매우 중요한 요소로 작용한다. 따라서 평소에 꾸준히 심층면접을 준비해두어야 한다. 대부분 여러 명의 담당 교수나 입학사정관이 참여하여 학생 1명을 대상으로 15분 정도 실시되는데, 개인의 적성과 잠재력 등을 평가하기 위해 집단 토론, 발표 평가, 1박 2일의 합숙 면접 등을 진행하는 대학도 있다. 그리고 면접고사는 말로 자신의 생각을 표현하는 것이므로 실제 상황에 맞춰 충분히 연습을 해 두어야 한다. 그래야 당황하지 않고 자신의 생각을 조리 있게 나타낼 수 있으며, 자신의 태도와 자세 등도 미리 점검해볼 수 있기 때문이다. 따라서 친구들과 함께 주제를 정해 토론을 하거나, 역할을 바꾸어 질문과 답변을 해보는 등 평소에 면접 연습을 충분히 해두는 것이 좋다. 그리고 책이나 신문 등을 꾸준히 읽으면서 다양한 사회 문제에 관심을 가지고 생각의 폭을 넓혀 가야 한다. 자신의 경험이나 다양한 주제들에 대한 생각을 글로 적어 보면서 생각을 다듬어 가는 것도 도움이 된다. 특히 대부분의 면접 과정에서는 학생부의 활동이나 제출서류를 중심으로 면접 문항을 제시하는 경향이 있기 때문에 제출서류를 꼼꼼히 점검하는 것도 잊지 말아야 한다.

★★★★★　　　학과 낮춘다고 합격하는 것 아니야……

정시적 학교 서열 벗어야

학생부 종합 전형이 만들어진 출발은 여러 가지가 있지만 그중에서도 가장 중요한 것 중에 하나가 학생들의 '꿈과 소질'을 계발한다는 것이다. 이런 측면으로 인해 학생부 종합 전형은 정시적 관점(점수 기준의 학교 및 학과 서열)으로 접근하면 큰 낭패를 보는 경우가 많다. 흔히 수시 상담 과정에서 가장 많이 나오는 질문 중에 하나가 '학과를 낮추면 합격 가능성이 있느냐'는 질문이다. 이는 학생부 종합 전형에 대해서 제대로 이해하지 못하고 있다는 사실을 보여주는 사례다. 물론 일부 중하위권 대학이나 1단계 전형에서 학생부 교과 성적을 중심으로 '정량적 평가'를 하는 대학의 경우에는 이런 질문이 나올 수는 있다. 하지만 서류 중심으로 평가하는 학생부 종합 전형은 학과의 서열 구도 자체가 의미가 없으며 이런 접근은 오히려 학생이 갖고 있는 특징을 제대로 보지 못하게 하는 경우가 많기 때문에 상당히 주의를 기울여야 한다.

2015. 8. 28 〈베리타스알파〉 중에서.